Französische Küche

Französische Küche

Jean Ferniot

Unipart Verlag · Stuttgart

Übersetzung und Bearbeitung:
Dieter Rex, Verlagsproduktion, Utting
Ingrid Pabst, München

Titel der italienischen Originalausgabe:
Il grande libro della cucina francese

ISBN 3 8122 3361 4
D.L.TO:1143-1992

INHALT

VORWORT

Angesichts einer generellen Tendenz zur Vereinheitlichung der Geschmäcker, was letztendlich zu einer Erniedrigung der Kochkunst führt, ist es eines der Hauptziele der internationalen Akademie der Gastronomie, den nationalen, aber auch den regionalen Charakter der Küche zu schützen und zu fördern. Dieses Buch nimmt sich dieses Zieles an.
Wie Curnonsky hat auch Jean Ferniot Frankreich in jeder Richtung bereist und dabei die Produkte des Bodens entdeckt, die lokalen Gerichte probiert und die Weine jeder Region gekostet und die an Ort und Stelle erhaltenen Rezepte gesammelt. Sein Buch ist das Ergebnis eines ganzen Lebens von Beobachtung, Forschung und Feinschmeckerreisen durch Frankreich.
Der Autor ist nicht nur ein politischer Journalist, sondern auch ein allen Franzosen bekannter Schriftsteller. Er ist ebenfalls ein schreibender Gastronom, dessen Leidenschaft für die kulinarische Kunst gleich der für die Musik oder die Malerei ist.
Jean Ferniot hat eine große Anzahl der hier vorgelegten Rezepte selbst ausprobiert, weil er gerne kocht und dies mit fachmännischer Kompetenz, was soweit geht, daß er selbst einkauft, um nur gute Zutaten zu verwenden, ohne die es keine gute Küche gibt.
Dies ist wahrscheinlich einer der Gründe, warum ihm die Küchenchefs so zugetan sind. So haben sich zu seinem 70. Geburtstag 70 Köche in Paris versammelt und zur Freude des Publikums ihr bestes Gericht vor seinen Augen zubereitet.
Nachdem ihm die Kochkunst nicht fremd ist, weiß er die Rezepte in einer Einfachheit und Klarheit zu präsentieren, ohne dabei wichtige Hinweise zu vergessen, die zum Gelingen des Gerichtes beitragen.
Dieses Werk ist vor allem unseren Gefährtinnen gewidmet, denn wie er in seiner Einführung schreibt (die aufmerksam zu lesen, sich der Leser schuldig ist), haben wir den Frauen von einst zu danken, die mit der Ernährung beauftragt, die meisten Rezepte beigetragen haben.
Frankreich ist das Land der Welt, in dem die Vielfalt der ländlichen Küche am größten ist: das liegt in der außerordentlichen Palette der Produkte begründet, die die Kochkunst bereits in Epochen bestimmte, in denen kaum Transportwege vorhanden waren.
Die französische Küche hat ihren Ursprung in den Provinzen, in der Geographie und dem Klima, in der Geschichte und den Bräuchen. Übrigens findet man die gleiche Vielfältigkeit unter den Weinen.
Das Ziel dieses Buches ist es, dazu beizutragen, Rezepte zu erhalten, die im Laufe der Zeit entstanden sind und die ein echtes kulturelles Erbe darstellen. Heute sind die Gemeinschaften mehr und mehr auf der Suche nach ihrer Identität, die von dem technischen Fortschritt bedroht wird. Die Menschen versuchen ihre Wurzeln wiederzufinden und suchen die Unterschiede in den Gebräuchen, der Sprache und der Küche.
Man muß gegen das Gleichmachen der Produkte und Geschmäcker ankämpfen. Zum Beispiel hat es vor dem letzten Krieg 20 verschiedene Kartoffelsorten gegeben. Und heute? Wenn es stimmt, daß die Landwirtschaftstechnik die Entwicklung neuer Produkte begünstigt, sollte sie nicht gleichzeitig solche verschwinden lassen, die seit Generationen verwendet werden.
Die Menschen suchen auch verschiedene Geschmacksrichtungen. Ein guter Käse, sagt man, braucht auch einen Feinschmecker. Ist das immer wahr? Der Geschmack formt sich sehr früh, es macht also Sinn, die Kinder zu lehren, daß es nicht nur »süß«, sondern auch »bitter«, »salzig« und »sauer« gibt.
Dies ist in groben Zügen der Gedanke von Jean Ferniot über die Küche und Ernährung der Menschen, der sich mit dem Lehrgedanken der internationalen Akademie der Gastronomie deckt.
Ich würde gerne einige Worte über seine »gastronomischen Aktivitäten« anfügen. Er war Co-Produzent einer Reihe von Fernsehsendungen über das Kochen; man hat ihn lange Zeit im Radio mit einer Sendung über die aktuelle Kochkunst gehört. Er schreibt für verschiedene Rubriken in der Presse und ist Autor vieler Bücher, von denen er einige über die Kochkunst, die Produkte und Restaurants geschrieben hat
Er ist Vorsitzender oder Beirat vieler Instanzen, die sich mit ihren Aktivitäten ganz der kulinarischen Kunst verschrieben haben.

Michael Genin
Gründungspräsident der Internationalen Akademie der Gastronomie Frankreichs

Unter jeder Rezeptüberschrift stehen der französische Originaltitel und die Region, aus der das Rezept stammt
Die abgebildeten Gerichte sind mit einem Stern in der Rezeptüberschrift gekennzeichnet.

Die Zubereitungszeiten der Speisen gelten als Richtzeiten.

Folgende Abkürzungen werden im Text verwendet:
Bd. = Bund
cl = Zentiliter
dl = Deziliter
EL = Eßlöffel
Fl. = Flasche
g = Gramm
gr. = groß
h = Stunde
kg = Kilogramm
kl. = klein
l = Liter
min. = Minuten
Msp. = Messerspitze
TL = Teelöffel

EINLEITUNG

Viele Länder haben Frankreich, was die meisten Künste, die Literatur, die Malerei, die Architektur, die Musik betrifft, eingeholt oder sogar überholt.
In der Kochkunst jedoch nicht!
Die Gründe dafür sind zum großen Teil in der Geschichte und in der Geographie zu suchen, ohne dabei das persönliche Talent all derer zu schmälern, die brillante Schöpfer sind und waren und das der bescheidenen Künstler der Küche.
Die Kochkunst ist aus einer Notwendigkeit entstanden. Sich zu ernähren ist zunächst ein Bedürfnis, dann erst ein Vergnügen.
Deshalb ist von allen soziokulturellen Phänomenen die Ernährung ohne Zweifel diejenige, die am besten das Leben einer Gemeinschaft durch Zeit und Raum widerspiegelt.
Seit langer Zeit hat die französische Kochkunst zweierlei Inspiration und zweierlei Praxis gekannt: die aus dem aristokratischen Milieu, wie bei Hofe, und die ländliche.
Es ist vor allem die letztere, für die sich dieses Buch interessiert, weil sie im Grunde eine Küche des Bodens ist. Das war die Sache der Frauen, genauso wie die Küche am Hofe die der Männer war.
Durch die Jahrhunderte haben sich die Männer jedoch allzu oft eher Gewalttätigkeiten zugeneigt, während die friedlichen und großmütigen Frauen erfinderisch genug waren, ihre Lieben mit allem zu ernähren, was ihnen in die Finger kam. Angesichts der Werke des Todes beschützten sie das Leben.
Die Erfahrung zeigt, daß sie häufig die Reichhaltigkeit mit Phantasie ersetzen mußten. Auch entdeckt man, daß die armen Regionen eine originellere, oft sogar köstlichere Küche haben als die reichen.
Es sind also die Frauen, denen wir die meisten Rezepte zu verdanken haben, bei denen Produkte, die gesammelt werden und solche, die durch Zufall entdeckt wurden enthalten sind: wie Champignons, Kräuter und wilde Beeren, Flußkrebse, Schnecken usw.
Unsere Gefährtinnen kümmerten sich aber auch um den Hühnerhof und um die Rinderzucht, also auch um die Käseherstellung.
Der Käse war ein besonderes weibliches Meisterwerk. Weiblich und klösterlich. Die Klöster besaßen Herden und Weinstöcke für den Meßwein. Die Menschen im Kleid – Bäuerinnen und Mönche – haben uns hier die berühmtesten Geschenke gemacht.
Paradoxerweise ist die Region mit der wenigsten Küchentradition die Region um Paris. Man wird sich schwer tun, 10 Rezepte aufzuzählen, wo es sie anderswo in Hülle und Fülle gibt – das Rindsragout mit Zwiebeln, die Sauce Bercy, der Schinken und die Suppe aus Lauch und Kartoffeln, und damit sind fast alle aufgezählt.
Und trotzdem ist es Paris, wo die Restaurants in ihrer Vielzahl, Qualität und Vielfältigkeit die französische Küche am besten zeigen. Da der Handelsplatz so wichtig ist, häufen sich hier die besten Produkte. Alles läuft im Großmarkt von Rungis zusammen und wird von hier aus wieder verteilt, nicht nur nach Paris und seine Umgebung sondern auch in weiter entfernte Orte.
Der erfinderische Geist der Frauen reicht nicht aus, ich wiederhole es noch einmal, die außergewöhnliche Vielfalt der Rezepte Frankreichs zu erklären.
Auf einem Gebiet, kleiner als die Türkei und nur wenig größer als Schweden, werden der Entdeckerfreude und dem Feinschmecker so verschiedene Gerichte geboten wie das elsässische Sauerkraut, die Grünkohlsuppe aus Béarn, die provenzalische Bouillabaisse, der Burgunder-Rinderschmorbraten, das Gratin aus Dauphiné, der Zwiebelfladen aus Nizza, der Bohnentopf aus dem Languedoc, die Quiche lorraine, der flämische Fleischtopf, die normannischen Kaldaunen, die bretonischen Crêpes usw.
Wenn die Grundelemente der »armen Küche« auch oftmals die gleichen sind, die Art ihrer Verarbeitung ist sehr unterschiedlich, z.B. die Schnecken in Roussillon, in Burgund und in Saintonge, der Kabeljau in Nizza, in Rodez und in Fécamp.
Und die Fleischabfälle, diese niederen Teile der hohen Kochkunst! In jedem Landstrich bereitet man sie anders zu.
Was das Schwein anbetrifft, ist es der König. Jede Region, manchmal jeder einzelne Teil einer Region, hat seine eigene Art den Schinken zuzubereiten, ob gesalzen, getrocknet, geräuchert, gekocht, mit oder ohne Knochen.
Man kann also sagen, daß sich die Würste von Toulouse, von Strasburg, von Montbéliard, aus Savoyen, aus der Gascogne, von Forez, von Lyon, aus Arles, aus Morlaàs, aus der Bretagne oder der Cerdagne in nichts vergleichen lassen.
Alles in Frankreich ist vielfältig, fast bis ins Unendliche. Die Fisch-

suppe hat nirgendwo dieselbe Zusammensetzung, wie auch immer man sie nennt.
Der Eintopf, den man in allen Provinzen antrifft, weil er einstmals das einzige ländliche Essen war – Brühe, Fleisch und Gemüse –, gleicht nie dem einer Nachbarprovinz.
Die Zuckerbäckerei ist eine unzertrennliche Gefährtin der Kochkunst und hat in Frankreich das Land ihrer Wahl gefunden. Was macht man nicht alles aus Mehl, Zucker, Eiern, Milch und manchmal Mandeln, Nüssen, Kern- oder Steinobst und Korn, die den Kringeln aus Albi, dem Kugelhopf aus dem Elsaß, dem Brioche aus Riom, dem Kirschkuchen aus Limousin, den Knusperplätzchen aus Mauriac, dem burgundischen Nußkuchen, den Hefekränzen aus Romans, den Schmalznudeln aus Lyon und dem Kuchen aus Savoyen ihren Stempel aufdrücken.
Und wegen der Puristen, die den Höhepunkt der Kunst in einer großen Sparsamkeit der Mittel, in der heiligen Schlichtheit sehen, kommen wir nun zu den Käsesorten, die bis auf wenige Ausnahmen nur die Milch und die Natur brauchen. Winston Churchill fragte einst Charles de Gaulle, wie man ein Land regieren könne, das soviele Käsesorten sein eigen nennt. Pech für die Politiker, die Feinschmecker kommen auf ihre Kosten, vor allem, weil sie wissen, daß es in Frankreich mindestens so viele Weine wie Käse gibt.
Man kann die vielfältigen Formen der regionalen Kochtradition in Frankreich nicht verstehen, wenn man den geschichtlichen Erklärungen nicht diejenigen hinzufügen würde, die von der Verteilung bestimmter Produkte herrühren.
Es gibt ein Frankreich des Olivenöls, eines der Butter, eines des Gänseschmalzes und des Schweineschmalzes.
Es gibt ein Frankreich der Zwiebel, eines des Knoblauchs, eines der Schalotte.
Es gibt ein Frankreich des Weines, des Bieres, des Cidre.
Es gibt ein Frankreich der Ebenen, des Meeres, der Berge.
All dies erklärt, warum sehr kleine Regionen wie das Baskenland, das Comté de Nice oder Flandern genauso reich an Köstlichkeiten sind wie große Provinzen wie die Normandie, Lothringen oder die Gascogne.
Es war für dieses Buch – das weder eine ethnologische Abhandlung, noch ein Katalog von zu Erhaltendem ist, sondern eine Sammlung von Rezepten, so ausgewählt und bearbeitet, damit sie jeder nachkochen kann – notwendig, eine vereinfachte Darstellung zu wählen.
So wurde die Küche aus den Provinzen in acht großen Regionen zusammengefaßt:
Norden (Flandern, Hennegau, Avesnois, Artois, Boulonnais, Ponthieu, Pikardie, Cambrésis);
Osten (Champagne, Lothringen, Elsaß, Burgund, Franche-Comté, Nivernais);
Westen (Berry, Orléanais, Touraine, Anjou, Bretagne, Maine, Normandie);
Atlantischer Westen (Bordelais, Périgord, Quercy, Angoumois, Aunis, Saintonge, Poitou);
Alpen (Lyonnais, Bresse, Bugey, Savoyen, Dauphiné);
Zentralmassiv (Bourbonnais, Auvergne, Velay, Vivarais, Gévaudan, Rouergue, Limousin, Marche);
Süden (Provence, Comté de Nice, Korsika, Languedoc mediterranéen, Roussillon);
Pyrenäen (Gascogne, Languedoc toulousain, Béarn, Baskenland, Comté de Foix, Albigeois).
Es bleibt mir zum Schluß nur, den Lesern dieses Buches viel Freude

beim Ausprobieren dieser Rezepte zu wünschen.
Schließlich wäre ich unredlich, würde ich nicht alle denen danken, die dazu beigetragen haben, die Wurzeln der kulinarischen Traditionen Frankreichs zu entdecken, insbesondere: Curnonsky, dem Prinz der Gastronomen, Marcel Rouff und Robert Courtine, die Pioniere auf diesem Gebiet waren. Aber auch Florence Arzel, Monique Gruénais-Vanverts, Marie Ceccaldi, Irène Karsenty, Jeanne Léveillé, Simone Morand, Doris und Anne Walther, Monique Esquerré-Ancieux, Christiane Schapira, Céline Vence, Jacques Médecin, Joseph Koscher, Christian Délu, Jean-Pierre Poulain, Jean-Luc Rouyer, Roger Lallemand, La Mazille, M. Barberousse, Simin Palay, Henri Philippon, Pierre Gaertner, Louis Le Cunff, Philippe Guéroult, Famille Vincenot, Christian Bernadac, Amicale des cuisinier auvergnats de Paris, Jean-Marie Cuny, François Decuq u.v.a. Und auch alle die Köche, die damit nicht als unwürdig beurteilt wurden, sich von den alten Rezepten der Provinzen inspirieren zu lassen.

J. F.

Norden

Flandern
Hennegau
Avesnois
Artois
Boulonnais
Ponthieu
Pikardie
Cambrésis

Vorherige Seiten:
Viele Windmühlen prägen die Landschaften Flanderns.
Unten: *Die Pikardie, ein von Kanälen und Flüßchen durchzogenes Gebiet, das das Land in Gemüsegärten aufteilt, deren Ertrag die regionale Gastronomie anreichert.*

Nördlich von Paris erstreckt sich ein Gebiet, das durch die Geschichte in Flandern, Hennegau, Avesnois, Artois, Boulonnais, Ponthieu, Pikardie und Cambrésis aufgeteilt wurde und wegen seiner geographischen Lage ein feuchtkaltes Klima hat. Aus der nebligen Melancholie der ebenen Landschaft erheben sich vielerorts Kirch- und Glockentürme.
Vielleicht ist das der Grund, warum weit mehr als anderswo in Frankreich die Bewohner sich den Geschmack an der Arbeit mit Feiern versüßen? Lebensfroh und öffentlichen Vergnügungen zugetan, erhalten sie ihre Freude durch eine solide, reichhaltige Küche, wie z.B. den deftigen Fleischtopf mit viel Rind- und Schweinefleisch und verschiedenen Gemüsen.
Alle Gerichte werden lange gekocht und es verwundert nicht, daß Suppen so beliebt sind: mit Bier oder Zuckerrüben, Kutteln oder Kräutern, Kürbis oder Lauch... Das Bier ersetzt hier den Wein. In diesen Breiten wächst stattdessen Hopfen und Gerste. So dient die germanische Bierbraukunst nicht nur der Erfrischung der Kehlen, sondern auch beim Kochen der Verbesserung eines Ragouts.
Im Norden gibt es viel Gemüse, vor allem Zwiebeln, die sich durch fast alle Rezepte ziehen. Aber auch das Fritieren ist wie beim belgischen Nachbarn beliebt und erstreckt sich auch auf die saftigen Muscheln aus dem Meer des Nordens.
Die einfachen Gerichte, die rustikale und kräftige Ernährung schließt in dieser Region, in der sich die ersten französischen Industrien niederließen, auch den Hering mit ein, den König der französischen Küsten. Im Mittelalter hat dieser Fisch viele arme Menschen vor dem Hungertod bewahrt. In Weißweinsud oder mit Zwiebeln und Genever oder einem Mantel aus Öl und grobem Pfeffer, geräuchert oder gegrillt oder frisch mit einer Senfsauce nimmt

der Hering in dieser Region einen besonderen Platz ein.
In Boulogne, dem wichtigsten Fischereiort, kommen andere erlesene Fische und Meerestiere hinzu. Aber die traditionelle Küche des Nordens verzichtet auf Hummer, Schollen und den Steinbutt. Der Hering bleibt König, zusammen mit den Süßwasserfischen wie Karpfen und Aal.
Zur robusten Küche des Nordens passen die ebenfalls kräftigen Käsesorten. Dazu gehört vor allem der Maroilles, der bekannteste und einer der ältesten Käse Frankreichs.

Rechts: *Altes pikardisches Bauernhaus mit Schindeln, versteckt zwischen dem Grün der Bäume und der Wiesen in der Mitte einer Ebene mit sanften Hügeln, die nie mehr als 200 m hoch sind.*
Unten: *Fischer, der seine Netze an dem ebenen Sandstrand der Nordsee auslegt.*

Aber so kräftig er der Nase und dem Gaumen erscheint, kann er doch nicht mit dem Avesnes-Käse oder dem Gris de Lille konkurrieren.
Man könnte auch sagen, daß die pikardischen Köche immer »eine Hand in der Teigschüssel« haben. Nicht nur Torten mit Birnen und Äpfeln, sondern auch Pasteten mit Fisch, Fleisch, Wild, Geflügel, Käse und Früchten werden hier gemacht.
Obwohl sie das Süßsaure lieben, wie z.B. die Pflaume, sind sie kräftigen Geschmäckern doch nicht abgeneigt. Und um die Verdauung der reichhaltigen, aber oft schweren Gerichte zu erleichtern, hilft ein Genever von Wambrechies, der, obwohl er es verdienen würde, außerhalb dieser Region kaum bekannt ist.

Links oben: *Bevorzugter Treffpunkt ist eines der zahlreichen Cafés, denen allen die lebhaften Farben der Fensterläden gemeinsam sind.*
Unten: *Tierzucht ist eine wichtige Einnahmequelle in Flandern.*
Oben: *Dünkirchen, das direkt am Meer liegt, war im Mai - Juni 1940 Schauplatz des Rückzugs der Alliierten nach England. Der Hafen dieser alten Festung wurde im 2. Weltkrieg zerstört, aber wieder vollständig rekonstruiert. Heute ist er der drittgrößte Handelshafen Frankreichs.*
Rechts: *Die jungen Frauen der Pikardie tragen ihre Kostüme und Hauben nicht nur während der traditionellen Feste.*

GÄRTNERSUPPE*

Soupe des hortillonnages
Pikardie

Vorbereitungszeit: 40 min.
Kochzeit: 1 h, einfach

Für 6 Personen:
1 Weißkohl-Herz
6 Stangen Lauch (nur das Weiße)
250 g neue Kartoffeln
500 g Erbsenschoten, 75 g Butter
1 Kopfsalat, 100 g Sauerampfer
1 kl. Bd. Kerbel,
Salz, Pfeffer

Den Weißkohl, den Lauch und die geschälten Kartoffeln in Stücke schneiden. Die Erbsen enthülsen.
In einem großen Kochtopf 30 g Butter erhitzen, Kohl und Lauch 10 min. darin andünsten.
2 l Wasser dazugeben sowie die Kartoffeln und die Erbsen. Zum Kochen bringen, großzügig salzen und pfeffern, abdecken und ca. 45 min. köcheln lassen.
Von dem Sauerampfer die Stengel entfernen, waschen und trocknen. Den Salatkopf in kleine Streifen schneiden. Mit dem Rest der Butter den Sauerampfer, den Salatkopf und den gehackten Kerbel andünsten. Diese Mischung 10 min. vor dem Ende der Kochzeit zur Suppe geben. Die Suppe zum Schluß über geröstete Brotscheiben gießen.

BIERSUPPE

Soupe à la bière / Flandern

Vorbereitungszeit: 30 min.
Kochzeit: 35 min., sehr einfach

Für 6 Personen:
1/2 l Bier, 70 g Mehl
70 g Butter, 2 Eigelb
1 Glas Crème Fraiche
1 gr. Zwiebel, 1 TL Zucker
1 Prise Zimt, Salz, Pfeffer

In einem Topf auf mittlerer Hitze die Zwiebel in der Butter glasig dünsten. Das Mehl zufügen und umrühren, um eine Mehlschwitze herzustellen. Unter weiterem Rühren das Bier langsam hinzufügen. Zum Kochen bringen, salzen, Zucker und Zimt zufügen. 30 min. auf kleiner Flamme köcheln lassen. Währenddessen die Eigelb mit der Crème Fraiche vermischen. Kurz vor dem Servieren den Topf vom Feuer nehmen und die Eier-Crème-Bindung darunter mischen. Die Suppe über getoastetes Landbrot gießen.

ZWIEBELSUPPE

Soupe d'oignons gratinée
Pikardie

Vorbereitungszeit: 20 min.
Kochzeit: 30 min.
Einfach

Für 6 Personen:
6 mittlere Zwiebeln
60 g Butter
180 g ger. Gruyère
1 1/2 l Wasser
1 TL Mehl
12 kl. Brotscheiben
Salz, Pfeffer, Muskat

Die Zwiebeln in feine Streifen schneiden, und in einem Topf mit der Butter glasig dünsten. Wenn die Zwiebeln goldgelb sind, mit Mehl bestreuen, umrühren, dann mit kochendem Wasser ablöschen. Leicht salzen, pfeffern und eine Msp. Muskat zugeben. 20 min. zugedeckt köcheln lassen.
In Suppentassen legt man je 2 geröstete Brotscheiben, bestreut sie mit geriebenem Käse und gießt die kochende Suppe darüber. Wenn das Brot an die Oberfläche kommt, wieder mit Käse bestreuen und 10 min. im Grill überbacken.

LAUCHKUCHEN

Flamiche aux poireaux / Pikardie

Vorbereitungszeit: 35 min.
und Ruhezeit
Kochzeit: 30 min.
Einfach

Für 6 Personen:
350 g Mehl, 200 g Butter
1 kg dicke Lauchstangen
1/2 l Milch
1 Ei, Salz, Pfeffer
1 Prise Muskat

Aus 300 g Mehl, 150 g Butter, 1 Msp. Salz und etwas Wasser einen Gebäckteig herstellen. Den Teig zu einer Kugel formen und 15 min. ruhen lassen.
Die weißen Teile des Lauchs waschen, trocknen und in 3 mm dicke Scheiben schneiden. In einen Kochtopf 50 g Butter geben und bei wenig Hitze den Lauch zugedeckt andämpfen, dabei von Zeit zu Zeit mit einem Holzlöffel umrühren. Der Lauch soll glasig und weich werden, aber keine Farbe annehmen.
Danach 50 g Mehl auf den Lauch streuen und das Ganze vermischen. Dann langsam eßlöffelweise die Milch darübergeben, dabei ständig umrühren und zum Kochen bringen. 3 - 4 min. lang kochen, währenddessen Pfeffer und die Msp. Muskat zugeben. Dann auskühlen lassen.
2/3 des Teiges 3 mm dick ausrollen und eine Tortenform auslegen. Dann den lauwarmen Lauch hineingeben. Für den Deckel das letzte Drittel des Teiges ausrollen und auf den Lauch legen. Die Ränder mit angefeuchteten Fingern zusammendrücken. Den Deckel mit einem spitzen Messer mehrere Male einstechen, und das Ganze mit der Mischung aus Eigelb und der übriggebliebenen Milch bestreichen. Im heißen Ofen 15 min. backen lassen, dann den Ofen abschalten und weitere 15 min. im Ofen lassen.

KÄSEFLADEN

Goyère
Hennegau und Flandern

Vorbereitungszeit: 30 min.
Ruhezeit des Teiges: 1 h
Kochzeit: 30 min.
Einfach

Für 6 Personen:
1 Maroilles-Käse (ca. 800 g)
250 g Mehl, 1 Tasse Milch
100 g Butter
1 Ei, 3 EL Creme Fraiche
8 g Bäckerhefe
Salz, Pfeffer

Den Teig 2 h vorher zubereiten. Die Hefe in lauwarmer Milch auflösen, die Butter schmelzen und erkalten lassen. Das Mehl in eine Schüssel geben, eine Vertiefung machen, und die aufgelöste Hefe und die geschmolzene Butter hineingeben. Gut mit dem Mehl vermischen, leicht salzen und am Ende das Ei zugeben. Den Teig ca. 5 min. mit der Hand durcharbeiten, ausrollen und eine gebutterte und gemehlte Tortenform damit auslegen. Nun den Teig 1 h lang an einem warmen Ort gehen lassen.
Den Käse entrinden, in Scheiben schneiden und auf den Teig legen. Mit der Creme Fraiche bedecken und reichlich pfeffern. 30 min. in den heißen Ofen stellen. Beim Herausnehmen kleine Butterstückchen auf dem Rand verteilen.

GEFÜLLTE PFANNKUCHEN

Ficelles picardes
Pikardie

Vorbereitungszeit:
(1 h früher anfangen) 1 h
Kochzeit: 10 min.
Einfach

Für 6 Personen:
300 g Mehl
3 Eier
1 l Milch
2 EL Erdnußöl
100 g Butter
250 g Champignons
4 EL ger. Gruyère
6 feine Scheiben gekochter Schinken
6 EL Creme Fraiche
75 g frischer Speck
1 Msp. Muskat
Salz, Pfeffer

1 h vor der Zubereitung einen Pfannkuchenteig herstellen. Dafür das Mehl und eine Messerspitze Salz in eine Schüssel geben. Eine Vertiefung in die Mitte machen, das Öl und die Eier hineingeben und das Ganze vorsichtig vermischen. 1/2 l Milch zugeben. Den Teig schlagen und ihn dann ruhen lassen. Die gewaschenen, kleingeschnittenen Champignons in einen Kochtopf mit 20 g Butter geben, und bei milder Hitze 15 min. dünsten lassen, damit sie das Wasser verlieren. Aus der Butter, dem Mehl und der übriggebliebenen Milch eine Soße bereiten, und mit Salz, Pfeffer und Muskat abschmecken. Die Soße auf milder Hitze eindicken. Die Champignons in die Soße geben. Dann den Topf vom Feuer nehmen, und die Hälfte des geriebenen Käses beifügen. Warm halten. Nun in einer großen Pfanne dünne Pfannkuchen backen, wobei man den Speck zum Einfetten der Pfanne verwendet.
Den Schinken in 2 cm breite Streifen schneiden. Auf jedem Pfannkuchen den Schinken und die Champignon-Soße verteilen. Die Pfannkuchen einrollen und nebeneinanderliegend in eine gebutterte feuerfeste Form legen.
Die Creme Fraiche bei milder Hitze erwärmen, salzen und pfeffern und mit dem Rest des geriebenen Käses über die Röllchen verteilen. 10 min. in den sehr heißen Ofen schieben und backen.

ZWIEBELKUCHEN*

Tarte aux oignons
Pikardie

Vorbereitungszeit: 30 min.
und Ruhezeit
Kochzeit: 20 min.
Einfach

Für 6 Personen:
200 g Mehl
150 g Butter
3 Eier
200 g Creme Fraiche
1 EL Öl
1 kg Zwiebeln
1/2 Glas Wasser
Salz, Pfeffer

Mit dem Mehl, 100 g Butter, 1/2 Glas Wasser und einer Msp. Salz einen Gebäckteig herstellen. Zu einer Kugel formen und 30 min. ruhen lassen. Die Zwiebeln schälen und kleinschneiden. In einer Pfanne mit 25 g Butter und dem Öl glasig dünsten. Salzen und pfeffern. Den Teig in eine gebutterte Tortenform drücken und mit den Zwiebeln belegen. Die Creme Fraiche und die

Eier mit einem Schneebesen schlagen, salzen und pfeffern, und die Mischung über die Zwiebeln geben. 20 min. im heißen Ofen backen lassen.

GEFÜLLTE HERINGE*

Harengs à la Boulonnaise
Boulonnais

Vorbereitungszeit: 20 min.
Kochzeit: 15 min., einfach

Für 4 Personen:
4 frische Heringe a 250 g, wenn möglich mit Milch oder Rogen
2 Schalotten
4 Champignons mittlerer Größe
1 Bd. Petersilie
50 g Butter
1 EL Erdnußöl, Salz, Pfeffer

Die Heringe entschuppen, Kopf und Schwanz entfernen, am Rücken aufschneiden, öffnen und die Gräte herausnehmen. Die Milch oder den Rogen aufheben. Den Fisch waschen und abtrocknen. Die geschälten Schalotten mit den gewaschenen Champignons, der Petersilie, der Milch oder dem Rogen und der Butter kleinhacken. Salzen und pfeffern. Die Mischung in das Innere der Heringe geben, die man salzt, pfeffert und leicht einölt und dann in Aluminiumfolie einwickelt. Im sehr heißen Ofen 15 min. backen lassen.

ÜBERBACKENE HERINGE

Harengs au gratin
Boulonnais

Vorbereitungszeit: 10 min.
Kochzeit: 40 min.
Sehr einfach

Für 6 Personen:
6 frische filetierte Heringe
2 mittlere Zwiebeln
1 Bd. Petersilie
2 Lorbeerblätter
1 Zweig Thymian
2 EL Erdnußöl
1/2 Glas Rotwein
1/4 Glas Weinessig
Salz, Pfeffer

Die geschälten, in Ringe geschnittenen Zwiebeln und die gehackte Petersilie auf den Boden einer eingeölten, feuerfesten Form geben. Die Heringsfilets darauf ausbreiten, pfeffern, leicht salzen, die Lorbeerblätter und den Thymian daraufgeben. Bei milder Hitze für 10 min. in den Ofen geben.
Die Form aus dem Ofen nehmen, den Rest Öl auf die Heringe geben und dann langsam Wein und Essig. Bei gemäßigter Hitze weitere 30 min. im Ofen lassen.

AAL MIT KRÄUTERN*

Anguilles au vert
Flandern

Vorbereitungszeit: 30 min.
Kochzeit: 20 min.
Einfach

Für 4 Personen:
1,5 kg kleine ausgenommene Aale
1 Glas Mehl
200 g Sauerampfer
150 g Spinat
30 g Petersilie
30 g Kerbel
2-3 Blätter Salbei, 1 Zweig Bohnenkraut, 2-3 Blätter Estragon
1 Zweig Thymian
80 g Butter
1/2 l trockener Weißwein
4 Eier
20 cl Creme Fraiche
1 Zitrone
Salz, Pfeffer

Die Aale in 5 cm lange Stücke schneiden und in Mehl wälzen. Die Stengel vom Spinat und den Kräutern entfernen, danach alles waschen und kleinzupfen.
Die Hälfte der Butter in einen Kochtopf geben. Auf mittlerer Hitze die Aalstücke goldbraun anbraten.

Den Wein angießen, salzen, pfeffern, und 10 min. leise köcheln lassen. In einen anderen Topf die restliche Butter geben, und die zerkleinerten Kräuter bei milder Hitze hineingeben.

Im Wasserbad schlägt man die Eier, die Crème und 1 Spritzer Zitrone mit einem Schneebesen auf. Dann langsam den Bratensaft der Aale hineingießen. Weiterschlagen, zum Schluß die Kräuter dazugeben. Auf einer Servierplatte den Aal anrichten und mit der Sauce bedecken. Dieses Gericht kann man warm oder kalt essen. Es können auch andere Kräuter wie Pimpernelle, Kresse oder Brennnessel verwendet werden.

MAKRELEN MIT MUSCHELN*

Maqueraux à la Boulonnaise
Boulonnais

Vorbereitungszeit: 40 min.
Kochzeit: 1 h
Einfach

Für 6 Personen:
6 ausgenommene Makrelen
1 kg Muscheln
125 g Champignons
25 g Mehl, 25 g Butter
2 Zwiebeln, in feinen Scheiben geschnitten
1 Ei, 1 Glas helles Bier
1 Bd. Petersilie, Salz, Pfeffer

Die Muscheln gründlich waschen, und bei milder Hitze in einem Kochtopf öffnen. Das Muschelfleisch herausnehmen, und den Kochsaft durch ein Sieb geben.
Währenddessen die Champignons putzen, waschen, trockentupfen und in feine Scheiben schneiden. Mit der gehackten Petersilie und den Zwiebeln in einen Topf mit gesalzenem und gepfeffertem Wasser geben. Zum Kochen bringen und 10 min. köcheln lassen. Die Champignons herausnehmen und zum Muschelfleisch legen. In einer Schüssel das Mehl im Bier verrühren, das Ei hinzugeben und durchschlagen. Dann die Muscheln, die Champignons und das durchgesiebte Muschelwasser zugeben.
Die Makrelen auf beiden Seiten etwas einschneiden.
In eine ofenfeste Form gibt man die Hälfte der Sauce, legt die Makrelen hinein und bedeckt sie mit dem Rest der Sauce. Kleine Butterflöckchen darauf verteilen, und 1 h in den heißen Ofen schieben.

FISCH-EINTOPF MIT KARTOFFELN*

Caudière de Berck
Boulonnais

Vorbereitungszeit: 45 min.
Kochzeit: 30 min., einfach

Für 4 Personen:
1 1/2 kg Fische (z.B. Steinbutt, Seezunge, Seebarbe, Meeraal), entschuppt, gehäutet, entnommen
4 mittlere Zwiebeln
2 Knoblauchzehen
1 Bouquet Garni (Thymian, Lorbeerblatt, Petersilie)
3 - 4 Stengel Petersilie
1 kg Kartoffeln, 2 kg Muscheln
4 Eier, 20 cl Creme Fraiche
Salz, Pfeffer

Die in feine Scheiben geschnittenen Zwiebeln in einen Kochtopf schichten und darauf die gezupfte Petersilie und gehackten Knoblauch, das Bouquet Garni und die geschälten, geviertelten Kartoffeln legen. Mit 3 l Wasser abdecken. Ca. 10 min. kochen lassen.
Die Fische in Stücke schneiden und auf die Kartoffeln legen. Sie sollten mit Flüssigkeit bedeckt sein, notfalls etwas kochendes Wasser zugeben. 15 min. leise kochen lassen. Die Muscheln waschen, bürsten und bei starker Hitze kochen. Das Fleisch der geöffneten Muscheln in eine Suppenschüssel geben. Mit einem Schaumlöffel die Fische und die Kartoffeln daraufgeben. Das Bouquet Garni herausnehmen. In einer anderen Schüssel das Eigelb und die Creme Fraiche mit vier Löffeln der Fischbrühe vermischen. Das gesiebte Muschelwasser auch in den Kochtopf gießen. Unter ständigem Umrühren sorgfältig mit der Eigelb-Creme-Mischung binden., ohne die Mischung zum Kochen zu bringen. In den Suppentopf gießen.

FLEISCHTERRINE*

Potjevleisch
Flandern

Am Vortag beginnen
Vorbereitungszeit: 40 min.
Kochzeit: 3 h
Schwierig

Für 8 Personen:
1 gr. Huhn (2 - 3 kg)
1 Kaninchen (2 kg)
300 g Kalbsschulter
200 g durchwachsener Speck
200 g Schalotten
1 Fl. trockener Weißwein
1 gr. Bund Petersilie
2 Zweige Thymian, 1 Lorbeerblatt
1 Speckschwarte in der Größe der Terrine, Salz, Pfeffer

Die Flügel und die Schenkel des Huhnes abnehmen, genauso die Vorder- und Hinterpfoten des Kaninchens (den Rücken für andere Verwendung aufbewahren). Das Kalbfleisch in ca. 5 cm große Würfel schneiden und den Speck in Scheiben. Die Schalotten hacken, die Petersilie abzupfen.

In eine Tonterrine legt man die Fleischstücke und drückt die Speckscheiben in die Zwischenräume. Dazwischen die Schalotten und die Petersilie schichten, und den Wein hineingießen, so daß er gerade das Fleisch bedeckt. Darauf den Thymian, das Lorbeerblatt und die Speckschwarte mit der Fettseite nach unten legen.

Die Terrine dicht verschließen, und in eine Schale mit Wasser stellen. Bei milder Hitze 3 h dort belassen. Man sollte in der Terrine ein leichtes Kochen hören. Abkühlen lassen, die Schwarte, den Thymian und das Lorbeerblatt entnehmen. Nun die

Knochen entfernen, das Ganze wieder zurück in die Terrine geben, und mit der Speckschwarte bedecken. Kalt werden lassen, dann in den Kühlschrank stellen.

RINDFLEISCH IN BIER GESCHMORT*

Carbonnade / Flandern

Vorbereitungszeit: 40 min.
Kochzeit: 3 h, einfach

Für 6 Personen:
1,2 kg Rindfleisch, zum Schmoren in 5 x 3 cm großen Würfeln
350 g Zwiebeln
150 g geräucherter Speck
1 EL Zucker
50 cl Bier, 1 EL Weinessig
1 EL scharfer Senf
1 Bouquet Garni (Thymian, Lorbeerblatt, Petersilie)
150 g altbackenes Brot
150 g Butter, Salz, Pfeffer

Die Zwiebeln kleinhacken. Den Speck in Würfel schneiden, nachdem man die Schwarte und die Knöchelchen entfernt hat.
In einem Schmortopf die Butter erhitzen, und die Fleischstücke bei starker Hitze anbraten. Die Stücke herausnehmen, und nun das gleiche mit den Speckwürfeln wiederholen. Auch diese dann herausnehmen, und im gleichen Schmortopf die in feine Scheiben geschnittenen Zwiebeln anbraten. Dabei immer wieder mit einem Holzlöffel umrühren. Wenn sie goldgelb sind, mit dem Zucker bestreuen, und die Hitze wegnehmen, damit die Zwiebeln karamelisieren. Dann vom Feuer nehmen, und mit dem Essig vermischen. 3 min. kochen lassen.
In den Schmortopf nun schichtweise das Fleisch und die Zwiebeln legen, das Bouquet Garni in die Mitte. Salzen, Pfeffern. Das altbackene Brot mit Senf bestreichen und auf das Ganze legen. Das Bier darüber

geben, so daß die Flüssigkeit mit dem Brot abschließt. Bei milder Hitze und zugedecktem Topf 3 h kochen lassen.

GESCHMORTES HUHN* IN BIER

Coq a la bière
Flandern und Artois

Vorbereitungszeit: 15 min.
Kochzeit: 2 h 40 min.
Einfach

Für 6 Personen:
1 Huhn von 3,5 kg in Stücken
130 cl Weizenbier
400 g Champignons, 4 Schalotten
20 cl Creme Fraiche
100 g Butter
3 EL Erdnußöl
1 Bouquet Garni (Thymian, Lorbeerblatt, Petersilie), Salz, Pfeffer

In einem Kochtopf das Öl und einen Löffel Butter erhitzen. Die Huhnteile kräftig anbraten und herausnehmen. Das Kochfett aus dem Topf entfernen. Danach 2 Löffel Butter in den Topf geben und die feingehackten Schalotten 5 min. darin dünsten. Die Huhnteile darauflegen, das Bier darübergießen, das Bouquet Garni zufügen, salzen und pfeffern. Bei niedriger Hitze zugedeckt 2 h 30 min. kochen lassen. Nach 2 h die feingeschnittenen Champignons zugeben. Am Ende der Kochzeit die Huhnteile herausnehmen und warmstellen. Die Flüssigkeit etwas einkochen lassen, danach die Creme Fraiche zufügen, und 3 min. kochen lassen. Mit dem Schneebesen die Butter hineinschlagen. Gut Abschmecken und die Soße über das Geflügel gießen. Darüber die gehackte Petersilie streuen.

KANINCHEN MIT PFLAUMEN*

Lapin aux prunaux
Artois, Flandern, Hennegau

Am Vortag beginnen
Vorbereitungszeit: 30 min.
Kochzeit: 1 h 20 min.
Schwierig

Für 6 Personen:
1 Kaninchen (1,5 kg)
5 mittlere Zwiebeln
2 Karotten
2 Fl. Rotwein, 300 ml Weinessig
1 kg Trockenpflaumen
3 EL Erdnußöl
150 g frischen Speck
12 kl. Zwiebeln
75 g Butter, 2 EL Mehl
2 Knoblauchzehen
1 kl. Bund Petersilie, 2 Zweige Thymian, 1 Lorbeerblatt
2 EL Johannisbeergelee
Salz, Pfefferkörner

Die Kaninchenleber, falls vorhanden in 150 ml Weinessig legen. Das Kaninchen in Stücke schneiden, und zusammen mit den geschälten und in Scheiben geschnittenen Karotten und mittleren Zwiebeln, dem restlichen Essig, den Pfefferkörnern, der Hälfte des Weines, dem Lorbeerblatt, dem Thymian und der Petersilie in eine Schüssel legen. Zudecken, und bis zum nächsten Morgen ziehen lassen. Ebenfalls am Vortag die Pflaumen in den restlichen Wein legen.

Am nächsten Tag das Kaninchen abtropfen lassen und trockentupfen. In einem Schmortopf die Butter und das Öl erhitzen, bei milder Hitze die Kaninchenteile anbraten, dabei wenden, schließlich herausnehmen und zur Seite stellen. Den Speck in Stifte schneiden, und in dem gleichen Schmortopf anbraten. Herausnehmen, und die geschälten ganzen kleinen Zwiebeln hineingeben. Wenn sie eine goldbraune

Farbe haben, den Speck und die Kaninchenstücke wieder zufügen. Mit Mehl bestreuen und umrühren, bis alles Farbe bekommt.
Die Pflaumen abtropfen lassen, und den restlichen Wein in den Schmortopf gießen. Die Petersilie, den Thymian, das Lorbeerblatt und den geschälten Knoblauch hinzugeben. Den Abtropfsaft hinzufügen und aufkochen lassen.
Zugedeckt 1 h köcheln lassen, nach 30 min. die Pflaumen zugeben.

DEFTIGER FLEISCHTOPF

Hochepot
Flandern und Hennegau

Vorbereitungszeit: 30 min.
Kochzeit: 3 h, einfach

Für 6 Personen:
600 g Rinder-Flachrippe
600 g Schweinshaxe
150 g Schweineschwanz gepökelt
600 g Hammelschulter
250 g gepökelter Speck
1 Kochwurst (nach Belieben)
1 Weißkohl, 500 g Karotten
1 Stange Sellerie
1 Zwiebel, mit 1 Nelke gespickt
300 g Lauch, 1 Bouquet garni
6 Kartoffeln, Salz, Pfeffer

In einen Topf mit kaltem Wasser gibt man den Speck und den Schweineschwanz. Zum Kochen bringen, und 10 min. sieden lassen. Kalt abschrecken. In einen großen Kochtopf gibt man das Schweine-, Rind- und Hammelfleisch. Mit Wasser bedecken, salzen, pfeffern, und zum Kochen bringen. Abschäumen. 2 h bei milder Hitze köcheln lassen. Währenddessen den Kohl waschen, vierteln und 5 min. in kochendem Salzwasser blanchieren. Abtropfen, abschrecken, und in feine Scheiben schneiden. Die Kartoffeln und die Karotten waschen und schälen. Den Lauch waschen, nur die weißen Teile werden verwendet. Den Sellerie waschen.
Nach 2 h Kochzeit gibt man alles Gemüse in den Topf und läßt noch einmal 1 h köcheln; 45 min. vor dem Ende der Kochzeit gibt man, falls vorhanden, die Kochwurst zu.

KALTES BEINFLEISCH*

Caqhuse
Pikardie

Vorbereitungszeit: 10 min.
Kochzeit: 90 min., sehr einfach

Für 6 Personen:
1,2 Kilo Beinfleisch vom Schwein (Scheibe)
750 g Zwiebeln, 50 g Butter
1 EL Essig, Salz, Pfeffer

Das Fleischstück in eine feuerfeste Form legen, salzen und pfeffern. Die Zwiebeln schälen und in feine Scheiben schneiden. Um das Fleisch herumlegen, die Butter in kleinen Stücken darauflegen. Bei mäßiger Hitze für 90 min. in den Ofen schieben. Zum Schluß den Essig hineingeben und mit dem Bratensaft vermischen. Abkühlen lassen.

KALBSNIEREN MIT GENEVER*

Rognons au Genièvre
Flandern und Artois

Vorbereitungszeit: 20 min.
Kochzeit: 25 min., einfach

Für 4 Personen:
4 Kalbsnieren, ohne Fett, halbiert und gut gesäubert

50 g Butter
750 g feste Kartoffeln
3 EL Öl
1 Glas Genever
1/2 Glas trockener Weißwein
Salz, Pfeffer

Die Kartoffeln schälen, in feine Scheiben schneiden, waschen und mit Küchenkrepp trockentupfen. Das Öl in einer Pfanne erhitzen, und die Kartoffelscheiben darin auf beiden Seiten goldbraun braten. Salzen, pfeffern, bei milder Hitze auf beiden Seiten insgesamt 20 min. bei geschlossenem Deckel köcheln lassen. Währenddessen in einer anderen Pfanne die Butter erhitzen; wenn sie sehr heiß ist, die Nierchen hineingeben, 2 - 3 min. auf jeder Seite anbraten. Hitze wegnehmen, salzen, pfeffern, und zugedeckt bei sehr geringer Hitze 20 min. ziehen lassen. Die Nierchen herausnehmen, und in feine Scheiben schneiden. Sie sollten innen leicht rosa sein. Den herausfließenden Saft zurück in die Pfanne geben.

Auf einer Platte die Kartoffelscheiben anrichten, und die warmgehaltenen Nierchen darauflegen. In die Pfanne zu dem Fleischsaft den Genever gießen. Kurz aufkochen. Den Wein zugeben, und bei niedriger Hitze 2 min. umrühren. Die Soße darübergeben oder extra servieren.

POULARDE IN BRÜHE GEDÜNSTET

Waterzoi de poularde
Flandern

Am Vorabend beginnen
Vorbereitungszeit: 20 min.
Kochzeit: 1 h 20 min.
Schwierig

Für 8 Personen:
1 Poularde à 1,8 kg
2 Sellerieknollen
3 gr. Stangen Lauch
2 Zwiebeln, davon eine mit 2 Nelken gespickt
6 Petersilienstengel, wenn möglich mit Wurzeln
100 g Butter
1 dl trockener Weißwein
1/2 l Kalbfleischbrühe
4 Eigelb, 1 Glas Creme Fraiche
Salz, Pfeffer

Für die Brühe:
1 Kalbshaxe, 2 Karotten, 2 weiße Rüben, 2 Stangen Lauch
1 Zwiebel, mit einer Nelke gespickt

Am Vorabend die Brühe bereiten.
Die Poularde in Stücke teilen. Den Sellerie und die weißen Teile des Lauchs putzen und waschen und mit einer Zwiebel in feine Streifen schneiden. Die Petersilie waschen und zusammenbinden.
In einem Schmortopf die Butter zerlassen, und die Gemüsestreifen mit der Petersilie hineingeben. Einige Butterflöckchen daraufgeben, und den Weißwein zugießen. Zugedeckt bei milder Hitze 20 min. kochen lassen. Die Poulardenteile auf die Gemüsestreifen legen, und mit der vorbereiteten Brühe auffüllen.
Abschmecken. Die Petersilie und die gespickte Zwiebel entfernen. Aufkochen lassen, zudecken und köcheln lassen. Nach einer Stunde die Creme Fraiche, das Eigelb, die Petersilie und einen Löffel weiche Butter miteinander verschlagen.
Die Poulardenteile sind gar, wenn sich das Fleisch leicht vom Knochen löst. Dann legt man die Stücke in eine Suppenschüssel und stellt diese warm. Man nimmt den Schmortopf vom Feuer und fügt langsam die Mischung aus Creme Fraiche, Eigelb, Petersilie und Butter hinzu. Abschmecken. Noch einmal leicht erwärmen, und über die Poulardenteile gießen.

SPARGEL AUF FLÄMISCHE ART*

Asperges à la flamande
Flandern

Vorbereitungszeit: 30 min.
Kochzeit: 45 min.
Sehr einfach

Für 6 Personen:
1,5 kg weißen Spargel, 6 Eier
1 gr. Bund Petersilie
250 g sehr frische Butter
Salz, Pfeffer

Den Spargel schälen, und das untere Ende etwas abschneiden, waschen, und immer 5 oder 6 zusammenbinden. Alle Spargelstangen sollten die gleiche Länge haben. In 3 l Salzwasser legen und 45 min. leicht kochen lassen. Danach die Bündel auf einem sauberen Küchentuch abtropfen lassen. Die Bündel lösen und auf eine Platte legen. In den letzten Minuten der Kochzeit des Spargels die Eier hart kochen. In Viertel schneiden. Die Butter im Wasserbad schmelzen. Petersilie fein hacken.

Bei Tisch nimmt dann jeder 1 Ei und Petersilie auf seinen Teller. Man zerdrückt das Ganze in zerlassener Butter, fügt nach seinem Geschmack Salz und Pfeffer dazu und taucht den Spargel in diese Zubereitung.

FLÄMISCHES CHICOREE GEMÜSE*

Endives à la flamande
Flandern

Vorbereitungszeit: 20 min.
Kochzeit: 30 min.
Sehr einfach

Für 4 Personen:
1 kg Chicoree
80 g Butter
1 EL Zucker
1 Zitrone
Salz, Pfeffer

Die beschädigten Blätter entfernen, und jeden Strunk tief kreuzförmig einschneiden, damit er beim Kochen weich wird. Den Chicoree waschen und trocknen und in 2 l kochendes Wasser geben. 5 min. blanchieren, dann abtropfen lassen und mit Küchenkrepp trockentupfen.
In einem Schmortopf bei milder Hitze die Hälfte der Butter schmelzen lassen und vom Feuer ziehen, wenn sie schaumig wird.
Den Chicoree nebeneinander hineinlegen, salzen und pfeffern, mit dem Zucker bestreuen und mit dem Zitronensaft beträufeln. Auf den Chicoree kleine Butterflöckchen verteilen, und den Topf luftdicht verschließen. Bei milder Hitze für 30 min. in den Ofen schieben.
Der Chicoree kann auch mit einer Béchamelsauce mit geriebenem Käse überbacken werden.

FLÄMISCHER HEFEKUCHEN

Gateau flamand
Flandern

Vorbereitungszeit: 10 min.
Kochzeit: 45 min., einfach

Für 6 Personen:
300 g Mehl, 200 g Zucker
150 g Erdnußöl
1 Beutel Hefe, 3 Eier
1 Glas Bier, 20 g Butter
1 Orangenschale, Zimt, Salz

In einer Schüssel die Eier, den Zucker, das Salz, das Öl, das Bier, die geriebene Orangenschale und den Zimt miteinander vermengen. Nach und nach das mit der Hefe vermischte Mehl hineinsieben. Mit dem Schneebesen schlagen, bis eine homogene Masse entsteht. Eine Tortenform mit geraden und hohen Rändern und einem Durchmesser von ca. 35 cm buttern und leicht mehlen. Den Teig hineingeben, und bei mittlerer Hitze 45 min. backen. Aus der Form stürzen, und erkalten lassen.
Der Kuchen kann waagerecht durchgeschnitten und mit Marmelade gefüllt werden.

RHABARBERTORTE*

Tarte à la rhubarbe
Artois und Pikardie

Vorbereitungszeit: 20 min.
Kochzeit: 45 min., einfach

Für 4 Personen:
300 g Gebäckteig
1 kg Rhabarber
20 g Butter
1 Ei
200 g Kristallzucker

Den Gebäckteig ca. 3 mm dick ausrollen, und eine gebutterte Tortenform damit belegen. Mit einer Gabel 5 oder 6 mal leicht einstechen.
Den Rhabarber schälen, und die Blätter entfernen. Den Rhabarber dann in 2 cm lange Stücke schneiden. Auf den Teig 100 g Zucker streuen, dann die Rhabarberstücke darauflegen, das geschlagene Ei darauf verteilen, und mit dem Rest des Zuckers bedecken. Bei mittlerer Hitze 45 min. backen. Die Torte kann man warm oder kalt essen.

Osten

Champagne
Lothringen
Elsaß
Burgund
Franche-
Comté
Nivernais

Wenn es eine Region in Frankreich gibt, die auf gastronomischem Gebiet nichts zu wünschen übrig läßt, dann ist es die, die sich östlich von Paris erstreckt und die alten Provinzen Champagne, Lothringen, Elsaß, Burgund, Franche-Comté und Nivernais einschließt.
Vor allem deshalb, weil sie exzellente und viele verschiedene Weine hat.
30 000 Hektar gehören zum Weinanbaugebiet der Champagne, und die Grenzen sind eng gesteckt. Die Genehmigung, Wein zu pflanzen, bekommen nur wenige und nur, wenn sie nachweisen können, daß der Boden schon früher als Weinberg gedient hat.
Dieser kostbare Wein ist eher den Menschen als der Natur zu verdanken: Er ist das Ergebnis von einer Entwicklung, an der 30 - 40 Weine, Auslesen und Jahrgänge beteiligt waren.
Die Champagne liefert 120 - 130 Mio. Flaschen jährlich, von denen die Franzosen drei Viertel trinken.
Von der Region Burgunds sagte Erasmus: »Sie kann sich zu Recht die Mutter der Menschen nennen, denn sie bringt eine ähnliche Milch hervor!«
Von Auxerre bis Chagny, was für Weine! Die weltbekannten Weinberge wie »de Nuits« und »de Beaune« mit den Namen wie Chambertin, Clos-de-Vougeot, Romanée Conti, Corton, Pommard, Meursault, Montrachet erstrecken sich auf nur 84 km Länge und einigen hundert Meter Breite.
Und Talleyrand schrieb: »Gebt einem Großem dieses Landes eine Flasche alten Burgunder zu trinken: selbst wenn er Euch bereits 20 mal seine Dienste angeboten hat, wird er Ihnen sicherlich immer noch verpflichtet bleiben!«
Der elsässische Weinanbau mit seinen vorzüglichen Rebsorten wie Riesling, Gewürztraminer, Muskat, Pinot und die Techniken der spä-

Vorherige Seiten: *Große Einsiedelhöfe erheben sich auf den Hängen des Morvan, einem von Wäldern und Weiden bedeckten Granitmassiv.*
Links: *Im Franche-Comté wie in Burgund entwickelt sich der Maisanbau. Die Kolben hängen in der Sonne, um zu trocknen.*
Unten rechts: *Wandgemälde, das dazu einlädt, Weinkeller zu besuchen, die in Burgund so zahlreich sind. Beaune ist mit Nuits-Saint-Georges einer der berühmtesten Weinorte.*

Oben: *Durch die Jahrhunderte wurden die Weinberge Lothringens immer weniger, heute sind unter den bekannten nur noch die Moselweine und die von Toul.*
Rechts: *Dieser elsässische Weinbauer ist stolz auf seine schöne Provinz, die das älteste Weinkloster besitzt, das von Saint-Etienne, das im 15. Jh. in Ammerschwihr, in der Nähe von Colmar entstand.*

ten Lese bringen eine von 3 Flaschen Weißwein hervor, die in Frankreich getrunken wird. Die Qualität liegt in einer sorgfältigen Auswahl begründet, und so haben die Weine heute eine außergewöhnliche Qualität.
Was die Weinberge des Franche-Comté angeht, sind sie die einzigen, die 5 Arten von Weinen produzieren: weiß, rosé, rot, Spätlese (der wertvollste ist der Château-Châlon, der mindestens 6 Jahre im Faß lagern muß) und Eiswein (dieser ist voller Süße und Alkohol und entsteht aus den Trauben, die erst nach dem Wintereinbruch geerntet werden).
Für die Fleischvielfalt ist vor allem das Elsaß bekannt. In dem typischen Gericht mit Sauerkraut findet sie ihren klassischen Ausdruck. Jede Stadt, jedes Dorf, fast jeder Haushalt hat seine eigene Art der Zubereitung mit verschiedenen Schweinefleisch-Zugaben wie Speck, Kotelett, Rippchen, Würstchen, Leberknödel etc.
Aber auch andere Fleischgerichte sind hier beliebt, nicht zu vergessen die Gänseleberpastete, die hier vom Koch des Kommandanten Contades um 1770 erfunden wurde.
Lothringen glänzt vor allem durch die Backkunst und Süßigkeiten. Dort erfand ein König den Rumkuchen, ein Maler führte den Blätterteig ein, zwei Geistliche schufen die Makrone, ein Bäcker verwendete Bergamotte.
Und da sind die Johannisbeerkonfitüren von Bar-le-Duc, mit einer Nadelspitze entkernt; die Mandelteig-Steine von Epinal; die Mandelkuchen von Longwy; das Hefeteiggebäck von Lunéville; die eingelegten Mirabellen und die gefüllten Zwetschgen von Metz; die

Oben: *Im Herzen von Strasbourg, auf dem Platz der Kathedrale, sind die Tische im Freien gedeckt. Die lebendige Hauptstadt des Elsaß ist eine Stadt der Kunst, Kultur und Gastronomie, Sitz des Europarates und des Europaparlamentes.*
Rechts: *Im Osten, wie überall in Frankreich, kommen die Gaumenfreuden zu großen Ehren.*

Kirschen mit Kirschwasser aus Nancy; Malz aus Plombières; Pfefferkuchen von Saint-Mihiel; die Dragées von Verdun und die Anispastillen von Flavigny, zusammen mit dem eingelegten Schweinefleisch und der Quiche und dem berühmten Speckauflauf.

Was die Fische betrifft – aus dem Fluß, denn das Meer ist weit – findet man sie am besten in Franche-Comté, wo es viele Wasserläufe und viel Regen gibt.

Eben diesem feuchten Klima verdanken die Comtois das reichhaltige Angebot an Pilzen, das in den Wäldern wächst.

Wie überall in Frankreich gibt es zahlreiche Käsesorten. Es sind in der Champagne der Brie von Meaux und von Melun, der Coulommiers, der Chaource und der Langres, in Burgund der Epoisse und der Soumaintrain, der Munster im Elsaß, der Géromé in Lothringen, der Comté, der Bleu von Gex und von Septmoncel, der Morbier und der Cancoillotte in Franche-Comté, die Ziegenkäse im Nivernais: Chevrotin, Pouilly und Gien.

Alle diese Provinzen stellen auch hervorragende Weinbrände her, und die Reichhaltigkeit der Weinerzeugnisse ist auch in der Küche zu spüren.

So paßt sich das Huhn wunderbar der Beerenauslese im Franche-Comté, dem Riesling im Elsaß, dem Rotwein in Burgund und in der Champagne dem Champagner an.

Der Reisende wird nicht erstaunt sein, daß bei all diesen Schätzen, die die Natur in diesen Gebieten hervorbringt, und der großen Vielfalt an Rezepten auch viele große Köche aus dieser Gegend kommen.

Weinlese in den elsässischen Weinbergen. Im Elsaß tragen die Weine, unter denen es vor allem Weiße gibt, nicht wie sonst die Namen von Gemeinden oder Auslesen, sondern den Namen der Rebsorte, von denen sie abstammen. So findet man den Pinot Noir, Pinot Gris und Pinot Blanc oder Sylvaner, Riesling, Gewürztraminer, Muskat und Tokay.

BIERSUPPE*

Soupe à la bière
Elsaß

Vorbereitungszeit: 5 min.
Kochzeit: 25 min.
Einfach

Für 4 Personen:
1/2 l Weizenbier
75 g Butter
50 g Mehl
6 Scheiben altbackenes Weißbrot
50 g Puderzucker
2 dl Creme double
1 Msp. Zimt
Salz, Pfeffer

In einem Topf zerläßt man die Butter. Wenn sie sehr heiß ist, gibt man das Mehl hinein und rührt mit einem Holzlöffel um. Wenn die Mischung zu schäumen beginnt, gießt man langsam das Bier hinein. Mit Salz, Pfeffer, Zucker und Zimt abschmecken. Unter Rühren zum Kochen bringen, damit sich alle Zutaten gut vermischen und die Suppe eine Bindung bekommt.
Bei sehr milder Hitze weitere 20 min. köcheln lassen. Währenddessen röstet man die Brotscheiben in etwas Butter knusprig.
Zum Schluß gibt man die Creme double in die heiße Suppe und rührt sie kurz unter.
In eine Suppenschüssel legt man die gerösteten Brotscheiben und gießt die heiße Suppe darüber.
Sofort servieren.

SUPPE MIT GÄNSEKLEIN

Soupe aux abats d'oie
Elsaß

Vorbereitungszeit: 20 min.
Kochzeit: 2 h
Einfach

Für 6 Personen:
2 Gänsehälse
4 Gänseflügel
2 Gänsemägen
3 Karotten
3 Stangen Lauch
1 Selleriestange
2 Zwiebeln, mit je einer Nelke gespickt
1 Bouquet garni
50 g Butter
150 g Reis
1 EL gehackte Petersilie
1 Msp. Muskat
Salz, Pfeffer

Die gesäuberten Gänseteile kurz in kochendem Wasser blanchieren.
Die Karotten, den Sellerie und das

Weiße der Lauchstangen in kleine Würfel schneiden. Dieses Gemüse 5 min. in Butter andünsten, ohne es zu bräunen, dann die Gänseteile, das Bouquet garni sowie die mit Nelken gespickten Zwiebeln zugeben.
2 l Wasser darauf gießen. Salzen, pfeffern. 1 h 30 min. kochen lassen. Falls notwendig, die Suppe entfetten. Dazu läßt man die Brühe etwas abkühlen und hebt dann das an der Oberfläche erscheinende Fett ab.
Dann gibt man den gewaschenen Reis in die Brühe, bringt das Ganze zum Kochen. Weitere 30 min. kochen lassen, wobei man von Zeit zu Zeit umrührt. Die Gänseteile mit einem Schaumlöffel herausnehmen, das Fleisch von den Knochen lösen, in kleine Stücke schneiden, und der Suppe zufügen.
Das Bouquet garni und die Zwiebeln herausnehmen. Abschmecken. Zum Servieren mit der gehackten Petersilie und einer Messerspitze Muskat bestreuen.

MARKKLÖSSCHENSUPPE *

Consommé aux quenelles de moelle / Elsaß

Vorbereitungszeit: 10 min.
Kochzeit: 10 min
Einfach

Für 6 Personen:
Für diese Suppe werden die Zutaten einer Fleischbrühe verwendet; diese erhält man klassischerweise dadurch, daß man 2 kg Suppenfleisch zusammen mit Gemüse (weiße Rüben, Karotten, Lauch, Sellerie, Zwiebeln) und Markknochen 3 Stunden lang kocht.

Für die Klößchen:
300 g Rindermark (aus den Markknochen)
50 g Semmelbrösel
30 g Grieß, 3 Eigelb
1 Msp. Muskat, Salz, Pfeffer

Mit einem spitzen Messer schneidet man das Mark aus den Knochen. Damit alle Knochensplitter entfernt werden, passiert man das Mark durch ein Sieb in eine Schüssel. Mit den Semmelbröseln, dem Grieß und dem Eigelb verarbeiten bis ein glatter Teig entsteht. Salzen, pfeffern und Muskat zugeben. Nun bringt man die Brühe wieder zum Kochen. Aus dem Teig formt man mit angefeuchteten Händen nußgroße Kugeln und gibt sie in die kochende Brühe. Die Klößchen 10 min. in der Brühe kochen lassen. Zum Schluß nimmt man die Klößchen mit einem Schaumlöffel heraus, gießt die Brühe schnell durch ein Sieb und serviert die sehr heißen Klößchen in der passierten Brühe.

GÄNSELEBERPASTETE*

Cou d`oie farci au foie gras / Elsaß

Vorbereitungszeit: 30 min.
Kochzeit: 45 min., schwierig

Für 6 Personen:
2 Gänsehälse
50 fette Gänselebern
300 g Schweinerücken
300 g Kalbsschulter
1 Trüffel frisch (oder Büchse)
1 l Hühnerbrühe, 1 kl. Glas Cognac
1 Msp. Muskat, 1 Msp. Mischgewürz
Salz, Pfeffer

Das Fleisch kleinhacken. Die in kleine Würfel geschnittene Leber sowie den kleingeschnittenen Trüffel, den Cognac und die Gewürze zugeben. Sorgfältig vermengen, so daß ein glatter Teig entsteht. Vorsichtig die Haut der Gänsehälse abziehen, ohne sie zu beschädigen. Sorgfältig die kleinere der beiden Öffnungen zunähen, mit dem Fleischteig füllen, und dann die andere Seite zunähen. Die Hälse in die kochende Brühe legen, und 45 min. darin belassen.
Kalt oder warm mit Salat servieren.

LEBERKNÖDEL

Leverknepfle / Elsaß

Vorbereitungszeit: 15 min.
Kochzeit: 5 min., einfach

Für 6 Personen:
500 g Schweineleber
200 g durchwachsener Speck
250 g Semmelbrösel
3 Eier, 1 Zwiebel, 1 Bd. Petersilie

Die Leber und den Speck fein hacken. Die Zwiebel und die Petersilie ebenfalls hacken. Das Ganze mit den Eiern und den Semmelbröseln vermengen. Aus dieser Mischung Knödel formen, und sie mit einem Löffel in kochendes Salzwasser legen. Die Knödel sind fertig, wenn sie an die Wasseroberfläche kommen. Mit einem Schaumlöffel herausnehmen, und auf einer Platte anrichten. Die Leberknödel werden normalerweise mit Sauerkraut serviert.

ZWIEBELSPECKKUCHEN

Ziewelkueche / Elsaß

Vorbereitungszeit: 30 min.
Kochzeit: 30 min., einfach

Für 6 Personen:
250 g Gebäckteig
150 g geräucherter Speck
500 g Zwiebeln, 3 Eier
60 g Butter, 15 cl Creme Fraiche
25 cl Milch, 60 g Mehl
1 Msp. Muskat, Salz, Pfeffer

Den Teig 3 mm dick ausrollen, und eine Tortenform damit auslegen. Die Butter in einem Schmortopf zerlassen, und die in feine Scheiben geschnittenen Zwiebeln darin andünsten. Mit dem Mehl bestreuen und umrühren. 5 min. lang leise kochen lassen, danach die Milch hineingeben und durchschlagen.
Erkalten lassen. Die Eigelb, die Creme Fraiche, Salz, Pfeffer und Muskat zugeben, und gut miteinander vermengen.
Die Eiweiß zu einem sehr festen Schnee schlagen. Vorsichtig unterheben, und den Teig damit bedecken. Den geräucherten Speck, von dem man die Schwarte und die

Knöchelchen entfernt hat und den man in kleine Streifen geschnitten hat, blanchieren. In den Teig legen. Bei starker Hitze 30 min. backen.

WURSTSALAT

Salade de cervelas / Elsaß

Vorbereitungszeit: 15 min.
Sehr einfach

Für 6 Personen:
600 g grobe Lyoner
1 Zwiebel, 2 Tomaten
6 Blätter Kopfsalat
2 EL zerrupfte Petersilie
3 harte Eier, Essig, Erdnußöl, scharfen Senf, Salz, Pfeffer

Die Wurst in feine Scheiben schneiden, und mit den Salatblättern auf einer Servierplatte umlegen. Die halbierten harten Eier auf dem Salat plazieren. Die Tomaten waschen, vierteln, entkernen und zwischen den Eiern plazieren.
Die gehackten Zwiebeln auf der Wurst, den Tomaten und den Eiern verteilen. Eine Vinaigrette herstellen, und das ganze damit beträufeln. Am Schluß die zerrupfte Petersilie darüberstreuen.

FLAMMKUCHEN*

Flammekueche / Elsaß

Vorbereitungszeit: 15 min.
Kochzeit: 15 min., einfach

Für 4 Personen:
300 g Weißbrotteig (beim Bäcker bestellen)
200 g Frischkäse
2 dl Creme Double
20 g Mehl, 2 TL Salz, 2 EL Rapsöl
150 g geräucherter Speck
150 g Zwiebeln

Den Teig in eine gebutterte Tortenform drücken. Den Frischkäse, die Creme Double, das Mehl, das Salz und das Rapsöl sorgfältig miteinander verrühren. Mit einem Holzspachtel diese Creme auf dem Teig verstreichen.
Die Zwiebeln kleinhacken. Den geräucherten Speck in kleine Streifen schneiden, nachdem man seine Schwarte und die Knöchelchen entfernt hat.
Die Creme mit Zwiebeln und den Speckstreifen bestreuen, und gut miteinander verrühren. 15 min. in einem sehr heißen und vorgeheizten Ofen backen lassen.

SPECKKUCHEN*

Quiche au lard / Lothringen

Vorbereitungszeit: 25 min.
Kochzeit: 45 min., einfach

Für 6 Personen:
250 g Gebäckteig
40 cl Creme Fraiche
150 g geräucherter Speck, 6 Eier
100 g in feine Streifen geschnittener Gruyère, 25 g Butter
1 Msp. Muskat, Salz, Pfeffer

Den Teig 3 mm ausrollen, und damit eine gebutterte Tortenform auslegen. Den Teig mehrere Male mit der Gabel einstechen
Den Speck blanchieren, in kleine Streifen schneiden und bei milder Hitze andünsten, ohne daß sie braun werden. Abtropfen und mit dem Gruyère auf dem Teig verteilen. In einer Schüssel die Eigelb mit der Creme Fraiche mit dem Schneebesen durchschlagen, vorsichtig salzen (der Speck ist schon gesalzen), pfeffern, den Muskat zugeben, und die Mischung über die Speckstreifen und den Gruyère gießen. Dabei nicht die Form auffüllen: Die Mischung geht auf.
Für 20 min. in den heißen Ofen stellen, dann weitere 25 min. bei mittlerer Hitze im Ofen lassen.

FEINE FLEISCHTORTE

Tourte la vallée de Munster
Elsaß

Am Vorabend beginnen
Vorbereitungszeit: 20 min.
Kochzeit: 1 h, schwierig

Für 8 Personen:
400 g Gebäckteig, 300 g Blätterteig
300 g Schweinefilet,
300 g Kalbsnuß
2 Eier, 1 großes Bd. Petersilie
2 Brötchen, 2 dl Milch
2 Gläser Silvaner oder Riesling
1 Ei, 20 g Butter, Salz, Pfeffer

Die Brötchen in Milch einweichen. Das Fleisch und die ausgedrückten Brötchen durch den Fleischwolf drehen. Die zerrupfte Petersilie auf die in feine Scheiben geschnittenen und 5 min. in Butter angedünsteten Zwiebeln streuen sowie den Wein dazugeben. Salzen und pfeffern. Eine Nacht ruhen lassen.
Eine gebutterte Tortenform mit dem Gebäckteig auslegen. Mit der Farce auffüllen. Den Blätterteig 2 mm dick ausrollen, und die Torte damit belegen, die Ränder drückt man mit nassen Fingern zusammen. In die Mitte eine kleine Öffnung machen, und die ganze Oberfläche mit einem Eigelb bestreichen. Bei mittlerer Hitze 1 h in den Ofen stellen.

LEBERPASTETE IM TEIGMANTEL

Paté de foie gras en croute
Elsaß

2 Tage früher beginnen
Vorbereitungszeit: 40 min.
Kochzeit: 45 min., schwierig

Für 8 Personen:
2 rohe Gänselebern á je 500 g
100 g Trüffel, frisch oder aus der Büchse
250 g Schweinefilet, 250 g Kalbsfilet
25 g Gewürzsalz
1 kleines Glas Cognac
1 kleines Glas Kirschwasser
600 g Gebäckteig, 1 Ei, 50 g Butter
200 g Geflügelgelee mit Madeira-Geschmack

Die Leber sorgfältig von allen Blutgefäßen und Häutchen befreien, ohne sie zu zerreißen. Sorgfältig abtrocknen und mit dem Gewürzsalz einreiben. Danach legt man die Leber eine Nacht in die Mischung aus Cognac und Kirschwasser.
Das Schweine- und Kalbfleisch durch den Fleischwolf drehen und gut vermengen, um eine sehr feine Füllung zu erhalten. Salzen, pfeffern und die Butter hineinarbeiten.
Eine Kastenform mit 3/4 des Gebäckteiges auslegen, und die Hälfte der Fleischfüllung hineingeben. Die Leber mit den in Stücke geschnittenen Trüffeln spicken. Diese Leber auf die Füllung geben und sie mit der anderen Hälfte der Fleischfüllung bedecken.
Mit einem Deckel aus Gebäckteig bedecken, und die Ränder mit angefeuchteten Fingern zusammendrücken. Zwei kleine Öffnungen stechen, und das ganze mit Eigelb bestreichen. 45 min. bei mittlerer Hitze in den Ofen. Um die Garzeit zu kontrollieren, sticht man mit einer Stricknadel hinein, die Pastete ist gar, wenn die Stricknadel warm herauskommt.
Auskühlen lassen, und wenn sie fast kalt ist mit einem Trichter das Geflügelgelee durch die Öffnungen hineingießen.
1 Nacht ruhen lassen.

BLÄTTERTEIGPASTETE

Tourte alsacienne
Elsaß

Am Vorabend beginnen
Vorbereitungszeit: 30 min.
Kochzeit: 40 min., einfach

Für 6 Personen:
500 g Blätterteig
700 g Filet mignon vom Schwein
500 g Filet mignon vom Kalb
2 Gläser Riesling oder Silvaner
1 Bouquet Garni (Thymian, Lorbeerblatt, Petersilie)
3 Eier + 1 Eigelb,
25 cl Creme Fraiche
1 Knoblauchzehe, Salz, Pfeffer

Am Vorabend das Fleisch in 2 cm dicke Scheiben schneiden, in eine Schüssel mit dem Wein, der Knoblauchzehe, Bouquet garni, Salz und Pfeffer legen. 24 Stunden marinieren lassen.
Den Ofen auf mittlere Hitze vorheizen. Das Fleisch abtropfen lassen, und mit Küchenkrepp abtupfen. Die Marinade zurückbehalten.
Eine Tortenform mit 300 g Blätterteig so auslegen, daß die Ränder 3 cm überstehen. Den Teig 4-5 mal einstechen. Den Boden mit den Fleischscheiben auslegen.
In einem hohen Gefäß die 3 Eier und die Creme Fraiche mit einem Schneebesen durchschlagen. Salzen, pfeffern, und die Mischung über das Fleisch geben. Den Rest des Teiges ausrollen, und auf die Mischung geben, dann die Ränder überschlagen, und mit angefeuchteten Fingern zusammendrücken. Das restliche Eigelb mit 1 EL Wasser vermischen und damit den Teig bestreichen. 40 min. in den heißen Ofen schieben. Sehr heiß servieren.

FÜLLUNG A LA CHAMPAGNE

Vorbereitungszeit: 30 min.
Einfach

Für 6 Personen:
500 g Wurstbrät
1 Zwiebel, 1 Schalotte
1 Knoblauchzehe
1 kleiner Bund Petersilie
1 Geflügelleber, 50 g Butter
1 dl Wein aus der Champagne
Salz, Pfeffer

Die Schalotte, die Zwiebel und den Knoblauch sehr fein hacken. In einem Schmortopf mit Butter goldgelb andünsten. Mit dem Champagner aufgießen und auf die Hälfte reduzieren. Die Geflügelleber und die Petersilie fein hacken, mit dem Wurstbrät vermischen, und schließlich die reduzierte Zwiebelsoße zugeben. Salzen, pfeffern. Diese Füllung kann in Rouladen oder in einer Hammelschulter ohne Knochen verwendet werden.

GEFÜLLTE SCHNECKEN*

Escargots â la Bourguignonne
Burgund

Vorbereitungszeit: 40 min.
Kochzeit: 10 min., einfach

3 Dutzend Schnecken aus der Dose
1 Schalotte, 1 Knoblauchzehe

Für die Füllung:
300 g Butter, 20 g Petersilie
10 g Knoblauch, 15 g Schalotten
Salz, Pfeffer

In einer Pfanne die in feine Scheiben geschnittene Schalotte und die gehackte Knoblauchzehe mit 1 EL Butter glasig dünsten, und die Schnecken ohne ihre Schalen hinzugeben. Salzen, pfeffern, und 3 min. weiter dünsten. Warm stellen.
Die Füllung zubereiten.
Die Petersilie, den Knoblauch und die Schalotten sehr fein hacken. Miteinander vermischen, salzen, pfeffern, und mit dem Rest der wei-

chen Butter mit einer Gabel vermischen. 5 min. kalt stellen, damit die Butter hart wird. In jedes Schneckenhaus etwas Füllung geben, danach die Schnecke hineingeben, und die Schale fest mit der Füllung verschließen. Die gefüllten Schnecken auf einen Teller mit Vertiefungen legen, so daß die Öffnung nach oben zeigt. 10 min. im heißen Ofen überbacken und servieren. Wenn man keine Schneckenhäuser hat, kann man die Schnecken dutzendweise in eine kleine feuerfeste Schale legen, die Füllung darübergeben, und 10 min. im heißen Ofen überbacken.

POCHIERTE EIER IN WEINSOSSE*

Oeufs en meurette
Burgund

Vorbereitungszeit: 10 min.
Kochzeit: 35 min., einfach

Für 4 Personen:
8 Eier
50 cl Rotwein
1 gr. Zwiebel, 1 Knoblauchzehe
1 Bouquet garni (Thymian, Lorbeerblatt, Petersilie)
1 Nelke, 1 Stück Zucker
2 EL Mehl
4 gr. Scheiben Landbrot
2 Petersilienstengel
80 g Butter, Salz, Pfeffer

Den Wein, den Zucker und das Bouquet garni in einen Schmortopf geben. Salzen, pfeffern und zum Kochen bringen. Kurz flambieren, und dann 10 min. kochen lassen.
In einem weiten Topf die in feine Scheiben geschnittene Zwiebel und den zerdrückten Knoblauch 5 min. mit einem Stück Butter andünsten. Den Inhalt des Schmortopfes zusammen mit der Nelke hineingeben. Leise 15 min. kochen lassen, dann das Bouquet und die Nelke herausnehmen.
Die Brotscheiben in einer Pfanne mit etwas Butter beidseitig rösten. Auf einer Platte warmstellen.
In dem kochenden Wein jeweils 2 Eier zwei Minuten lang pochieren. Mit einem Schaumlöffel herausnehmen, die Ränder glätten, und auf das Brot setzen.
Inzwischen in einer Schüssel den Rest der Butter mit dem Mehl vermischen.
Den gefilterten Wein wieder in den Schmortopf zurückgeben, und bei milder Hitze die Mehl-Butter-Mischung mit einem Holzlöffel unterrühren.
Die Soße eindicken lassen, abschmecken, und die Eier damit begießen. Mit gehackter Petersilie bestreuen und servieren.

SCHINKENSÜLZE*

Jambon persillé / Burgund

Entsalzungszeit: 12 h
Vorbereitungszeit: 1 h
Kochzeit: 4 h, schwierig

Für 15 Personen:
1 roher gepökelter Schinken von ca. 4 kg (o. Schulterstück)
2 blanchierte Kalbsfüße
1 kg Kalbshaxe, 100 g Karotten
1 Zwiebel, mit einer Nelke gespickt
1 Bouquet garni (Thymian, Lorbeerblatt, Petersilie, Estragon)
1 Fl. Weißwein
1 EL Pfefferkörner
3 Knoblauchzehen, 100 g Schalotten
1 gr. Bd. Petersilie

Während mind. 12 h den Schinken unter fließendem Wasser entsalzen. In einen großen Kessel geben, und bei milder Hitze mit kaltem Wasser bedecken, zum Kochen bringen, und 30 min. sprudeln lassen. Falls die Kalbsfüße nicht blanchiert sind, sie zur gleichen Zeit wie den Schinken in den Kessel geben. Nach 30 min. abtropfen lassen.
Die Schwarte und den Knochen des Schinkens entfernen. Die Teile zurück in den gewaschenen Kessel geben, die Schwarte und die Knochen dazufügen, mit kochendem Wasser aufgießen. Die Kalbsfüße, das Bouquet garni, die Kalbshaxe, die Pfefferkörner, die gespickte Zwiebel und den Wein dazugeben. Leise kochen lassen bis der Schinken weich ist. In der Mitte der Kochzeit abschmecken (nicht zuviel Salz).
Den Schinken herausnehmen, und in Würfel von 4-5 cm schneiden oder, wenn man das bevorzugt, mit einer Gabel zerdrücken. Von den Kalbsfüßen und der Kalbshaxe die Knochen entfernen, und das Fleisch kleinschneiden. Den Knoblauch, die Petersilie und die Schalotten kleinhacken. Die Brühe durchpassieren, abkühlen lassen, und mit einem Löffel entfetten. Die Schüssel mit der erkalteten Brühe ausgießen, so daß eine feine Haut entsteht. Dann die Schüssel mit den Kalbfleischwürfeln auslegen. Schichtweise den Schinken, den gehackten Knoblauch, die Schalotten und die Petersilie hinzugeben. Mit einer Schicht Kalbfleischwürfeln abschließen. Die wieder erwärmte Brühe darübergießen. Abdecken, und in den Kühlschrank stellen. Aus der Form stürzen, und in Scheiben geschnitten servieren.

KÄSEBÄLLCHEN

Gougères / Burgund

Vorbereitungszeit: 20 min.
Kochzeit: 30 min., einfach

Für 4 Personen:
100 g Mehl, 60 g Butter
80 g Fromage de Comté (Käse)
2,5 dl Wasser
4 Eier, Salz, Pfeffer, 1 Msp. Muskat

In einem Kochtopf bringt man langsam das Wasser, die Butter in Stücken, das Salz, den Pfeffer und die Msp. Muskat zum Kochen. Vom Feuer ziehen, und das Mehl auf einmal in den Topf geben. Mit einem

Holzlöffel kräftig umrühren, den Kochtopf bei milder Hitze weitere 1-2 min. auf den Herd stellen bis der Teig trocknet, so daß er sich von den Rändern löst. Vom Feuer ziehen, und die Eier nach und nach einrühren. Den in kleine Würfel geschnittenen Käse zugeben.
Auf ein gebuttertes Blech Teighäufchen setzen, mit genügend Abstand voneinander, damit sie aufgehen können. Wenn man glänzende Bällchen haben möchte, bestreicht man sie mit einem Eigelb. Bei eher stärkerer Hitze 30 min. in den Ofen schieben.

HECHT IN RIESLING*

Brochet au Riesling / Elsaß

Vorbereitungszeit: 20 min.
Kochzeit: 30 min., sehr einfach

Für 6 Personen:
1 Hecht von 2,5 kg oder
2 mittlere Hechte
200 g Butter, 5 Schalotten
25 cl Riesling, 50 cl Creme Fraiche
1 Bd. Petersilie, 1 Zweig Thymian
Saft von 1 Zitrone, Salz, Pfeffer

Den Fisch entschuppen und ausnehmen. Mit den Schalotten, gehackter Petersilie und den Thymianblättern in eine feuerfeste Form legen. Salzen, pfeffern. Den Weißwein darübergießen und bei starker Hitze 30 min. in den Ofen schieben. Von Zeit zu Zeit den Fisch begießen. Den Hecht auf eine Servierplatte legen und warmstellen. Die Soße passieren, abschmecken, den Rest der Butter zufügen, umrühren, und zum Schluß die Creme Fraiche und den Zitronensaft dazugeben. Umrühren. Den Fisch damit begießen. Dazu serviert man in Butter geschwenkte Dampfkartoffeln.

HECHT MIT CROUTONS

Matelote de brochet à la Touloise
Lothringen

Vorbereitungszeit: 20 min.
Kochzeit: 30 min., einfach

Für 4 Personen:
1000 g Hecht, 150 g Butter
1 kl. Glas Mirabellenschnaps
1 Fl. Rosé aus Toul
2 Schalotten, 2 EL Mehl
2 dl Crème Fraiche
1 Bouquet garni
8 kl. Croutons, in Butter gebraten

Den Hecht entschuppen, ausnehmen, und in Stücke schneiden. In einem Kessel 50 g Butter zerlassen, und den Hecht darin anbraten. Nach 5-6 min. mit dem Mirabellenschnaps flambieren. Die feingehackten Schalotten zufügen. Nach 5 min. den Wein zugießen, und das Bouquet garni zugeben. Salzen, pfeffern, und zugedeckt köcheln lassen.
In einem Kochtopf die restliche Butter zerlassen und das Mehl einrühren. Wenn die Mischung glatt ist, gießt man einen Schöpfer durchpassierten Kochsaft darüber. Die Hechtstücke aus dem Kessel nehmen und warmstellen. Den Rest des Kochsaftes passieren, und mit der Butter-Mehl-Mischung verrühren. 15 min. köcheln lassen bis die Bindung fertig ist, dabei umrühren. Kurz vor dem Servieren mit der Creme Fraiche vermischen. Die Hechtstücke damit überziehen, und mit den Croutons umlegen.

FLUSSFISCHE IN RIESLING

Matelote au Riesling / Elsaß

Vorbereitungszeit: 45 min.
Kochzeit: 30 min., einfach

Für 6 Personen:
500 g Hecht
500 g Schlei oder Barsch
500 g Karpfen oder Forelle
500 g Aal
3 Knoblauchzehen
100 g Butter, 25 cl Creme Fraiche
1 Karotte, 1 Lauch, 1 Zwiebel
50 g Schalotten, 50 cl Riesling
30 g Mehl, 4 Eier
1 Bouquet garni (Thymian, Lorbeerblatt, Petersilie, Estragon)
Salz, Pfeffer, 1 Msp. Muskat

Die Fische entschuppen und ausnehmen, den Aal häuten. Alle Fische waschen und in 5 cm große Stücke schneiden. Die Köpfe und Schwänze in einen Topf zusammen mit der in feine Scheiben geschnittenen Zwiebel, dem zerdrückten Knoblauch, der Karotte und dem Lauch, beide geschält und in Scheiben geschnitten, dem Bouquet garni, Salz, Pfeffer und Muskat geben. 2 l Wasser angießen und 30 min. köcheln lassen, um einen Sud zu erhalten.
In einem Kessel zerläßt man 50 g Butter und brät die feingehackten Schalotten und den Fisch darin 2 min. an. Mit dem Wein und dem passierten Fischsud aufgießen, bis der Fisch knapp bedeckt ist. 10 min. köcheln lassen.
In einem Topf mischt man 30 g Butter und das Mehl und gießt 75 cl Fischsud zu. 15 min. unter Rühren köcheln lassen.
In einem anderen Topf mischt man die Creme Fraiche mit dem Eigelb, gibt dann die Butter-Mehl-Fischsud-Mischung zu. Bei milder Hitze umrühren, abschmecken, und langsam den Rest der Butter zugeben.
Den Fisch auf einer Servierplatte anrichten, und mit der Sauce überziehen.

GEBACKENER HECHT IN CHABLIS

Brochet roti au Chablis / Burgund

Vorbereitungszeit: 40 min.
Kochzeit: 30 min., einfach

Für 6 Personen:
1 Hecht von 1 kg
4 Schalotten, 3 Tomaten
1 Flasche Chablis
50 g Butter, Salz, Pfeffer

Für den Fisch-Sud:
1 Glas vom o.a. Chablis
1 Karotte, 1 Zwiebel

Für den Fisch-Sud verwendet man den Hechtkopf, den man in einem Topf zusammen mit der in Scheiben geschnittenen Zwiebel, der Karotte und einem Glas Chablis gibt. Das Ganze läßt man 30 min. leise kochen und passiert es.
Die in feine Scheiben geschnittenen Schalotten in eine gebutterte, feuerfeste Form geben. Die entkernten und in Scheiben geschnittenen Tomaten dazugeben. 2 Gläser Chablis und den Fisch-Sud darübergeben. Nun den gesäuberten Hecht in die feuerfeste Form legen. Salzen, pfeffern und einige Einschnitte auf dem Fischrücken machen. In den heißen Ofen schieben und häufig begießen, damit die Haut nicht braun wird.
Nach 30 min. aus dem Ofen ziehen und den Fisch auf einer Servierplatte anrichten. Die Soße passieren und mit der restlichen Butter verbinden. Den Fisch damit begießen.

FLUSSFISCHE IN WEISSWEIN

Pauchouse / Franche-Comté

Vorbereitungszeit: 30 min.
Kochzeit: 35 min., einfach

Für 6 Personen:
3 kg Flußfische (Hecht, Karpfen, Zander, Aal, Schleie und Barsch)
75 g Butter, 25 g Mehl, 4 Schalotten
3 Knollen Knoblauch
1 Zwiebel, 1 Zweig Thymian
1 l Weißwein
1 kl. Glas Weinbrand
Einige Scheiben Landbrot
Grobes Salz, grober Pfeffer

Die Fische putzen und ausnehmen. In Stücke schneiden. Die Knoblauchzehen zerdrücken, und sie mit der gehackten Zwiebel und den in feine Scheiben geschnittenen Schalotten in einen großen Kessel legen. 1 EL groben Salzes, 1/2 EL Pfeffer und den Zweig Thymian dazugeben. Die Fische auf diese Gewürzschicht legen. Den Weißwein darübergießen, abdecken, und zum Kochen bringen. Den Deckel herunternehmen, und mit dem Weinbrand flambieren. In einer Schüssel die Butter und das Mehl vermischen, die Soße mit dieser Mischung binden. 20 min. köcheln lassen.
Währenddessen die Brotscheiben mit Knoblauch einreiben und rösten. Danach das Brot in kleine Würfel schneiden. Die Fische auf einer Servierplatte anrichten. Mit der passierten Soße bedecken, und mit den Knoblauch-Croutons umlegen.

LACHS IN WEISSWEIN*

Saumon au Champagne
Champagne

Vorbereitungszeit: 30 min.
Kochzeit: 20 min., einfach

Für 6 Personen:
6 Scheiben Lachs á je 200 g
6 gehackte Schalotten
15 Champignons mittlerer Größe
400 g Creme Fraiche
200 g Butter
1 Fl. trockener Champagnerwein
Salz, Pfeffer

In eine gebutterte, feuerfeste Form gibt man die gehackten Schalotten und die in feine Scheiben geschnittenen Champignonstiele und legt die Lachsscheiben darauf. Um die Scheiben herum legt man die trocken getupften Champignonköpfe. Salzen, pfeffern, und dann den Wein darübergeben. Bei mittlerer Hitze 15 min. in den Ofen schieben.
Die Form aus dem Ofen holen, den Fisch herausnehmen und enthäuten. Die Champignonköpfe herausnehmen und warmstellen. Den herausgetretenen Saft in einen Kochtopf passieren, und bei starker Hitze

um 2/3 reduzieren. 150 g Butter in kleinen Stücken dazugeben, und bei milder Hitze häufig umrühren. Die Creme Fraiche hinzugeben und weiter rühren, bis die Soße sämig ist. Die Lachsscheiben auf einer Servierplatte anrichten, mit den Champignonköpfen umlegen und mit der Soße begießen.

FLUSSKREBSE IN CHABLIS

Ecrevisses à la Chablisienne
Burgund

Vorbereitungszeit: 30 min.
Kochzeit: 10 min., einfach

Für 6 Personen:
36 Flußkrebse
Für den Sud:
1 1/2 Flaschen Chablis
2 Karotten, 2 Zwiebeln
2 Schalotten, 1 Bouquet garni
1 kl. Glas Weinbrand
1 EL gehackte Petersilie
Salz, Pfeffer
Für die Sauce:
30 g Mehl, 30 g Butter
2 EL Creme Fraiche
1 TL Tomatenmark

Die Karotten, die Zwiebeln und die Schalotten in feine Scheiben schneiden, 5 min. in etwas Butter bei sehr milder Hitze andämpfen. Den Wein angießen, das Bouquet garni zugeben, und zum Kochen bringen. Diese Mischung um ein Drittel reduzieren. Währenddessen die Hauptschwanzflosse der Flußkrebse herausziehen. In den Fischsud geben und kräftig umrühren. Kochen lassen, bis die Flußkrebse kardinalrot sind. Dann mit dem Weinbrand flambieren. Die Krebse herausnehmen und warmstellen. Den Fischsud durchpassieren, und auf die Hälfte einkochen lassen. Aus Butter und Mehl eine Kugel formen, und diese in den Sud geben, um ihn zu binden. Zum Schluß die Creme Fraiche und das Tomatenmark zugeben. Mit gehackter Petersilie bestreuen. Man serviert die Sauce auf den Krebsen oder in einer Saucière.

ELSÄSSER SAUERKRAUTTOPF*

Choucroute à l`Alsacienne / Elsaß

Vorbereitungszeit 30 min.
Kochzeit: 1 h 30 min., einfach

Für 8 Personen:
2 kg Sauerkraut
150 g Gänseschmalz oder Schweineschmalz
2 Zwiebeln
1 geräucherte Schweineschulter
1 kleiner Pökelschinken
750 g Pökelfleisch
400 g geräucherter Magerspeck
3 Knoblauchzehen, 2 Nelken
1 Lorbeerblatt, 2 Zweige Thymian
6 Wacholderbeeren, 10 Pfefferkörner. Das Ganze in einem Gaze-Stück zusammengebunden.
1/2 l Riesling, 1/2 l Wasser
8 Strassburger Würstchen
Gekochte Kartoffeln (nach Belieben), Salz

Das Sauerkraut mit viel Wasser waschen und gut abtropfen lassen. Die Fleischteile blanchieren.
In einen großen, festen Schmortopf gibt man das Schmalz und die in Ringe geschnittenen Zwiebeln. Wenn sie glasig geworden sind, gibt man den Wein und das Wasser

dazu. Man legt das Schulterstück, den kleinen Schinken, das Pökelfleisch, den mageren Speck und den kleinen Gewürzbeutel hinein. Das Sauerkraut daraufgeben. Vorsichtig salzen. Luftdicht abschließen, und bei mittlerer Hitze 1 1/2 Stunden im Ofen lassen.
10 min. vor dem Ende der Garzeit kocht man die Strassburger Würstchen im sprudelnden Wasser. Wenn die Garzeit vorbei ist, nimmt man das Fleisch aus dem Schmortopf, schneidet es in Scheiben und legt es auf eine Servierplatte um das Sauerkraut herum. Am Schluß legt man die Würstchen und nach Belieben die Kartoffeln darauf.

FLEISCHAUFLAUF*

Bäckeoffe / Elsaß

Am Vorabend beginnen
Vorbereitungszeit: 40 min.
Kochzeit: 5 h, einfach

Für 8 Personen:
750 g Rindfleisch (Schwanzstück oder Hochrippe)
750 g Lammschulter ohne Knochen
750 g Schweinerücken ohne Knochen
1,5 kg Kartoffeln
80 g Gänseschmalz oder Schweineschmalz
400 g Zwiebeln, Salz, Pfeffer
Für die Marinade:
1 Flasche Silvaner
3 Zwiebeln, 1 davon mit 2 Nelken gespickt, 3 Stangen Lauch (nur die weißen Teile), 1 Sellerieknolle
4 Zehen Knoblauch
1 Bouquet garni, Salz, Pfeffer

Das Fleisch in 80-100 g schwere Stücke schneiden, in eine große Schüssel zusammen mit 2 Zwiebeln und den weißen Teilen des Lauchs, der in feine Scheiben geschnitten wurde, der geriebenen Sellerieknolle, dem zerdrückten Knoblauch, dem Bouquet garni, der gespickten Zwiebel, Salz und Pfeffer geben. Mit dem Wein angießen, und 1 Nacht an einem kühlen Platz ziehen lassen.
Am nächsten Tag legt man die in feine Scheiben geschnittenen Kartoffeln und Zwiebeln in einer Schicht auf den Boden eines Schmortopfes, den man vorher großzügig mit dem Schmalz ausgefettet hat. Darauf legt man eine Schicht Rindfleisch. Salzen und pfeffern. Nun schichtweise auffüllen, zuerst wieder eine Schicht Kartoffeln und Zwiebeln, dann das Lammfleisch, dann wieder Kartoffeln und Zwiebeln, dann das Schweinefleisch, dabei nicht vergessen, jede Schicht zu salzen und zu pfeffern. Man schließt mit einer Schicht Kartoffeln und Zwiebeln ab und gießt am Schluß die passierte Marinade darüber, genauso wie das restliche Schmalz. Die Terrine gut verschließen, und bei milder Hitze 5 h kochen lassen.

RÄUCHERFLEISCH MIT BOHNEN UND KRAUT

Potée Lorraine / Lothringen

Vorbereitungszeit: 30 min. und 4 h Einweichzeit
Kochzeit: 3 h, einfach

Für 6 Personen:
500 g geräucherte Rippchen
1 Kochwurst à 400 g
250 g geräuchertes Wammerl
1 kl. Weißkohl
100 g getrocknete Bohnen
2 EL Schweineschmalz
4 Karotten, 2 weiße Rüben
4 Stangen Lauch
125 g grüne Bohnen
125 g Erbsen, 6 Kartoffeln
2 Zwiebeln, davon 1 mit 2 Nelken gespickt
1 Bouquet garni (Thymian, Lorbeerblatt, Petersilie)
1 Knoblauchzehe, Salz, Pfeffer

Die Bohnen einweichen. In einen großen Kessel oder Schmortopf gibt man 4 h später das Schweineschmalz und brät eine in Scheiben geschnittene Zwiebel, die fein ge-

würfelten Karotten, Lauch und weiße Rüben darin an. Nach 10 min. legt man die Rippchen bei milder Hitze auf das Gemüsebett. Mit Wasser knapp bedecken, das Bouquet garni, die gespickte Zwiebel und den geschälten Knoblauch zugeben und 1 h zugedeckt köcheln lassen. Dann den geviertelten und aufgeblätterten Kohl, die aufgeweichten Bohnen und das Wammerl zugeben. Nach weiteren 90 min. die Kochwurst zwischen das Gemüse geben, und mehrmals einstechen. Am Schluß gibt man die gewaschenen und geputzten grünen Bohnen, die Erbsen und die Kartoffeln in Scheiben hinzu. Weitere 30 min. offen köcheln lassen, und 15 min. vor dem Servieren abschmecken.

SCHWEINSHAXE IN WEISSWEIN GEKOCHT

Pieds de cochon à la Sainte-Menehould / Champagne

Vorbereitungszeit: 20 min.
Kochzeit: 2 h 10 min.
Einfach

Für 6 Personen:
4 Schweinshaxen, 4 dl Brühe
1/2 Flasche Champagnerwein (ohne Kohlensäure)
150 g Butter
2 Zwiebeln, davon 1 mit einer Nelke gespickt
1 Bouquet garni (Thymian, Lorbeerblatt, Petersilie), Salz, Pfeffer

Die Schweinshaxen ihrer Länge nach spalten, und sie dann wieder zusammensetzen.
Für die Brühe gibt man den Weißwein, die Zwiebeln und das Bouquet garni, Salz und Pfeffer in einen Topf, bringt sie zum Kochen, gibt die Füße hinein und läßt sie 2 h lang köcheln.
Man nimmt die Füße heraus, läßt sie abkühlen und nimmt sie wieder auseinander. Dann bestreicht man sie mit zerlassener Butter und legt sie 5 min. unter den Grill. Dann dreht man sie um und läßt sie noch einmal 5 min. grillen.
Vor dem Grillen kann man die Füße auch in Semmelbröseln wenden.

GEBRATENE HOCHRIPPE

Cote de boeuf Bourguignonne Burgund

6 h vorher beginnen
Vorbereitungszeit: 20 min.
Kochzeit: 20 - 30 min., einfach

Für 4 Personen:
1 Hochrippe von ca. 1 1/2 kg
2 oder 3 Markknochen (um 500 g Mark zu erhalten)
4 Schalotten, 25 cl Rotwein
150 g Butter, 1 EL Erdnußöl
1 kl. Bund Petersilie, Salz, Pfeffer

Das Mark aus dem Knochen herausdrücken, ohne es zu beschädigen. Während 6 h in kaltes Wasser legen.
Die Hochrippe auf beiden Seiten pfeffern. In einer Pfanne oder einem großen Kessel das Öl mit 1 TL Butter erhitzen. Die Hochrippe 10 min. auf jeder Seite bei mittlerer Hitze anbraten (je nach dem wie gar man das Fleisch haben möchte). Auf beiden Seiten salzen.
Währenddessen die kleingehackten Schalotten in einem Kochtopf glasig dünsten. Den Wein bis auf 1/2 Glas hineingießen. Die Flüssigkeit auf die Hälfte reduzieren. Das Mark 3 min. im siedenden Wasser pochieren. Die fertige Hochrippe herausnehmen, in Aluminiumfolie einwickeln, und in den abgeschalteten, aber warmen Ofen legen.
Mit dem restlichen Wein die Pfanne ablöschen, und 1 min. rühren. Den Pfanneninhalt nun zu den Schalotten geben, bei milder Hitze zum Kochen bringen, und die Butter stückweise mit einem Schneebesen einarbeiten.
Abschmecken. Das Mark abtropfen lassen, in 1 cm breite Scheiben schneiden und warmstellen. Die Hochrippe in Scheiben schneiden, die Markscheiben darauflegen, mit der Soße begießen und mit gehackter Petersilie bestreuen.

HUHN MIT MORCHELN*

Poulet au vin jaune Franche-Comté

Vorbereitungszeit: 15 min.
Kochzeit: 50 min.
Einfach

Für 6 Personen:
1 großes Brathuhn von 1 1/2 kg, in 8 Teile zerlegt
150 g frische Morcheln (oder 75 g getrocknete)
1/2 Flasche Weißwein (Spätlese)
20 cl Creme Fraiche
2 Schalotten
2 EL Erdnußöl
80 g Butter
1 EL Essig
1 Msp. Muskat
Salz, Pfeffer

Die Geflügelteile mit Salz, Pfeffer und Muskat einreiben. Die Butter und das Öl in einem Schmortopf erwärmen, und die Geflügelteile

8 min. anbräunen. Die Schalotten und 1/2 Glas Wein zugeben. Zudecken und 20 min. köcheln lassen. Das erdige Stück der Morcheln abschneiden, und evtl. der Länge nach halbieren. In Essigwasser waschen, und mehrmals spülen. Auf einem sauberen Küchentuch abtropfen lassen. Wenn die Morcheln getrocknet sind, legt man sie 15 min. in kaltes Wasser und läßt sie dann abtropfen.
In einem Topf den restlichen Wein erwärmen, und in den Schmortopf gießen. Die Morcheln zufügen. Vorsichtig umrühren. Zugedeckt 15 min. köcheln lassen. Das Huhn herausnehmen und warmstellen. Mit einem Holzlöffel die Creme Fraiche in die Soße rühren.
5 min. ziehen lassen, bis die Soße eingedickt. Auf einer Servierplatte das Huhn mit den Morcheln anrichten. Das Geflügel mit der Soße überziehen und servieren.

ARDENNER SCHWEINSKOTELETT

Cotes de porc à l`Ardennaise
Champagne

Vorbereitungszeit: 5 min.
Kochzeit: 25 min.
Einfach

Für 6 Personen:
4 Schweinskotelett, ca. 2 cm dick
2 Scheiben Ardennen-Schinken
200 g Gruyère
200 g Creme Fraiche
50 g Butter
Salz, Pfeffer

Die Koteletts bis zum Knochen waagerecht durchschneiden (den Metzger fragen). In den Spalt die Hälfte einer Schinkenscheibe zusammen mit einer Scheibe gut gepfefferten Gruyères legen. Die Koteletts auf beiden Seiten in einer Pfanne mit der Butter anbräunen, und weitere 20 min. ziehen lassen. Die Koteletts auf einer Servierplatte anrichten, und schnell die Soße in der Pfanne binden, indem man sie mit der ebenfalls gepfefferten Creme Fraiche ablöscht. Vorsichtig salzen. Die Koteletts mit der Soße begießen.

RINDER-SCHMORBRATEN*

Boeuf Bourguignon
Burgund

Vorbereitungszeit: 25 min.
Kochzeit: 3 h
Einfach

Für 6 Personen:
1 1/2 kg Rindfleisch zum Schmoren
1 Flasche Rotwein
250 g durchwachsener Speck
20 kleine Zwiebeln
2 Karotten
2 kleine weiße Rüben
1 Kartoffel
2 Schalotten
300 g Champignons
1 Knoblauchzehe
2 TL Tomatenmark
3 EL Erdnußöl
50 g Butter
1 Bouquet garni (Thymian, Lorbeerblatt, Petersilie)
Salz, Pfeffer

In einem Schmortopf zerläßt man die Butter und das Öl und brät das in 5 cm dicke Würfel geschnittene Fleisch 5 min. lang an. Gut umrühren, damit das Fleisch an allen Seiten Farbe annimmt. Das Fleisch herausnehmen und zur Seite stellen. Nun gibt man die kleinen, ganzen Zwiebeln, die in Scheiben geschnittenen Schalotten und den Speck hinein, den man nach Entfernung der Schwarte und der Knöchelchen in Streifen geschnitten hat. 7 min. goldbraun anbraten, dann die Fleischstücke wieder hineingeben. Den Wein angießen (und etwas Wasser, falls der Wein das Fleisch nicht ganz bedeckt). Die Karotten, die weißen Rüben und die geschälte Kartoffel sowie das Bouquet garni, den Knoblauch, Salz, Pfeffer und evtl. das Tomatenmark zugeben. Zum Kochen bringen und 2 h 45 min. köcheln lassen. 10 min. vor dem Ende der Garzeit die geputzten, gewaschenen und abgetrockneten Champignons in einer Pfanne bei starker Hitze anbräunen.
Auf einer Servierplatte die Fleischstücke mit den Speckstreifen, den Champignons und den kleinen Zwiebeln anrichten. Mit der passierten Soße überziehen.

OCHSENSCHWANZ IN ROTWEIN

Queue de boeuf à la Bourguignonne
Burgund

Am Vorabend beginnen.
Vorbereitungszeit: 30 min.
Kochzeit: 2 h
Einfach

Für 6 Personen:
1 Ochsenschwanz in Stücken
2 Zwiebeln
2 Karotten
3 Knoblauchzehen
1 Bouquet garni (Thymian, Lorbeerblatt, Petersilie)
50 g Schweineschmalz
1 Flasche Rotwein (Burgunder)
2 Stück Zucker
2 EL Mehl
100 g blanchierte Speckschwarten
Salz, Pfeffer

Für die Verzierung:
200 g kleine Zwiebeln
200 g Champignons
1 TL Puderzucker
80 g Butter

Am Vorabend legt man die Stücke des Ochsenschwanzes mit 2 Zwiebeln und 2 geschälten und in Stücke geschnittenen Karotten sowie dem zerdrückten Knoblauch, dem Bouquet garni, Salz und Pfeffer in den Wein. Am nächsten Morgen läßt man das Fleisch und die übrigen Zutaten sorgfältig abtropfen, den Wein aufbewahren.
In einem Schmortopf das Schmalz zerlassen. Die Fleischstücke und das Gemüse aus der Marinade außer dem Bouquet garni darin anbraten. Mit Mehl bestreuen, und mit einem Holzlöffel mit dem Kochfett vermischen. Wenn diese Mischung Farbe angenommen hat, mit dem Marinadenwein angießen, der das Fleisch bedecken soll (wenn es nicht genug ist, etwas Wasser zufügen). Zum Kochen bringen, abschmecken, die Speckschwarten und den Zucker auf den Boden des Schmortopfes legen und den zugedeckten Topf dann bei mittlerer Hitze 2 Stunden in den Ofen stellen.
Währenddessen glasiert man die Zwiebeln mit dem Zucker und schwenkt die Champignons in Butter.
Wenn der Ochsenschwanz gar ist, richtet man die Stücke auf einer Servierplatte an. Die Zwiebeln, die Champignons und die Speckstreifen ebenfalls darauflegen. Mit der passierten Soße überziehen.

GEBRATENER SCHINKEN

Saupiquet des Amognes
Nivernais

Vorbereitungszeit: 20 min.
Kochzeit: 30 min.
Einfach

Für 8 Personen:
1 kg Schinken aus Morvan (trocken, nicht geräuchert)
100 g Butter
70 g Mehl
2 Gläser Weißwein (Pouilly, Sancerre oder Quincy)
2 dl Fleischbrühe
10 Wacholderbeeren
1 Zweig Estragon
3 EL Creme Double
4 Schalotten
1 Glas Weinessig
Salz, Pfefferkörner

Den Schinken in 1/2 cm dicke Scheiben schneiden. In einer Pfanne einen TL Butter zerlassen und den Schinken auf beiden Seiten 5 min. anbraten. Warmstellen.
Eine dunkle Einbrenne mit 60 g Butter und dem Mehl herstellen, dann mit dem Weißwein und der Brühe aufgießen.
In diese Soße legt man die sehr klein geschnittenen Überreste des Schinkens, falls vorhanden. Die gemahlenen Pfefferkörner und die zerdrückten Wacholderbeeren zugeben. Das Ganze 5 min. bei starker Hitze erwärmen, dann den Topf zudecken, und bei milder Hitze warmstellen.
In einem Kochtopf zerläßt man den Rest der Butter und gibt die geschälten und gehackten Schalotten hinein. Nicht braun werden lassen. Den Essig zugeben, und warten bis er vollständig verdampft ist. Dann mit einigen Löffeln der braunen Soße ablöschen, und dann das Ganze wieder in die erste Soße zusammen mit den Schalotten geben. Aufkochen lassen, und 10 min. leise köchelnd reduzieren. Die Soße passieren. Die Creme zufügen, und den abgekochten Estragon hineinschneiden. Den Schinken damit überziehen.

KALBSNIEREN IN CHABLIS*

Rognons de veau au Chablis
Burgund

Vorbereitungszeit: 20 min.
Kochzeit: 25 min., einfach

Für 4 Personen:
4 Kalbsnieren
100 g Butter
200 g Champignons
2 Schalotten

1 EL gehackte Petersilie
4 Gläser Chablis
2 EL Dijon-Senf
Saft einer Zitrone
Salz, Pfeffer

Die Nieren säubern, entfetten, enthäuten und in Scheiben schneiden. In der Butter, von der man nur 1 TL zurückbehält, brät man die Nierenscheiben an, dabei umrühren. Salzen, pfeffern. Die Nierenscheiben müssen innen noch rosa sein, aber nicht rot. Warmstellen in einem zugedeckten Behälter.
In der gleichen Pfanne die Schalotten und die in feine Scheiben geschnittenen Champignons andämpfen. Den Wein angießen, zum Kochen bringen, und bei starker Hitze 10 min. kochen lassen, von Zeit zu Zeit umrühren.
Vom Feuer ziehen. Den Senf dieser Soße zugeben. Die Nieren wieder in die Soße legen, und warmhalten ohne zu kochen. Die Nierchen und die Champignons auf einer Servierplatte anrichten. Die Soße mit 1 TL Butter binden, danach den Zitronensaft zugeben. Die Nierchen mit der Soße überziehen, und mit gehackter Petersilie überstreuen.

GESPICKTER HASENRÜCKEN

Rable de lièvre à l'Arboisienne
Franche-Comté

48 Stunden vorher beginnen
Vorbereitungszeit: 30 min.
Kochzeit: 25 min.
Einfach

Für 4 Personen:
1 Hasenrücken
150 g Schalotten
1 Knoblauchzehe
120 g Butter
100 g fetter Speck
1 Flasche Rotwein
1 kleines Glas Weinbrand
30 g Mehl
1 dl Creme Fraiche
50 g Zwiebeln
50 g Karotten
2 EL Öl, Salz, Pfeffer
1 Bouquet garni (Thymian, Lorbeerblatt, Petersilie)

Aus dem Speck kleine kegelartige Stifte schneiden, und den Hasenrücken damit spicken. Mit der Hälfte der in feine Scheiben geschnittenen Schalotten, der Knoblauchzehe, dem Öl, den gehackten Zwiebeln und den in feine Scheiben geschnittenen Karotten sowie dem Bouquet garni und 20 cl Wein eine Marinade herstellen. Den Hasenrücken hineinlegen und 48 h darin marinieren lassen, von Zeit zu Zeit umdrehen.
Den Hasenrücken aus der Marinade herausnehmen, auf einem Küchenkrepp abtropfen lassen. In einem feuerfesten Schmortopf den Hasenrücken mit der Butter bei starker Hitze anbraten. Nach 5 min. salzen, pfeffern, und 6 min. in den heißen Ofen stellen.
Den Topf aus dem Ofen nehmen, den Schnaps darübergießen und flambieren. Den Hasenrücken herausnehmen und warmstellen.
In einem Kochtopf dünstet man die restlichen feingehackten Schalotten, fügt dann das Mehl hinzu und rührt mit einem Holzlöffel, um eine dunkle Einbrenne zu erhalten. Mit dem restlichen Wein angießen.

10 min. bei gemäßigter Hitze reduzieren, dann die Creme Fraiche zugeben. Zum Schluß gibt man die passierte Soße über den in Scheiben geschnittenen Hasenrücken.

HASENRÜCKEN MIT TRAUBEN

Rable de lièvre à la Piron
Burgund

48 h früher beginnen
Vorbereitungszeit: 30 min.
Kochzeit: 40 min.
Einfach

Für 6 Personen:
2 Hasenrücken
1 Flasche Burgunder-Weißwein
1 dl Weinbrand
3 Knoblauchzehen
6 Zwiebeln
1 Bouquet garni (Thymian, Lorbeerblatt, Petersilie, Rosmarin, Estragon)
150 g frischer Speck
80 g Butter
750 g unreife blaue und weiße Trauben
1 1/2 Gläser Crème fraîche
Salz, Pfeffer

Die Hasenrücken mit Speckstreifen spicken. In eine tiefe Platte legt man die Hasenrücken, das Bouquet garni, den halbierten Knoblauch und die in feine Scheiben geschnittenen Zwiebeln, den Wein und den Weinbrand bis auf 1 kleines Glas. 48 h marinieren lassen, dabei von Zeit zu Zeit umdrehen.
Die Hasenrücken herausnehmen, säubern, und in eine gebutterte ofenfeste Form legen. Die Marinade durchpassieren und die Kräuter ausdrücken. 2 EL der Marinade über die Hasenrücken geben. Salzen, pfeffern. 30 min. in den heißen Ofen schieben, dabei von Zeit zu Zeit mit Marinade begießen.
Die Form herausnehmen, mit den entkernten Trauben umlegen und mit dem restlichen Weinbrand flambieren. Für 10 min. in den Ofen schieben, dann wieder herausnehmen, und mit der Creme fraiche vermischen. Die Hasenrücken auf eine Servierplatte legen, mit den Trauben garnieren, und die Sauce in eine Sauciere geben.

SCHWEINELENDE MIT DIJON-SENF

Filet de porc dijonnais
Franche-Comté

Vorbereitungszeit: 30 min.
Kochzeit: 30 min.
Einfach

Für 4 Personen:
12 Scheiben Schweinelende
4 EL Öl
1,5 dl trockener Weißwein
4 dl Crème fraîche
2 Zwiebeln
25 g Butter
4 EL Wein-Butter-Soße (man mischt eine Nuß Butter mit 1 EL trockenen Weißwein)
3-4 EL Mehl
1 Bd. gehackte Petersilie
3-4 EL Senf
Salz, Pfeffer

Mit einem scharfen Messer entfernt man aus dem Fleisch alles überschüssige Fett. In einer Pfanne zerläßt man die Butter und dünstet die gehackten Zwiebeln darin glasig. In einer anderen Pfanne erhitzt man das Öl und brät die leicht bemehlten Fleischscheiben darin an. Wenn sie auf allen Seiten angebräunt sind, salzen und pfeffern. Mit der Crème fraîche ablöschen, und das Fleisch darin bei milder Hitze fertiggaren lassen. Dann das Fleisch auf einer Servierplatte anrichten und warmstellen.
Die Zwiebeln gibt man nun in den Bratensaft, erhitzt sie kurz und gibt den Senf und die Wein-Butter-Soße hinzu. Einige Minuten köcheln lassen, dann über die Fleischscheiben geben.
Mit gehackter Petersilie bestreuen und servieren.

GEFÜLLTES PERLHUHN MIT ROSINEN

Pintade à la Bourguignonne
Burgund

Vorbereitungszeit: 30 min.
und Marinade
Kochzeit: 50 min.
Schwierig

Für 4 Personen:
1 Perlhuhn von 1,2 kg
150 g Wurstbrät
100 g Butter
200 g Rosinen
1 Ei
3 kl. Gläser Cognac
1 altbackenes Brötchen
1 Zitrone
2 EL gehackte Kräuter
Salz, Pfeffer, Muskat

Die Rosinen einige Stunden in dem Cognac einweichen.
Für die Füllung vermischt man das Wurstbrät, das ausgedrückte und zerkleinerte Brötchen (das man zuvor in etwas Wasser und Cognac eingeweicht hat), die Hälfte des

restlichen Cognacs, einige Rosinen, die gehackten Kräuter und bindet diese Mischung mit einem ganzen leicht geschlagenen Ei.
Das Perlhuhn damit füllen und zunähen. In einem Schmortopf zerläßt man die Butter und brät das Perlhuhn auf allen Seiten an. 50 min. schmoren lassen. Nach 25 min. wendet man das Perlhuhn und gibt die restlichen Rosinen hinzu. Falls notwendig, mit etwas Wasser begießen. Mit Zitronenscheiben belegen und servieren.

HUHN IN ROTWEIN GESCHMORT*

Coq au vin / Burgund

Vorbereitungszeit: 25 min.
Kochzeit: 2 h, einfach

Für 6 Personen:
1 Huhn von ca. 2,5 kg
20 kleine Zwiebeln
50 g Schweineschmalz
125 g geräucherter Speck
150 g Champignons
Einige Karotten
1 Knoblauchzehe
1 kleines Glas Weinbrand
1 Flasche Rotwein (Burgunder)
1 Bouquet garni (Thymian, Lorbeerblatt, Petersilie)
50 g Butter, 80 g Mehl
1 Stück Zucker
Salz, Pfeffer

Das Huhn zerteilen und den Speck, von dem man die Schwarte und die Knöchelchen entfernt hat, in feine Streifen schneiden. Die Zwiebeln schälen, und die Champignons putzen. Die Speckstreifen in einem Schmortopf mit dem Schmalz 10 min. anbraten. Die Zwiebeln zugeben und ebenfalls anbraten, mit einem Holzlöffel umrühren.
Den Speck und die Zwiebeln herausnehmen und warmstellen. Stattdessen die Huhnteile hineingeben und auf allen Seiten goldbraun anbraten. Nach ca. 10 min. die Speckstreifen und die Zwiebeln zu den Huhnteilen geben. Den Weinbrand darübergeben und flambieren. Den Rotwein angießen, den Zucker, das Salz, den Pfeffer, das Bouquet garni, den zerdrückten Knoblauch, die geviertelten Champignons und die in Scheiben geschnittenen Karotten zugeben. 90 min. köcheln lassen. 10 min. vor dem Servieren das Bouquet garni herausnehmen, die Huhnteile mit einem Schaumlöffel herausnehmen, und auf einer Servierplatte zusammen mit den Zwiebeln, den Champignons und den Speckscheiben anrichten. Warmstellen.
Die Butter mit dem Mehl verrühren, und die Soße mit dieser Mehl-Butter binden. Abschmecken. Das Huhn mit der Soße überziehen.

WARMER KIRSCHKUCHEN

Tartouillat / Burgund

Vorbereitungszeit: 10 min.
Kochzeit: 25 min.
Sehr einfach

Für 4 Personen:
250 g Mehl, 250 g Zucker
1 Beutel Vanillezucker
10 g Salz, 4 Eier
1 kleines Glas Rum
10 cl Milch, 100 g Butter
500 g schwarze, reife Kirschen
1 EL Kristallzucker

In einer Schüssel bereitet man den Teig mit dem Mehl, dem Zucker, dem Vanillezucker, dem Salz, den Eiern und dem Rum. Dann arbeitet man langsam die Milch ein.
Eine Tortenform mit hohen Rändern großzügig ausbuttern, die gewaschenen und entstielten Kirschen hineinlegen. Über diese Kirschen den Inhalt der Schüssel gießen. 25 min. bei mittlerer Hitze in den Ofen schieben. Noch warm aus der Form geben, und mit dem Kristallzucker überstreuen. Warm servieren.

GEWÜRZKÜCHLEIN

Ogei / Elsaß

Am Vorabend beginnen.
Vorbereitungszeit: 1 h 40 min.
Kochzeit: 25 min.
Schwierig

Für 6 Personen:
Für den Teig:
500 g Mehl, 10 g Bäckerhefe
2 dl Milch, 75 g Zucker
2 Eigelb, 100 g Butter

Für die Füllung:
200 g Pflaumen
200 g getrocknete Feigen
100 g Korinthen, 75 Nußkerne
1 kleines Glas Zwetschgenwasser
50 g Puderzucker, 1 TL Zimt
1 Eigelb, 1 EL Kristallzucker

In einem Topf bringt man Wasser zum Kochen (ohne daß es sprudelt) und legt die Pflaumen hinein. Nach einer 1/2 h gibt man die Feigen und die Korinthen dazu. Nach weiteren 30 min. nimmt man alle Früchte heraus und läßt sie in einem Sieb abtropfen. Die Pflaumen und die Feigen schneidet man in kleine Stücke und vermischt sie mit den Korinthen. Die Nußkerne grob hacken und mit den Früchten und dem Zwetschgenwasser vermischen. Mit Zimt und Zucker bestreuen. Das Ganze vermengen und eine Nacht ruhen lassen.
Den Teig herstellen, indem man das Mehl in eine Schüssel gibt, eine Vertiefung macht und die in Milch aufgelöste Hefe hineingießt, dann den Zucker und die 2 Eigelb. Mit einem Holzlöffel gut verrühren bis der Teig glatt ist. Die weiche Butter zugeben, und 10 min. lang weiterarbeiten. 30 min. gehen lassen, dann von neuem den Teig durchrühren. Die Hälfte des Teiges zu einem Rechteck von 30 auf 40 cm ausrollen. Die Früchte auf dieser Fläche ausbreiten, und eine Rolle formen. Das gleiche mit der anderen Hälfte des Teiges und der Früchte machen. Diese Rollen auf ein gebuttertes Blech setzen, weit genug voneinander entfernt, damit sie sich nicht berühren. 45 min. gehen lassen, und dann die Oberfläche mit 1 Eigelb überziehen. Mit Kristallzucker bestreuen, und 25 min. bei mittlerer Hitze backen.

WEICHER HEFEFLADEN*

Gateau mollet / Champagne

Vorbereitungszeit: 25 min.
Ruhezeit des Teiges: 2 h 30 min.
Kochzeit: 30 min., einfach

Für 4 Personen:
250 g Mehl, 20 g Bäckerhefe
200 g Butter, 3 Eier
10 g Zucker, 5 g Salz

Die Hefe in einem 1/2 Glas warmen Wasser auflösen, Salz und Zucker zugeben. 50 g Mehl zufügen, und den Teig bis zum doppelten des Volumens aufgehen lassen.
In eine Schüssel den Rest des Mehles geben, eine Vertiefung machen, die Eier nach und nach einarbeiten, den Hefeteig zugeben. Kräftig schlagen, damit der Teig sehr glatt wird. Diesem Teig gibt man nach und nach 175 g weiche Butter zu. Danach aus dem Teig eine Kugel formen, und 2 h lang in der zugedeckten Schüssel gehen lassen (ein feuchtes Küchentuch verwenden). Danach drückt man den Teig mit bemehlten Händen glatt und legt ihn in eine große gebutterte Form, so daß er die Hälfte der Höhe erreicht. Von Neuem mit einem feuchten Küchentuch abdecken und gehen lassen, bis der Teig nur noch 2 cm vom Rand entfernt ist. In den vorgeheizten heißen Ofen geben, und 30 min. backen lassen.

GUGLHUPF*

Kougelhopf / Elsaß

Vorbereitungszeit: 30 min.
Ruhezeit des Teiges: 3 h
Kochzeit: 50 min., einfach

Für 8 Personen:
500 g feines Mehl, 30 g Bäckerhefe
1/2 l Milch, 175 g Butter
175 g Puderzucker
3 Eier, 100 g Rosinen
75 geschälte Mandeln
1 kleines Glas Kirschwasser
Salz

Die Milch aufkochen und abkühlen lassen. In einem Glas dieser Milch löst man die Hefe auf und gibt die Mischung dann wieder in die warme Milch. Die Butter schmelzen lassen. In einer Schüssel vermischt man das Mehl, den Zucker und eine Msp. Salz. Nach und nach die Milch zugeben, dabei mit einem Holzlöffel umrühren, und danach mit dem Schneebesen die Mischung schlagen, und dabei die Eier und die geschmolzene Butter nach und nach zugeben. Die Rosinen zufügen, die man zuvor in das Kirschwasser gelegt hatte. Den Teig in der Schüssel mit den Händen durchkneten, solange bis er nicht mehr kleben bleibt. Die Schüssel mit einem feuchten Küchentuch zudecken und den Teig 1 h gehen lassen.
Eine Guglhupfform gut ausbuttern, auf die Ränder die geschälten Mandeln kleben, und den Teig hineingeben. So noch einmal 2 h gehen lassen. Den Ofen 15 min. vorheizen, und den Kuchen 50 min. bei starker Hitze backen lassen.

APFELSTRUDEL

Strudel aux pommes / Elsaß

Vorbereitungszeit: 30 min.
Ruhezeit des Teiges: 2 h
Kochzeit: 40 min., einfach

Für 4 Personen:
Für den Teig:
150 g Mehl, 40 g Butter, 1 Ei
1 Glas warmes Wasser
Den Saft einer Zitrone, Salz
Für die Füllung:
500 g Äpfel
50 g geschälte Mandeln
50 g Rosinen, 50 g Puderzucker
15 cl Creme Double, 50 g Butter
1 Msp. Zimt, 1 Eigelb

Das Mehl, die weiche Butter und das Ei sorgfältig miteinander vermengen. Anschließend das Wasser, das Salz und den Zitronensaft zugeben. Diesen Teig durcharbeiten, bis er ganz glatt ist. Eine Kugel formen, und 2 h ruhen lassen. Auf einer bemehlten Oberfläche ausrollen. Mit der Crême double bestreichen, mit den Mandeln bestreuen, und die in Scheiben geschnittenen Äpfel darauflegen. Mit den Rosinen bestreuen, anschließend mit Zucker und Zimt.

Den Teig zusammenrollen, und auf ein gebuttertes Blech legen. Mit dem Eigelb und der geschmolzenen Butter bestreichen. Bei milder Hitze 40 min. backen lassen.

BIRNEN IN ROTWEIN*

Poires à la vigneronne / Burgund

Vorbereitungszeit: 10 min.
Kochzeit: 30 min., einfach

Für 6 Personen:
1 kg Wiliamsbirne
1 Flasche Rotwein (Burgunder oder Beaujolais), 25 cl Wasser
250 g Zucker, 1 Msp. Zimt
1 oder 2 Vanillestangen

Die Birnen schälen, aber nicht zerschneiden oder entstielen. Aufrecht in einen Kochtopf stellen. Die Wein-Wasser-Mischung angießen, in der man den Zucker aufgelöst und Zimt und Vanille zugefügt hat. Die Birnen müssen bedeckt sein. Falls die angegebene Flüssigkeitsmenge nicht ausreicht, muß man sie entsprechend erhöhen. Leise köcheln lassen, bis die Birnen weich sind. Je nach Größe der Früchte muß man ca. 30 min. Kochzeit rechnen.

APFELAUFLAUF

Flamusse aux pommes
Burgund

Vorbereitungszeit: 20 min.
Kochzeit: 30 min., einfach

Für 4 Personen:
10 Renette oder Cox Orange Äpfel
6 Eier, 25 cl gekochte Milch
1 EL Mehl
50 g Zucker
1 EL feiner Zucker, 100 g Butter

Die Äpfel schälen, entkernen und in feine Scheiben schneiden. In einer großen Pfanne mit der Butter anbraten. In einer Schüssel die Eier mit dem Mehl, der Milch und dem Zucker schlagen. Einen glatten Teig machen, und die Äpfel zufügen. Durchrühren. In eine ausgebutterte feuerfeste Form gießen. 30 min. bei mittlerer Hitze backen. Auf eine Servierplatte stürzen, mit dem feinen Zucker bestreuen, warm servieren.

NUSSAUFLAUF

Rigodon / Burgund

Vorbereitungszeit: 20 min.
Kochzeit: 45 min.
Sehr einfach

Für 6 Personen:
1 l Milch, 250 g Zucker
1 Msp. Zimt, 1 Msp. Salz
150 g altbackene Brötchen
10 Walnußkerne, 10 Haselnüsse
2 EL Reisstärke, 8 Eier, 30 g Butter

Die Milch kochen lassen, Zucker, Zimt und Salz zufügen, rühren bis sich der Zucker auflöst. Das altbackene Brötchen in Würfel schneiden. Die Würfel in einen tiefen Teller legen und sie mit etwas von der gezuckerten Milch befeuchten. Die Nußkerne fein hacken. In einer Schüssel vermischt man die geschlagenen Eier mit der Reisstärke zu einem glatten Teig. Nach und nach gibt man die gezuckerte Milch zu, dann die Brötchenwürfel und die Nüsse. Das Ganze gießt man in gebutterte, feuerfeste Form. Kleine Butterflöckchen daraufsetzen, und bei mittlerer Hitze 45 min. backen.

Westen

Berry
Orléanais
Touraine
Anjou
Bretagne
Maine
Normandie

Das große Gebiet Frankreichs, das sich westlich von Paris von der Somme bis zur Loire erstreckt und die Provinzen des Loire-Tals (Berry, Orléanais, Touraine, Anjou, Maine), die Bretagne und die Normandie bedeckt, ist nicht grenzenlos. Seine langen Küsten sind reich an Meeresfrüchten, die Flüsse sind voller Süßwasserfische, seine kräuterreichen Weiden liefern Butter und Käse von großer Qualität, die Täler produzieren Gemüse und Früchte.

Die Geflügel sind dort außergewöhnlich, die Fleischwaren delikat, und es gibt jede Menge Wild. Man findet gute Weine dort, und nördlich der Loire herrscht der Cidre.

Die Produkte und die gebundene Küche (des Loire-Tals) ähneln sich in vielem, wie der Kampf um die Beurre blanc beweist (geschmackvolle Soße aus Schalotten, Weißwein und Butter, die die Flußfische begleitet), den sich seit langer Zeit das Land um Nantes, Anjou und sogar die Touraine liefern.

Aber jede dieser Provinzen, die zusammen dieses Gebiet bilden, hat ihre besondere Spezialität.

Wenn es auch arm ist, produziert Berry doch berühmte Ziegenkäseprodukte (Levroux, Pouligny, Valençay, Selles-sur-cher, Crottins de Chavignol und auf dem Gebiet der Touraine Sainte-Maure).

Die Sologne ist reich an Wild.

Die Touraine, Maine und Anjou können stolz auf ihre Rotwürste, Rillettes und Grieben sein, genauso wie auf ihre Gemüse, Früchte und auf ihre Champignons aus den Kalksteinhöhlen.

In der Maine gibt es um Loué herum viel Geflügel.

Die Küche des Wildes und des Schweinefleisches hat sehr viele verschiedene Gerichte, in denen die Sahne einen hohen Rang einnimmt: Kalbsbraten und Poularde, Beuscherl (Ragout aus Nieren und Bries vom Kalb) und Huhn.

Der Wein kann die Köche dieser Provinzen nur inspirieren, vom Sancerre und Muscadet bis hin zum Vouvray, Montlouis, Bourgueil, dem Chinon, Champigny, dem großartigen Bonnezeaux und Coulée-de-Serrant.

Die Bretagne ist eine abgelegene Provinz, die lange Zeit außerhalb der großen Verkehrswege lag und zwei Arten der Küche hervorgebracht hat.

Im Landesinneren hat die Armut das Feinschmeckertum und die Ideenkraft der Einwohner im Zaum gehalten.

Oben: *Die kleine und malerische normannische Stadt Bayeux verdankt ihren Reichtum der Milch von reichen Kräuterwiesen des Bessin. Wunderbarerweise von der Schlacht nach der Landung der Alliierten verschont geblieben, hat es seine schöne gotische Kathedrale behalten.*

Vorherige Seiten: *Wo die Bretagne und die Normandie aneinanderstoßen, erhebt sich das »Wunder des Westens«, der Mont-Saint-Michel, über den Sand einer riesigen Bucht, die mal vom Meer bedeckt, mal freiliegt.*

Oben: *Die beeindruckende Kalkstein-Steilküste von Etretat mit dem Bogen und der Nadel, die von Fluten gebildet wurden und sich ca. 100 m aus dem Meer erheben.*

Links: *Dieses alte Restaurant-Schild ruft die legendären Leistungen der Edelmann-Piraten von St.Malo im 17. und 18. Jh. wieder ins Gedächtnis.*

Man hat sich hier mit geriebenem Bauchspeck, der zusammen mit Zwiebeln aufs Brot gestrichen wurde, mit Kartoffeln und Zwiebeln, mit Kohl- und weißer Rübensuppe und vor allem mit Galettes und Crêpes und Knödeln aus Buchweizen oder Roggenmehl zufriedengegeben.
Die Bretagne und die Region um Nantes lassen einen Wein oder einen Käse vermissen, der dieser Namen wirklich würdig ist, aber sie produzieren eine gute Butter und den exzellenten Cidre.
Im Norden der Halbinsel hat seit zwanzig Jahren der Mut und die Initiative der bretonischen Bauern die Landwirtschaft grundsätzlich verändert: Im intensiven Anbau hat man jetzt Blumenkohl, Bohnen, Zwiebeln und Artischocken.

Das Innere der Bretagne ist häufig sehr trocken, dafür sind die Küsten des Ärmelkanals und des Atlantiks reich an Fischen, Schalentieren (die blauen Hummer der Bretagne sind die besten der Welt) und Muscheln. Die Küche drückt diese Vielfalt und diesen Reichtum natürlich aus, allen voran die Fischsuppen, von denen es, wie die Bouillabaisse im Süden, sehr viele verschiedene gibt. Aber auch gefüllte Venusmuscheln, bretonische Jakobsmuscheln, Makrelen mit Cidre, Krebssuppe, fritierter Stockfisch aus Guincamp, Stockfisch mit Sahne aus Paimpol, Meeraalsuppe von der Sein-Insel, Austernsuppe aus Cancale, Goldbrasse aus Quimper, Sardinen im Blätterteig aus Douarnenez, Langusten aus Concarneau, überbackene Muscheln aus Penthièvre etc., etc.
Im Gegensatz zum armen Teil der Bretagne ist das Hinterland der Normandie sehr reich.
Die kräuterreichen Wiesen produzieren die geschmackvolle Butter von Isigny und Sainte-Mère-Eglise, die dicke Sahne und die überall geschätzten Käse wie Camembert, Pont-l`Evêque, Livarot und Bondon. Die Kutteln gehören ebenfalls zur Normandie, ob sie wie in La Ferté-Macé in Päckchen, oder wie in Cou-

Oben: *Typisches normannisches Fachwerkhaus mit Strohdach.*
Unten: *Seit dem 17. Jh. ist die Auster von Cancale berühmt.*

Links: *Die Aufzucht dauert 4 Jahre. Die Austernparks bedecken in Cancale ca. 400 Hektar.*

tances mit Sahne oder wie in Caen mit Cidre oder Weißwein gemacht werden. Hier hat auch die große Küche ihren Platz: Die Ente mit Blut aus Rouen oder die gebratene Ente von Duclair, die überbackene Poularde von Andelys, die Poularde aus dem Auge-Tal, die Ente aus Alençon, die Schweinshaxen von Argentan oder das Kaninchen aus Havre.

Was das Meeresgebiet der Normandie betrifft, steht es dem der Bretagne in nichts nach. Außer der normannischen Seezunge (mit Weißwein, Madeira, Cognac, Muscheln, Shrimps, Austern, Champignons, Trüffeln, Schalotten, Lauch, Karotten, Butter, Sahne, Eiern und Kräutern), deren verrückte Vielfalt nur aus Paris stammen kann, hat diese Region weitere verlockende Rezepte hervorgebracht. So z.B. den Fischtopf aus Dieppe, bestehend aus Steinbutt, Lotte, Seezunge, Muscheln, Shrimps, Butter, Sahne und verschiedenen Gemüsen.

Oder ganz einfach die gegrillten Heringe mit Senfsauce, der Stockfisch mit Weißwein aus Fécamp, Butt mit Austern, die kleinen Hummer von Cherbourg, die kleinen Makrelen mit Weißwein, die lebend gebratenen Shrimps, deren Meerwassergeruch nach Cidre und Butterbrot ruft.

Was die Desserts betrifft, wird man wohl nicht sehr erstaunt sein, daß die meisten mit Äpfeln gemacht werden.

Sogar bis zur Orléanais reicht man die Tarte Tatin mit den karamelisierten Äpfeln.

Hat die Normandie ihren Einfluß bis dorthin ausgedehnt?

Es ist, wie Lucie Delarue-Mardrus gesungen hat: »Der Duft meines Landes lag in einem Apfel.«

Oben: *Dieses Fischerboot wartet auf die Flut.*

Links: *In Vierville-sur-Mer, im Bessin, tragen Frauen und Mädchen an Festtagen noch die normannische Haube und die traditionelle Tracht.*

MEERESFRÜCHTE-SUPPE

Cotriade de Belle-Ile / Bretagne

Vorbereitungszeit: 30 min.
Kochzeit: 1 h 15 min., einfach

Für 10 Personen:
2 kg Fisch mit festem Fleisch (Seeaal, Makrele, Seebarbe) und weichem Fleisch (Merlan, Scholle, Lippfisch, Stint)
1 kg Meeresfrüchte und Muscheln nach Saison (Krabben, Langusten, Muscheln, Venusmuscheln, Shrimps, Hummer)
200 g altbackenes Brot in Scheiben
50 g Butter
3 Zwiebeln, 1 Stange Lauch (nur das Weiße, in Scheiben geschnitten)
3 geschälte und entkernte Tomaten
1 Stange Sellerie, 2 kg Kartoffeln
300 g Karotten, 300 g weiße Rüben
3 Knoblauchzehen, Safranfäden
1 Bouquet garni, 1 Msp. Cayenne Pfeffer, Salz, Pfeffer

Die Fische ausnehmen und in Stücke schneiden oder filetieren. Die Abfälle (Köpfe, Gräten, etc.) aufbewahren. Die Fische mit festem und die mit weichem Fleisch voneinander trennen.
In einem großen Kessel brät man die klein geschnittenen Zwiebeln, den Lauch, die Tomaten, den Sellerie, das Bouquet garni und die Fischabfälle, in einem Netz verschlossen, goldbraun an. 5 l Salzwasser dazugeben, zum Kochen bringen, und 30 min. kochen lassen.
Dann die Fischabfälle herausnehmen, die Karotten und weißen Rüben in die Brühe geben und 15 min. später ebenfalls die Kartoffeln.
Nach 15 min. gibt man die Fische mit dem festem Fleisch und die größeren Meeresfrüchte dazu. 6 min. zugedeckt kochen lassen. Die Fische mit dem weichen Fleisch, die Muscheln, die kleinen Meerestiere zugeben. 6 min. kochen lassen. Die Meeresfrüchte auf einer Platte warmstellen. Die Brühe durch ein Sieb geben, mit dem Cayennepfeffer und dem Safran abschmecken, und sie so über die mit Knoblauch eingeriebenen Brotscheiben gießen.
Mit einer Vinaigrette servieren.

MEERESFRÜCHTE-KESSEL*

Marmite Cauchoise
Normandie

Vorbereitungszeit: 25 min.
Kochzeit: 15 min., einfach

Für 8 Personen:
4 Scheiben Seeaal, 8 kl. Krabben
1 Knurrhahn, 1 Merlan
1 Goldbrasse von 750 - 1000g
2 Tomaten, 2 Zwiebeln
2 Knoblauchzehen
2 EL Erdnußöl, 1 Bouquet garni
Salz, Pfeffer, Croûtons

Die Tomaten schälen und entkernen. Die Fische bratfertig machen.
In einem Kessel die fein geschnittenen Zwiebeln und Knoblauchzehen mit Öl andünsten. Die kleingeschnittenen Tomaten zufügen und weichwerden lassen. 2,5 l kochendes Wasser zugießen, das Bouquet garni, Salz und Pfeffer zugeben. In die kochende Suppe gibt man die Krabben, den Seeaal in Stücken und den Knurrhahn. Nach 5 min. gibt man den Merlan und die Goldbrasse hinein und läßt weitere 10 min. köcheln. In eine Suppenschüssel gibt man über die Croûtons die passierte Brühe. Mit der Suppe serviert man Fische und Krabben.

ERBSEN-LAUCH-SUPPE

Soupe tourangelle / Touraine

Vorbereitungszeit: 45 min.
Kochzeit: 1 h 30 min.
Einfach

Für 8 Personen:
500 g durchwachsener Speck
500 g Lauch (nur die weißen Teile)
1 Kohlkopf, 50 g Butter, 1 Glas Essig
350 g weiße Rüben, 3 l Geflügelbrühe, 20 kl. Zwiebeln, Salz
1,5 kg Erbsen in Schoten, Pfeffer

Den Speck blanchieren, die Schwarte und die Knöchelchen entfernen. Die äußeren Blätter des Kohlkopfes entfernen. In Achtel schneiden, und die großen Rippen herausnehmen. Mit Essigwasser waschen, in einen Kochtopf geben, und mit kaltem

Wasser bedecken. Zum Kochen bringen, und sofort abtropfen lassen. Danach wieder in kaltes Wasser geben.
Den Lauch, das Weiße und 1 cm vom Grünen, in feine Scheiben schneiden. Die weißen Rüben schälen. In dem ausgewaschenen Kochtopf brät man die weißen Rüben, die Zwiebeln und den Lauch mit der Butter auf mäßiger Hitze 10 min. lang an.
Den Kohl, den in feine Streifen geschnittenen Speck und die Geflügelbrühe zufügen. Zudecken und 1 h köcheln lassen.
Während dieser Zeit die Erbsen entschoten. Nachdem die Suppe 1 h gekocht hat, die Erbsen zufügen, salzen, pfeffern und weitere 20 min. kochen lassen.

KANINCHENSUPPE

Soupe au lapin de Garenne
Touraine

Vorbereitungszeit: 30 min.
Kochzeit: 2 h 20 min., einfach

Für 6 Personen:
1 Kaninchen, 2 l Brühe
1 Glas trockener Weißwein
3 Zwiebeln, 300 g Champignons
2 Knoblauchzehen, 1 Bouquet garni
3 Eigelb, 6 EL Crème fraîche
Salz, Pfeffer

Das ausgenommene Kaninchen in Stücke teilen. Zusammen mit den in feine Scheiben geschnittenen Zwiebeln, dem Knoblauch, dem Bouquet garni, dem Weißwein und der Brühe in einen Kochtopf geben. Zudecken, und zum Kochen bringen. Abschäumen. So lange köcheln lassen, bis sich das Fleisch von den Knochen löst (mind. 2 h). Das Ganze durch ein Sieb gießen. Die Flüssigkeit beiseite stellen. Das Bouquet garni und alle Knochen des Kaninchens herausnehmen; das Fleisch feinhacken oder pürieren.
Die Champignons ganz fein hacken. 2 EL davon zur Seite stellen. Den Rest mit dem pürierten Kaninchenfleisch vermischen. Die Flüssigkeit zum Kochen bringen, und das Kaninchen und die Champignons zufügen. Salzen, pfeffern. 15 min. köcheln lassen.
In der Suppenterrine mit einem Schneebesen die Eigelb und die Crème fraîche miteinander verschlagen. Die beiseite gelegten Champignons hineinmischen, einen Teil der kochenden Suppe ebenfalls, und dann alles zusammen wieder erhitzen. Nicht kochen lassen.

SUPPE MIT KRABBEN

Soupe d'étrilles / Bretagne

Vorbereitungszeit: 20 min.
Kochzeit: 30 min., einfach

Für 4 Personen:
1 kg kleine Krabben (echte)
1 Karotte, 2 Zwiebeln
25 cl Muscadet
1 Bouquet garni , 80 g Reis
8 kleine Scheiben altbackenes Weißbrot, Salz, Pfeffer, Cayenne

In einen großen Topf gibt man die in feine Scheiben geschnittene Karotte, die feingehackten Zwiebeln, den Wein und das Bouquet. 2l Wasser zugießen. Gleichzeitig den Reis in Salzwasser 17 min. kochen. Die Krabben in den Kochtopf geben, zum Kochen bringen, und 5 min. kochen lassen. Das Bouquet, die Krabben, die Karotte und die Zwiebel herausheben. Mit dem abgetropften Reis in einen Mixer geben. Durch ein Sieb passieren. Mit Brühe aufgießen. Abschmecken, und eine Prise Cayenne zugeben. 5 min. zum Kochen bringen. Über die getoasteten Weißbrotscheiben gießen.

MAKRELEN MIT KARTOFFELN*

Cotriade de Maquereaux
Bretagne

Vorbereitungszeit: 20 min.
Kochzeit: 45 min., einfach

Für 4 Personen:
8 kleine Makrelen
50 g Butter
2 Zwiebeln, 500 g Kartoffeln
500 g Lauch, 25 cl Muscadet
75 cl Wasser, 1 Bouquet garni
1 EL feine Kräuter (Petersilie, Kerbel, Estragon, Schnittlauch)
2 Eigelb, einige Scheiben altbackenes Weißbrot, Salz, Pfeffer

Die Zwiebelscheiben in Butter glasig dünsten. Mit Wein und Wasser angießen, das Bouquet zugeben. Salzen, pfeffern und zum Kochen bringen. Die Kartoffeln sowie das Lauch zugeben. 30 min. kochen lassen. Die geputzten Makrelen hineingeben. Nach 15 min. Makrelen und Gemüse herausnehmen und warmstellen. Die Brühe abschmecken, durch ein Sieb geben, und mit dem geschlagenen Eigelb binden. Die Brotscheiben in Butter braten. In eine Suppenschüssel legen, die Brühe darübergießen, und mit gehackten feinen Kräutern bestreuen. Fische und Gemüse mit einer Vinaigrette mit viel Senf servieren.

GROBE FLEISCHPASTETE*

Rillettes d`Angers / Anjou

Vorbereitungszeit: 20 min.
Kochzeit: 4 h 30 min., einfach

Für 1 Weckglas:
1 kg Schweinefleisch, fettes und mageres
500 g Speckschwarte, Salz, Pfeffer

Die Speckschwarte in Stücke schneiden, und in einem Schmortopf anbraten. 30 min. braten lassen. Das Schweinefleisch in Würfel schneiden. Salzen und pfeffern. Mit einem Glas Wasser in den Schmortopf geben, wo sich bereits die Speckschwarte befindet. 4 h zugedeckt kochen lassen. Von Zeit zu Zeit umrühren.
Am Ende der Garzeit die großen, intakt gebliebenen Fleischstücke aus dem Schmortopf nehmen. Diese kann man kalt oder warm essen.
Den Rest des Schmalzfleisches in ein Weckglas gießen. Auskühlen lassen. Anschließend luftdicht abschließen, wobei man die Schmalzschicht, die sich an der Oberfläche gebildet hat, dort beläßt.

GRIEBEN

Rillons / Touraine

Vorbereitungszeit: 10 min.
Ruhezeit: 2 h
Kochzeit: 1 - 2 h, einfach

Zur Vorspeise oder als Imbiß
Für 1 kg Fleisch:
1 kg magerer frischer Speck
25 g grobes Salz
300 g Schmalz, Salz, Pfeffer

Den Speck in Würfel von 4 - 5 cm schneiden, in einer Mischung aus grobem Salz und Pfeffer wälzen und 2 h lang in einer Schüssel liegen lassen.
In einem Schmortopf das Schmalz zerlassen. Wenn es kocht, die Speckwürfel hineingeben und 1 - 2 Stunden kochen lassen. Wenn sie goldbraun sind, nimmt man sie mit einem Schaumlöffel heraus (mit einer Messerspitze prüfen, ob sie wirklich weich sind). Abtropfen lassen.
Man kann die Grieben warm oder kalt essen. Man kann sie aber auch in ein Weckglas geben und mit abgekühltem, aber flüssigem Schmalz begießen, um sie zu konservieren.

MUSCHELOMELETT*

Omelette aux coques / Normandie

Vorbereitungszeit: 30 min.
Kochzeit: 5 - 10 min., einfach

Für 6 Personen:
1 kg Muscheln, 50 g Butter
3 EL Crème double, 8 Eier
1 Zitrone
Feine Kräuter nach Wahl (Petersilie, Kerbel, Estragon, Schnittlauch)
Salz, Pfeffer

In einen großen Kochtopf gibt man 2 Gläser Wasser, den Saft 1 Zitrone und die gutgewaschenen und gebürsteten Muscheln. Sprudelnd kochen, bis sich die Muscheln öffnen. Herausnehmen, und die Muschelschalen entfernen, die Muscheln zur Seite stellen, und das Wasser sieben. In das Muschelwasser gibt man dann die Crème double, den Pfeffer und das Muschelfleisch. Die Eier schlagen, salzen, pfeffern, und die feinen Kräuter und 20 g Butter in Stückchen zugeben. Den Rest der Butter in einer Pfanne erhitzen. Wenn sie schaumig wird, die Eier hineingießen und stocken lassen. Wenn das Omelett unten fest, aber oben teigig ist, die Pfanne vom Feuer ziehen, und das Muschelfleisch mit der Soße darübergeben. Das Omelett auf eine Servierplatte gleiten lassen und zusammenklappen.

GROBE FLEISCHPASTETE MIT WEISSWEIN*

Rillettes de Tours / Touraine

Vorbereitungszeit: 20 min.
Kochzeit: ca. 4 h, einfach

Für ein großes Weckglas oder mehrere kleinere:
2 kg Schweinefilet mit Knochen und Fett, 40 g grobes Salz
1 Fl. trockener Weißwein (Vouvray)

Das Fett in Würfel schneiden und das magere Fleisch in feine Scheiben (in Faserrichtung). Die Knochen aufbewahren.
In einen großen Schmortopf gibt man die Fettwürfel und legt die Knochen darauf. Mit den Fleischscheiben bedecken. Das grobe Salz darüberstreuen, und mit einem Glas Wasser begießen. Zudecken. Vorsichtig zum Kochen bringen, dann die Hitze wegnehmen. Ohne umzurühren 30 min. köcheln lassen.
Die Knochen herausnehmen, den Wein angießen, und die Hitze verstärken. Ständig umrühren, damit sich das fette und das magere Fleisch miteinander verbinden.
Wenn das Fleisch nach ca. 4 h zu einer Masse (von Zeit zu Zeit nachsehen) zusammengekocht ist, gießt man es in saubere Weckgläser. Die an der Oberfläche erscheinende Schmalzschicht belassen. Luftdicht abschließen.

QUICHE MIT RILLETTES

Quiche Tourangelle / Touraine

Vorbereitungszeit: 20 min.
Kochzeit: 45 min.
Einfach

Für 8 Personen:
250 g Rillettes, 500 g Grieben
5 Eier, 1/2 l Milch
1 großes Glas Sahne
Petersilie, Kerbel, Estragon, Schnittlauch, Salz, Pfeffer, Muskat

Für den Teig:
175 g Butter, 1 Ei
350 g Mehl, 1 Msp. Salz

In eine Schüssel gibt man das Mehl, macht eine Vertiefung und gibt die weiche Butter in Stücken, das Ei und das Salz hinein. Durcharbeiten und soviel Wasser zugeben, bis der Teig nicht mehr an den Händen klebt. Eine Kugel formen, mit der Hand flachdrücken, zusammenfalten und wieder zu einer Kugel formen. 1 h ruhen lassen.
Die Grieben in Würfel schneiden. Den Teig ausrollen, und in eine Tortenform legen. Die Rillettes gleichmäßig hineinstreichen, und die Griebenwürfel darauf plazieren.
Die Eier schlagen, mit der Milch und der Sahne vermischen. Die gehackten feinen Kräuter (ca. 2 EL) zugeben. Salzen, pfeffern, den Muskat zugeben, und das Ganze über die Rillettes und Grieben gießen.
In den heißen Ofen stellen. Nach 30 min. die Hitze reduzieren, und noch 15 min. bei gemäßigter Hitze im Ofen belassen. Warm servieren.

…IT
…EN

…mandie

…lle von

6 Scheiben Steinbutt à 100 g
1 kg Muscheln, 30 Shrimps
2 Zwiebeln, 2 Stangen Lauch
1 Sellerieknolle, 2 Tomaten
60 g Butter, 1/2 Glas Olivenöl
3 EL Sahne, 30 g Mehl
1 Msp. Cayenne, 1 Msp. Curry
1 Bd. Petersilie und Fenchel
Salz, Pfeffer

Die weißen Teile des Lauchs, den Sellerie und die Zwiebeln in feine Scheiben schneiden. Mit dem Olivenöl in einen großen Kochtopf geben, und 10 min. lang andünsten. 1,5 l Wasser und die geschälten, entkernten und kleingeschnittenen Tomaten zufügen. Salzen, pfeffern, den Cayenne und den Curry zugeben. Langsam zum Kochen bringen, und 10 min. lang köcheln lassen.
Die Langusten, die Lotte säubern, und die Scholle filetieren.
Das Bouquet, die Langusten und die Lotte- und Steinbuttstücke in den Kochtopf geben. 10 min. lang bei milder Hitze kochen lassen. Die Schollenfilets zufügen, und 5 min. leise kochen lassen.
Währenddessen hat man die Muscheln gebürstet, mehrmals gewaschen und getrocknet. Man öffnet sie in einem großen Topf mit 2 Gläsern Salzwasser und viel Pfeffer bei starker Hitze. Danach die Muscheln herausnehmen, und die Schalenhälfte, an der sie nicht befestigt sind, entfernen.
Die Kochflüssigkeit der Muscheln durch ein Sieb geben, genauso wie den Inhalt des Kochtopfes, aus dem man vorher die Fische zusammen mit den Langusten und den Shrimps herausgenommen und warmgestellt hat. Die 2 Flüssigkeiten vermischen.
In einem kleinen Kochtopf zerläßt man die Butter und fügt das Mehl zu. Umrühren. Wenn die Mischung schäumt, gießt man die Flüssigkeit hinein und rührt bei milder Hitze weiter, um die Soße einzudicken. Die Sahne zugeben, abschmecken. Die Fische auf einer Servierplatte mit dieser Soße überziehen, und mit den Muscheln, den Shrimps und den Langusten umlegen.

STEINBUTT IN CIDRE

Barbue au Cidre / Normandie

Vorbereitungszeit: 20 min.
Kochzeit: 30 min., einfach

Für 6 Personen:

1 Steinbutt von 1,5 kg
300 g Champignons, 3 Schalotten
3 EL Sahne, 75 g Butter, 1 l Cidre
1 1/2 Gläser Semmelbrösel
Salz, Pfeffer

Den Steinbutt säubern, die Schwimmflossen und den Schwanz entfernen. Ausnehmen, die Haut belassen.
Die geputzten Champignons in Würfel schneiden, und in kochendes Wasser geben. 10 min. leise kochen lassen. Abtropfen und trockentupfen. Die Schalotten schälen, und in feine Scheiben schneiden. Eine feuerfeste Form mit der Hälfte der Butter einfetten, den Boden mit der Hälfte der Schalotten und Champignons belegen.
Den Steinbutt gesalzen und gepfeffert darauflegen, und mit dem Rest der Champignons und Schalotten bedecken.
Die restliche Butter in Stückchen auf dem Fisch verteilen. Mit Semmelbröseln bestreuen. Darüber den Cidre und die Sahne gießen, und 30 min. bei guter Hitze in den Ofen schieben.

SEEZUNGE MIT SHRIMPS

Sole Normande simplifiée
Normandie

Vorbereitungszeit: 45 min.
Kochzeit: 40 min., einfach

Für 4 Personen:
2 Seezungen à je 750 g ohne Haut
1 kg Muscheln, 250 g Shrimps
2 dl trockener Weißwein
4 EL gehackte Schalotten
250 g Crème fraîche
250 g Champignons
4 EL Zitronensaft
50 g Butter, Salz, Pfeffer

Den Ofen vorheizen. Eine große feste Form ausbuttern, den Boden mit Schalotten auslegen. Salzen, pfeffern, und die Seezungen darauflegen.
Den Wein angießen, und auf die Fische einige Stückchen Butter verteilen. Mit Aluminiumfolie abdecken, und 30 min. in den heißen Ofen stellen.
Währenddessen die Muscheln bürsten und waschen. In einem Topf mit 1 Glas Wasser bei starker Hitze öffnen.

Das Muschelwasser abgießen und aufbewahren. Die Muscheln aus den Schalen nehmen, und sie zusammen mit den Shrimps in den ausgewaschenen Kochtopf geben.
In einem weiteren Topf zerläßt man die restliche Butter, fügt den Zitronensaft und die geputzten Champignons zu. Bei starker Hitze anbraten, dann die Champignons herausnehmen, abtropfen lassen, und zu den Muscheln und den Shrimps geben.
Den passierten Kochsaft der Champignons mit dem gesiebten Muschelwasser mischen.
Die Form aus dem Ofen nehmen, und die Seezungen filetieren. Diese Filets auf eine Servierplatte legen und warmstellen.
Den Kochsaft der Champignons bei starker Hitze reduzieren, bis er eine sirupartige Konsistenz annimmt. Dann die Sahne zufügen und mit einem Schneebesen schlagen, bis man eine sämige Soße erhält.
Die Seezungenfilets mit den Muscheln, den Shrimps und den Champignons umlegen, und mit der Soße überziehen.

MAKRELEN IN CIDRE*

Lisettes de Dieppe au Cidre
Normandie

Am Vorabend zubereiten
Vorbereitungszeit: 40 min.
Kochzeit: 10 min., einfach

Für 4 Personen:
1,5 kg kl. Makrelen
2 Karotten, 2 Zwiebeln, 1 Schalotte
1 Bouquet garni
1 Bd. Petersilie
10 Pfefferkörner
10 Korianderkörner
1 1/2 unbehandelte Zitronen
1 Fl. trockener Cidre
Grobes Salz

Die Fische putzen und ausnehmen, den Kopf entfernen.
Mit diesen Köpfen, dem Bouquet, dem Pfeffer, dem Koriander, den geschälten Karotten und Zwiebeln, der Schalotte, 1 EL Salz und dem Cidre einen Sud aufsetzen. Zum Kochen bringen, und 15 min. leise köcheln lassen.
In einen Kochtopf legt man die Fische eng nebeneinander und gibt eine halbe, in Viertel geschnittene Zitrone darauf. Den Sud über die Makrelen geben, und zum Kochen bringen. Die Fische wenden, und weitere 2 min. köcheln lassen. Die Hitzezufuhr abschalten.
Die Petersilie kleinzupfen, die Zitrone in Scheiben schneiden.
Die Fische aus dem Sud nehmen, in einer Schüssel anrichten, die Zwiebelringe und die Karotten aus der Brühe darauf verteilen. Eine Schicht Makrelen, zwei Zitronenscheiben, etwas Petersilie darauflegen, dann die zweite Lage Makrelen u.s.w.
Die Brühe um ein Drittel reduzieren. Den Topf vom Feuer ziehen, und nach 5 min. die Brühe durch ein Sieb über die Makrelen geben.
Die Schüssel abkühlen lassen, dann mit Aluminiumfolie abdecken. Vor dem Servieren 24 h kaltstellen.

100 g geriebener Gruyère
Salz, Pfeffer

Die Heringe putzen, ausnehmen und filetieren. Die Kartoffeln und Zwiebeln in feine Scheiben schneiden, und auf den Boden einer ausgebutterten ofenfesten Form legen. Den Cidre und 1/2 Glas Wasser darübergießen. Die Heringsfilets darauflegen, und mit den geschälten, kleingeschnittenen Tomaten umlegen. Auf dem Herd bei milder Hitze zum Kochen bringen, und 10 min. köcheln lassen. Einige Butterflöckchen daraufgeben, und bei mittlerer Hitze in den vorgeheizten Ofen geben. Wenn die Kartoffeln gar sind, bestreut man die Heringe mit dem geriebenen Gruyère, fügt die Sahne zu und überbäckt 5 min. mit dem Grill.

AAL IN ROTWEINSOSSE

Bouilleture d`anguilles / Anjou

Vorbereitungszeit: 30 min.
Kochzeit: 2 h, einfach

Für 6 Personen:
1 kg Flußaal, 150 g Butter
10 kl. Zwiebeln,
250 g Champignons
1 kl. Glas Branntwein
1 Fl. Rotwein
1 Bouquet garni (Thymian, Lorbeerblatt, Petersilie)
50 g Mehl, einige kleine, in Butter geröstete Brotscheiben, Salz, Pfeffer

Die Aale abziehen, ausnehmen und in 5 – 6 cm dicke Scheiben schneiden. Diese Scheiben in einen Schmortopf zusammen mit Salz, Pfeffer und dem Bouquet garni geben. Mit Wein bedecken (1/2 Glas zurückbehalten). Wenn die Soße

GOLDBUTTE IN CIDRE

Carrelets au Cidre / Normandie

Vorbereitungszeit: 10 min.
Kochzeit: 20 min., einfach

Für 4 Personen:
2 gr. Goldbutte
3 Gläser Cidre
50 g Butter, 100 g Crème fraîche
1 Glas Semmelbrösel, etwas Petersilie und Schnittlauch, Salz, Pfeffer

Den Fisch ausnehmen, säubern und trocknen. In eine ausgebutterte feuerfeste Form legen. Salzen, pfeffern, und mit Petersilie und Schnittlauch bestreuen. Den Cidre angießen, und Butterstückchen auf dem Fisch verteilen. Mit Semmelbröseln bestreuen. 20 min. im heißen Ofen backen. Vor dem Servieren die Crème fraîche dem passierten Kochsaft zufügen. Die Fische mit der Soße überziehen.

HERINGSGRATIN*

Gratin de harengs à la crème
Normandie

Vorbereitungszeit: 25 min.
Kochzeit: 25 min., einfach

Für 6 Personen:
6 Heringe
3 Kartoffeln, 3 Tomaten
3 gr. Zwiebeln
1 Glas Cidre oder Weißwein
75 g Butter, 1 Tasse Sahne

aufkocht, den Branntwein darübergeben und flambieren. 2 h leise kochen lassen.
Die Zwiebeln mit den Champignons in Butter goldbraun anbraten, mit dem Rest des Rotweins angießen, und 20 min. ziehen lassen.
Am Ende der Garzeit gibt man in den Schmortopf, in dem der Aal kocht, eine Mischung aus 50 g Mehl und 50 g Butter. Nach 1 min. die Zwiebeln und Champignons zufügen.
Auf einer Servierplatte anrichten, und mit den Brotscheiben garnieren.

WEISSE BUTTERSOSSE ZU FISCH*

Beurre blanc
Anjou et Bretagne nantaise

Vorbereitungszeit und Kochzeit: ca. 25 min., schwierig

Für 8 Personen:
100 g Schalotten
10 cl trockener Weißwein
20 cl Weißweinessig
250 g Butter
Salz, weißer Pfeffer

In einen Kochtopf mit einem dicken Boden (wenn möglich aus Kupfer) gibt man die gehackten Schalotten, den Wein und den Essig. Bei sehr milder Hitze einkochen lassen, bis die Flüssigkeit vollständig verdampft ist. Die Schalotten dürfen nicht braun werden.
Die weiche Butter in kleine Stücke schneiden. Den Topf mit den Schalotten in ein Wasserbad stellen, und stückchenweise die Butter zugeben, und kräftig durchschlagen. Die Mischung darf nicht kochen.
Die weiße Buttersoße wird zu einer weißen, schaumigen und sehr homogenen Crème. Sofort servieren.

KLEINE HUMMER IM WEINSUD

Demoiselles de Cherbourg à la nage
Normandie

Vorbereitungszeit: 25 min.
Kochzeit: 10 min., sehr einfach

Für 6 Personen:
3 kl. Hummer à je 400g
1 Zwiebel, 1 Karotte
150 g Butter
2,5 l trockener Weißwein (Muscadet)
1 Bouquet garni (Thymian, Lorbeerblatt, Petersilie)
10 Pfefferkörner, Salz

Lebende kleine normannische oder bretonische Hummer besorgen. Zusammenbinden, die Scheren gegen den Schwanz. Den Sud bereiten. Den Weißwein zusammen mit der geschälten und in Scheiben geschnittenen Karotte und der Zwiebel in

einen Topf geben. Das Bouquet und die Pfefferkörner in einem Gazebeutelchen zugeben. Salzen, und zum Kochen bringen. 20 min. kochen lassen.
Gegen Ende dieser Zeit gibt man die Hummer hinein und hält den Sud für 10 min. am Kochen. Die Hummer färben sich rot.
Sehr heiß in einer tiefen Platte servieren, nachdem man sie längs halbiert und die Scheren mit einem Nußknacker gebrochen hat.
Den Sud, aus dem man das Gazesäckchen und den Pfeffer entfernt hat, getrennt servieren. In jeden Teller gibt man einige Löffel Sud und 1 EL weiche Butter.

HERINGE IN SENFSOSSE

Harengs à la moutarde
Normandie

Vorbereitungszeit: 10 min.
Kochzeit: 20 min., einfach

Für 6 Personen:
6 Heringe
50 g Butter, 2 Gläser Milch
4 EL Mehl, 3 EL scharfen Senf
3 EL Crème fraîche
1 Bd. feine Kräuter (Petersilie, Kerbel, Estragon, Majoran, Schnittlauch), Salz, Pfeffer

Die Heringe ausnehmen, abschuppen, waschen und trockentupfen. Kurz in die Milch tauchen, und dann im Mehl wälzen. Salzen und pfeffern. In einer großen Pfanne zerläßt man die Butter und brät die Heringe auf jeder Seite goldbraun an. Bei milder Hitze 10 min. kochen lassen, dann in eine gebutterte und vorgewärmte Form legen, und bei milder Hitze 5 min. im Ofen lassen.
Während dieser kurzen Zeit passiert man den Kochsaft in eine saubere Pfanne.
Bei milder Hitze gibt man den Senf und die Crème fraîche zu, abschmecken. Die gehackten feinen Kräuter in die Soße geben und, die Heringe damit überziehen.

MAKRELEN IN SENF-WEIN-SOSSE*

Maquereaux à la
Quimpéroise
Bretagne

Vorbereitungszeit: 1 h 15 min.
Kochzeit: 10 min., einfach

Für 4 Personen:
4 Makrelen
75 g Butter, 2 Eigelb
1 TL scharfer Senf, 1 TL Weinessig
1 EL feine Kräuter, Salz, Pfeffer
Für den Sud:
4 dl Weißwein (Muscadet)
1 Bouquet garni, 1 Zwiebel
1 Knoblauchzehe
1 EL grobes Salz, 6 Pfefferkörner

Für den Sud die Zutaten in 2 l Wasser 1 h kochen lassen, dann etwas abkühlen lassen. Die Makrelen in den Sud geben, zum Kochen bringen, und 10 min. weiterköcheln.
Die Fische herausnehmen, filetieren und warmstellen. In einer Schüssel mischt man die Eigelb mit Senf und Essig, fügt die feinen Kräuter, Salz und Pfeffer dazu und zum Schluß die weiche Butter.
So lange schlagen, bis die Mischung die Konsistenz einer Mayonnaise erreicht.
Die Makrelen mit der Soße überziehen und servieren.

ÜBERBACKENE JAKOBSMUSCHELN

Coquilles Saint-Jacques
à la Bretonne / Bretagne

Vorbereitungszeit: 30 min.
Kochzeit: 15 min.
Einfach

Für 4 Personen:
8 schöne Muscheln
75 g Butter
20 cl Weißwein (Muscadet)
100 g Zwiebeln
6 EL Semmelbrösel
1 gr. Bd. Petersilie

GEFÜLLTE VENUSMUSCHELN

Palourdes farcies
Bretagne

Vorbereitungszeit: 40 min.
Kochzeit: 10 min., einfach

Für 6 Personen:
6 Dutzend große Venusmuscheln
250 g Butter
6 Knoblauchzehen
1 gr. Bd. Petersilie, Salz, Pfeffer

Das Muschelfleisch mit dem roten Rogen herauslösen, und kalt abspülen. Die Muschelschale ebenfalls sorgfältig spülen. In einem Topf dünstet man die feingehackten Zwiebeln mit 25 g Butter glasig. Den Wein angießen, und 15 min. köcheln lassen. Dann das Muschelfleisch mit dem Rogen hinzugeben, und 8 min. kochen lassen.

In die Muschelschale gibt man etwas Semmelbrösel und 1 TL Bouillon, dann das Muschelfleisch und evtl. den Rogen. Etwas Petersilie darüberstreuen, mit Semmelbröseln bedecken, und den Rest der Butter daraufgeben.
Im vorgeheizten Backofen bei starker Oberhitze dann leicht bräunen lassen.

Die Muscheln gründlich waschen und bürsten. In einen großen Kochtopf gibt man die Muscheln zusammen mit 1 Glas Wasser. Bei starker Hitze öffnen sich die Muscheln nach ca. 5 min.
Die 2 Muschelschalen trennen, von einer anderen Muschel das Muschelfleisch herausnehmen, und in die zweite leere Muschelhälfte legen.
Den Knoblauch und die Petersilie sehr fein hacken, mit der weichen Butter verrühren, salzen und pfeffern. In jede der Muschelschalen gibt man etwas von dieser Füllung, setzt das Muschelfleisch darauf und bedeckt es wieder mit der Füllung. Dann legt man die Muscheln nebeneinander in eine große feuerfeste Form und schiebt sie 10 min. vor dem Servieren in den sehr heißen Ofen.

ÜBERBACKENE AUSTERN*

Huîtres gratinées / Bretagne

Vorbereitungszeit: 40 min.
Kochzeit: 5 min., einfach

Für 6 Personen:
2 Dutzend Austern
2 Schalotten, 2 Eigelb
1 dl trockener Weißwein
4 EL Butter
2 EL geschälte Mandeln
Zitronensaft, Pfeffer

Die Austern öffnen, und aus der Schale nehmen. Das Wasser durch ein Sieb in einen Kochtopf geben. Die geschälten und in feine Scheiben geschnittenen Schalotten sowie den Weißwein hineingeben. Die Mischung einkochen, bis nur noch 2 EL Flüssigkeit vorhanden sind. Dann das Eigelb zugeben und solange schlagen, bis man eine sämige Soße erhält. Bei mäßiger Hitze gibt man die Butter stückchenweise zu, dann auch die Mandeln. Pfeffern und mit dem Zitronensaft beträufeln. Die Austern wieder in die innere Schale legen. Mit der Soße überziehen, und 5 min. bei starker Hitze im Ofen über-backen. Servieren.

THUNFISCH MIT GEMÜSE

Thon à la Concarnoise
Bretagne

Vorbereitungszeit: 30 min.
Kochzeit: 50 min.
Einfach

Für 4 Personen:
1 Scheibe Thunfisch von ca. 800 g
1 Scheibe Speck, 100 g Butter
150 g kleine Zwiebeln, 3 Karotten
3 weiße Rüben, 1 Lattich
1 kg Erbsen in Schoten
25 cl trockener Weißwein
25 cl Brühe, 1 Bouquet garni
Salz, Pfeffer

Den Thunfisch enthäuten und entgräten. Mit der Speckscheibe wie einen Braten umlegen. In einem Schmortopf dünstet man die kleinen geschälten Zwiebeln an, legt den Thunfisch darauf und brät ihn auf beiden Seiten an. Dann mit dem Wein und der Brühe angießen. Das Bouquet garni, Salz und Pfeffer zufügen. Zugedeckt bei mittlerer Hitze 45 min. kochen lassen.

Den Lattich in Viertel schneiden. Die Erbsen entschoten. In einem Kochtopf dünstet man den Lattich an, fügt dann die in feine Streifen geschnittenen Karotten und die geviertelten weißen Rüben zu. 20 min. später gibt man auch die Erbsen dazu, schmeckt ab und läßt weitere 30 min. kochen. Die Speckscheibe entfernen, und den Thunfisch auf einer Servierplatte anrichten, mit dem Gemüse umlegen, und mit dem Kochsaft überziehen.

STEINBUTT MIT AUSTERN

Barbue à la Cancalaise
Bretagne

Vorbereitungszeit: 1 h
Kochzeit: 25 min., schwierig

Für 6 Personen:
1 kochfertiger Steinbutt von 1,5 bis 2 kg, 2 Dutzend Austern
50 g Butter, 5 EL Sahne
Für den Sud:
1 Glas Weißwein
1 Stange Lauch (nur das Weiße)
2 Zwiebeln, 1 Karotte, 1 Schalotte
1 Bouquet garni, 1 Msp. Cayenne
Salz, Pfeffer, Muskat
Für die Einbrenne:
20 g Butter, 20 g Mehl

Für den Sud gibt man das kleingeschnittene Gemüse zusammen mit den Gewürzen, dem Weißwein und reichlich Wasser in einen großen Topf. Zum Kochen bringen, und 45 min. köcheln lassen. Durch ein Sieb geben und abkühlen lassen.
Den Steinbutt in eine ausgebutterte, feuerfeste Form legen. Mit dem kalten Sud bedecken. Die Form auf den Herd stellen, bis der Sud zum Kochen kommt. Dann vom Feuer ziehen, und luftdicht mit Aluminiumfolie abdecken. Bei starker Hitze 10 min. in den Ofen schieben, weitere 15 min. bei gemäßigter Hitze darin belassen.
Währenddessen öffnet man die Austern und fängt die gesiebte Flüssigkeit in einem Kochtopf auf. Die Austern in diesen Kochtopf geben, und vorsichtig erhitzen. Kurz vor dem Kochen vom Feuer ziehen. 5 min. die Austern in dieser Flüssigkeit lassen, herausnehmen, abtropfen lassen, und zur Seite stellen.
Den Steinbutt filetieren. Dieses Filet legt man auf eine Servierplatte, nachdem man zuvor die braune Haut entfernt hat. Die Austern um den Fisch herumlegen. Warmstellen. In einem Kochtopf macht man eine Einbrenne und löscht mit dem Kochsaft ab. Wenn die Soße eindickt, die Sahne zufügen. Den Fisch damit überziehen.

LOTTE MIT TOMATENPÜREE

Lotte à l'Armoricaine / Bretagne

Vorbereitungszeit: 10 min.
Kochzeit: 30 min., einfach

Für 4 Personen:
1 Lotte, 100 g Butter
300 g frisches Tomatenpüree
3 EL Mehl
1 kl. Glas Calvados
50 cl trockener Weißwein
2 Zwiebeln, 2 Knoblauchzehen
1 Msp. Cayenne, Salz, Pfeffer

Die Lotte in Stücke schneiden, in Mehl wälzen, und mit der Butter zusammen mit den in feine Scheiben geschnittenen Zwiebeln anbraten. Mit dem Calvados flambieren, den Wein angießen, und das Tomatenpüree, den Knoblauch, Salz, Pfeffer und Cayenne zufügen. Zugedeckt 30 min. kochen lassen.
Die Fischstücke auf eine Servierplatte legen und warmstellen. Die Soße passieren, abschmecken und einige Butterstückchen hinzufügen. Gut vermischen, und die Soße über den Fisch geben. Dazu reicht man Reis.

FRITIERTER STOCKFISCH

Morue Guingampoise / Bretagne

Am Vorabend beginnen
Vorbereitungszeit (mit der Marinade): 2 h 15 min.
Kochzeit: einige Minuten, einfach

Für 6 Personen:
1 kg Stockfisch oder 750 g Filets
Für die Marinade:
4 EL Weinessig, 1 Knoblauchzehe
2 Zwiebeln, 2 Nelken, 2 EL Petersilie und Schnittlauch, Pfeffer
Für die Panade:
100 g Mehl, 3 Eier, 20 dl Milch
75 g geriebener Gruyère

Den Stockfisch 12 - 24 Stunden unter fließendem Wasser entsalzen. Pochieren, abtropfen und erkalten lassen. Die Marinade unter Zugabe der angegebenen Zutaten und 75 cl Wasser bereiten. Den Stockfisch, von dem man die Haut und die Gräten entfernt hat, damit begießen, und 2 h darin ziehen lassen. Für den Fritierteig Mehl, Eigelb, Milch und den Gruyère mischen. Der Teig sollte eine feste Konsistenz haben. Das Eiweiß schlagen. Die Stockfischfilets zuerst in den Fritierteig eintauchen, dann in geschlagenes Eiweiß. In sehr heißem Fritierfett backen. Mit gehackter Petersilie servieren.

GESCHMORTE GANS MIT ÄPFELN

Oie en daube / Normandie

Vorbereitungszeit: 25 min.
Kochzeit: 3 h, einfach

Für 6 Personen:
1 kl. Gans
200 g geräucherter Speck
1 Fl. Cidre, 50 g Butter
3 Zwiebeln, 4 Karotten, 1 Stange Lauch, 1 Selleriestange
1 kg Äpfel (Renette oder Cox Orange)
1 Bouquet garni (Thymian, Lorbeerblatt), Salz, Pfeffer

Die Gans in Teile zerlegen. Den Speck von Schwarte und Knöchelchen befreien; in kleine Streifen schneiden. In einem Schmortopf die Gänseteile mit den Speckstreifen und der Butter goldbraun anbraten. Die geschälten und in Scheiben geschnittenen Karotten, feingehackte Zwiebeln und Sellerie, den in Streifen geschnittenen weißen Teil des Lauchs und das Bouquet garni dazufügen. Salzen, pfeffern, und mit Cidre angießen. Bei sehr milder Hitze zugedeckt 3 h kochen lassen. Während dieser Zeit aus Äpfel Kompott kochen. Die Flüssigkeit verdampfen lassen. Das Kompott mit der Gans servieren, die mit passiertem Kochsaft überzogen wurde.

KALBSKOTELETT MIT ÄPFELN

Côtes de veau à la Normande
Normandie

Vorbereitungszeit: 10 min.
Kochzeit: 30 min., einfach

Für 6 Personen:
2 Kalbskoteletts vom Milchkalb
4 Renette-Äpfel (oder Cox Orange)
75 g Butter, 3 EL Sahne
1/2 Glas Cidre, 1 kl. Glas Calvados
Salz, Pfeffer, 1 Msp. Muskat

Die Äpfel schälen, entkernen, und in gleichmäßige Scheiben schneiden.
Die Butter in einer großen Pfanne zerlassen. Wenn sie eine nußbraune Farbe angenommen hat, brät man die Kalbskoteletts ca. 10 min. auf jeder Seite goldbraun an. Salzen, pfeffern, und Muskat zufügen. Die Koteletts warm stellen. In die Pfanne, die noch den Bratensaft enthält, gibt man die Apfelscheiben und dämpft sie bei starker Hitze unter ständigem Rühren an. Wenn sie gar sind, legt man sie um die Koteletts und stellt sie warm.
Die Pfanne wieder auf's Feuer stellen, den Calvados hineingießen und flambieren. Den Cidre angießen.
Bei immer noch starker Hitze löst man den Bratensaft mit einem Holzlöffel. 3 min. kochen lassen, vom Feuer ziehen, die Sahne hineingießen und abschmecken. Die Koteletts damit überziehen.

HUHN MIT PILZEN*

Poule tourangelle
Touraine

Vorbereitungszeit: 30 min.
Kochzeit: 1 h 15 min., einfach

Für 6 Personen:
1 Huhn von 1,5 kg
150 g durchwachsener Speck
100 g Butter, 2 EL Öl
1 Glas trockener Weißwein
1 Tasse Brühe, 100 g Crème fraîche
500 g Champignons, 12 kl. Zwiebeln
1 Bouquet garni, 2 EL gehackte Petersilie, 1 Zitrone, 1 Knoblauchzehe
Salz, Pfeffer

Das Huhn in ca. 10 Teile zerlegen. Den Speck in Streifen schneiden, und in 40 g Butter und etwas Öl anbraten.
Den Speck herausnehmen, und durch die Huhnteile ersetzen. Auf allen Seiten anbräunen lassen.
Dann nimmt man die Huhnteile wieder heraus und brät stattdessen die Zwiebeln an. Wenn sie goldbraun sind, gibt man die Huhnteile und den Speck wieder hinein, löscht mit dem Wein und der Brühe ab. Salzen, pfeffern, das Bouquet zugeben, und bei milder Hitze 1 h köcheln lassen.
Inzwischen putzt man die Pilze und wäscht sie rasch in kaltem Essigwasser. In größere Stücke schneiden, und in einem separaten Topf erhitzen. Wenn sie fast alles Wasser verloren haben, gibt man

die Butter, den zerdrückten Knoblauch und etwas gehackte Petersilie dazu und läßt das Ganze 10 min. ziehen. Vor dem Servieren richtet man das Huhn mit den Pilzen auf einer Servierplatte an.
Die Crème fraîche in den Kochsaft geben, kurz erwärmen, und das Huhn damit überziehen. Mit gehackter Petersilie bestreuen und gleich servieren.

HUHN MIT SELLERIE

Poule au blanc / Normandie

Vorbereitungszeit: 15 min.
Kochzeit: 2 h 30 min., einfach

Für 6 Personen:
1 Huhn von ca. 1,5 kg
2 Zwiebeln, davon eine mit 3 Nelken gespickt, 2 Karotten, 2 Stangen Lauch (nur die weißen Teile)
1 Sellerieknolle
1 Bouquet garni (Thymian, Lorbeerblatt, Petersilie)
1 Zweig Estragon
40 g Butter, 40 g Mehl, 1 Eigelb
1 Glas Crème fraîche
Salz, Pfeffer, Muskat

Das Gemüse putzen und waschen. Den Estragon 2 - 10 Sek. in kochendes Wasser halten, und zusammen mit der Leber in das kochfertige Huhn geben. Das Innere leicht salzen und pfeffern.
Das Huhn in einen Kochtopf geben, und mit kaltem Wasser bedecken. Langsam zum Kochen bringen, salzen, und die Karotten, Zwiebeln, den zusammengebundenen Lauch, den Sellerie und das Bouquet garni hineingeben. Wieder zum Kochen bringen, und zugedeckt 2 h köcheln lassen. Danach zerläßt man in einem Kochtopf die Butter und fügt das Mehl unter Umrühren hinzu. Wenn das Mehl beginnt hellbraun zu werden, gießt man langsam, unter Rühren, die 50 cl Hühnerbrühe zu. Bei kleiner Hitze läßt man die Mischung eindicken. In eine Schüssel gibt man die Sahne, das Eigelb, etwas Salz, Pfeffer und eine Msp. Muskat. Miteinander verrühren, und dann ein halbes Glas der eingedickten Soße zugeben, gut vermischen und das Ganze in den Kochtopf zu der Soße zurückgießen. Das Huhn aus dem Kessel nehmen, zerteilen, und die Stücke auf einer Servierplatte anrichten. Mit dem gut abgetropften Gemüse umlegen. Etwas Soße über das Huhn geben, und den Rest in einer Sauciere servieren.

POULARDE MIT CHAMPIGNONS*

Poularde à l'Angevine
Anjou

Vorbereitungszeit: 25 min.
Kochzeit: 1 h, einfach

Für 8 Personen:
1 Poularde von 1,5 kg
250 g Champignons, 2 Schalotten
1 Zwiebel, 2 Knoblauchzehen
1 Tomate, 50 cl Crème fraîche
…eißwein
…ühe, 50 g Butter
…alz, Pfeffer

…ularde wird in …n einem Schmortopf mit Butter goldbraun angebraten. Darauf achten, daß das Fleisch auf allen Seiten weiß und fest wird. Salzen, pfeffern, und zugedeckt 40 min. bei sehr milder Hitze köcheln lassen.

Nach dieser Zeit Stücke herausnehmen und warmstellen. Mit dem Weißwein ablöschen, und die geschälte, entkernte und kleingeschnittene Tomate sowie die Schalotten, die feingehackten Zwiebeln und Knoblauch zufügen. Die Hälfte der Hühnerbrühe angießen, zudecken und solange kochen lassen, bis die Flüssigkeit auf die Hälfte reduziert ist. Während dieser Zeit schneidet man die Champignons in feine Scheiben und schwenkt sie 5 min. in Butter. Danach gießt man den Rest der Hühnerbrühe dazu, deckt den Topf ab und läßt sie 20 min. kochen.

Die Champignons in den Schmortopf geben, danach die Sahne. Gut durchrühren und abschmecken. Bei geringer Hitze gibt man die Poulardenstücke dazu und läßt das Ganze zugedeckt stehen.

Vor dem Servieren gibt man die Poulardenstücke und die Champignons in eine vorgewärmte, tiefe Servierplatte. Anschließend verschlägt man den Zitronensaft und das Eigelb und mischt das Ganze dann schnell mit der Soße. Die Poularde damit überziehen und servieren.

HUHN MIT WALDPILZEN*

Géline à la Lochoise / Touraine

Vorbereitungszeit: 30 min.
Kochzeit: 1 h, einfach

Für 6 Personen:
1 junges Huhn von ca. 1,2 kg
80 g Butter, 50 cl Sahne
250 g Wald-Champignons, 1 Zwiebel
1 Glas Weißwein
Salz, Pfeffer

Das Huhn zerteilen, und in einem Schmortopf bei gemäßigter Hitze in der Butter goldbraun anbraten. Die Champignons je nach Größe in 2 oder 4 Teile schneiden und sie zusammen mit der in feine Scheiben geschnittenen Zwiebel dem Huhn zufügen. Salzen, pfeffern, und in dem zugedeckten Schmortopf bei milder Hitze ca. 45 min. in den Ofen schieben.
Den Schmortopf aus dem Ofen ziehen, den Wein angießen, und bei mittlerer Hitze 10 min. köcheln lassen. In einer angewärmten Platte die Huhnteile, die Champignons und die Zwiebelsoße beiseite stellen. Die Soße in den Schmortopf zurückpassieren, die Sahne zufügen. Abschmecken. Das Huhn, die Champignons und die Zwiebelsoße wieder zurück in den Schmortopf geben und erwärmen. Nicht kochen lassen. Sehr heiß servieren.

SCHWEINESCHWÄNZE MIT ROTEN BOHNEN

Queues de cochon aux haricots rouges / Orléanais

Am Vorabend beginnen
Vorbereitungszeit: 10 min.
Kochzeit: 3 h 30 min., einfach

Für 6 Personen:
6 frische Schweineschwänze
750 g getrocknete rote Bohnen
1 Fl. Rotwein
1 gr. Zwiebel, mit 2 Nelken gespickt
3 Karotten, 3 Knoblauchzehen
1 Bouquet garni, Salz, Pfeffer

Am Vorabend die Bohnen zum Quellen in kaltes Wasser legen. Abtropfen lassen und sie zusammen mit der gespickten Zwiebel, den geschälten Knoblauchzehen, den geviertelten Karotten und dem Bouquet garni in einen Kochtopf geben. Mit gleich viel Wasser und Wein

aufgießen. Langsam zum Kochen bringen, und zugedeckt 1 h weiterköcheln lassen. Erst am Schluß salzen. Die Schweineschwänze dazugeben, und zugedeckt 2,5 h kochen lassen.

KALBSBRATEN MIT KAROTTEN*

Cul de Veau à l'Angevine
Anjou

Vorbereitungszeit: 20 min.
Kochzeit: 2 h 25 min., einfach

Für 8 Personen:
1 Kalbsnuß vom Milchkalb
250 g frische Speckschwarten
200 g Zwiebeln, 800 g Karotten
1/2 l trockener Weißwein
1 kl. Glas Branntwein
1 Bouquet garni , 50 cl Fleischbrühe
20 cl Crème fraîche, Salz, Pfeffer

Die Speckschwarten mit der Fettseite nach unten in einen Schmortopf legen. Darauf die klein geschnittenen Zwiebeln und Karotten schichten. Die Kalbsnuß darauflegen, und ohne Deckel bei mittlerer Hitze 20 min. in den Ofen schieben. Nach 10 min. wenden. Den Schmortopf aus dem Ofen ziehen, mit Wein, Branntwein und Brühe bis zur Höhe des Fleisches angießen. Das Bouquet garni hineingeben, salzen und pfeffern. Zugedeckt 2 h bei milder Hitze in den Ofen stellen. Nach dieser Zeit das Fleisch herausnehmen und warmstellen. Die Speckschwarten entfernen, Crème fraîche in den Fond gießen und bei milder Hitze in den Ofen stellen, das Fleisch aufschneiden.
Das Fleisch mit der Soße überzogen servieren.

HUHN IN BARBOUILLE

Poulet en Barbouille / Berry

Vorbereitungszeit: 25 min.
Kochzeit: 1 h 20 min., einfach

Für 6 Personen:
1 lebendes Huhn von ca. 1,2 kg
100 g Butter
125 g Bauchspeck (ohne Schwarte und Knöchelchen)
3 Karotten, 1 gr. Zwiebel
1 Stück Zucker, 2 EL Mehl
1 Bouquet garni (Thymian, Lorbeerblatt, Petersilie), 1 Glas Brühe
1 Glas Rotwein (Sancerre)
4 EL Weinessig, 1 Glas Crème fraîche, 1 Eigelb, Salz, Pfeffer

Das Blut fängt man in einer kleinen Schüssel mit Essig auf. Das Huhn in Stücke teilen, die Leber beiseite stellen.
In einem Schmortopf brät man die Speckstreifen goldbraun an. Dann gibt man die in feine Scheiben geschnittenen Karotten und das Stück Zucker hinein. Umrühren, bis sie Farbe bekommen. Dann die Huhnteile hineingeben, und bei starker Hitze anbraten.
Wenn das Fleisch eine goldbraune Farbe angenommen hat, streut man das Mehl darüber und rührt um, damit es Farbe annimmt. Salzen, pfeffern, die ganze geschälte Zwiebel und das Bouquet garni hineingeben. Den Wein und die Brühe angießen. Zugedeckt 1 h bei mittlerer Hitze in den Ofen stellen.
Danach gibt man ein Glas der warmen Sauce in das Blut, rührt kräftig um und gießt das Ganze unter weiterem Rühren in den Topf zurück. Zugedeckt bei milder Hitze warmstellen. Die Leber feinhacken, mit der Crème fraîche und dem Eigelb vermischen, und in den Topf gießen. Gut umrühren. Zudecken und einige Minuten bei sehr milder Hitze erwärmen. Sofort servieren.

RAGOUT MIT PÖKELFLEISCH

Ragoût de pré-salé de Crozon
Bretagne

Vorbereitungszeit: 45 min.
Kochzeit: 2 h 15 min., einfach

Für 6 Personen:
1 gepökelte Schulter von ca. 1 kg
80 g Schweineschmalz
60 g Mehl
500 g Karotten, 500 g weiße Rüben
500 g Kartoffeln, 500 g Erbsen
3 weiße Zwiebeln, 1 Knoblauchzehe
1 Bouquet garni
Salz, Pfeffer

Die Schulter in 5 cm große Würfel schneiden, und im Schmortopf in Schweineschmalz rundherum goldbraun anbraten. Die in feine Scheiben geschnittenen Zwiebeln zufügen, und ebenfalls anbraten. Mit dem Mehl bestreuen und gut umrühren. Den feingehackten Knoblauch, das Bouquet garni, das Salz und den Pfeffer zufügen und mit Wasser knapp bedecken.
Zum Kochen bringen, abdecken, und bei milder Hitze 30 min. köcheln lassen.
Dann gibt man in den Schmortopf die Karotten und weißen Rüben. Weitere 45 min. kochen lassen.
Danach die Kartoffeln und Erbsen hineingeben. 45 min. kochen lassen.

KALBSNIEREN MIT STEINPILZEN*

Beuchelle Tourangelle / Touraine

Vorbereitungszeit: 40 min.
Kochzeit: 40 min., schwierig

Für 6 Personen:
2 Kalbsnieren, 2 Kalbsbries
500 g frische Steinpilze
250 g Sahne, 100 g Butter
2 EL Cognac, 1 Zitrone, Salz, Pfeffer

Das Bries unter kaltem Wasser abwaschen, und dann in einen Topf mit kaltem Wasser geben. Den Zitronensaft und 1 Msp. Salz zufügen. Langsam zum Kochen bringen, 5 min. ziehen lassen, und das Bries herausnehmen. In eine Schüssel mit kaltem Wasser legen, nach 10 min. herausnehmen und abtropfen lassen. Dann wickelt man das Bries in ein sauberes Küchentuch und legt ein leichtes Gewicht darauf, um es ohne Druck flach zu machen. Die Nieren halbiert man und entfernt das Fett und die weißen Teile. In 0,5 cm dicke Scheiben schneiden. In einer Pfanne zerläßt man 50 g Butter und brät darin die Nierenscheiben kräftig an. Salzen, pfeffern, dann Hitze wegnehmen, und noch 2 min. darin belassen. Die Scheiben sollen innen rosa bleiben. Den Cognac darübergießen, flambieren und warmstellen.
Das Bries in Scheiben schneiden, und in einer Pfanne mit dem Rest der Butter anbraten. Dann nimmt man das Bries heraus und löscht die Pfanne mit 3 EL Sahne ab. Etwas einkochen lassen, danach das Bries mit der Soße überziehen und warmstellen.
Die in Streifen geschnittenen Pilze bei starker Hitze mit Butter anbra-

ten. Danach zudecken und weitere 10 min. bei milder Hitze köcheln lassen. Pilze herausnehmen, warmstellen, die Butter weggießen und mit dem Rest der Sahne ersetzen. Vorsichtig erhitzen und 10 min. eindicken lassen. Die Steinpilze mit dieser Soße überziehen. Abschmecken.

GEFLÜGELLEBER-PASTETE

Mousse de foie
Normandie

Vorbereitungszeit: 1 h 30 min.
Kochzeit: 40 min., schwierig

Für 4 Personen:
250 g Hähnchenleber
30 g Butter, 2 EL Crème double
1 kl. Glas Portwein
1 kl. Glas Brandy
2 Eier, 4 EL Öl
80 g Speck, 60 g Paniermehl
1 Knoblauchzehe, 1 Bd. Petersilie
1 EL gehackter Schnittlauch
1500 g geschälte Tomaten (Büchse)
1 Zwiebel, Salz, Pfeffer

Mit einem scharfen Messer entfernt man Fett und Blutgefäße von den Lebern. Dann schneidet man sie in Scheiben, legt sie in eine Schüssel und beträufelt sie mit dem Brandy. Den Speck feinhacken.
In einen Mixer gibt man nun den Portwein, die Leber, den Speck, die Eier, das Paniermehl, Salz und Pfeffer und mischt dies solange, bis eine homogene Masse entsteht. Dann gibt man sie in eine Schüssel und rührt mit einem Schneebesen den zerdrückten Knoblauch und die Crème double unter.
Mit einem Pinsel fettet man vier ofenfeste Förmchen aus und verteilt die Lebermasse gleichmäßig darin. Auf ein Backblech stellen, und 40 min. in den vorgeheizten Ofen bei ca. 160 °C stellen.
Inzwischen bereitet man die Tomatensauce. Die Zwiebeln in etwas Öl glasig dünsten, die Tomaten hinzugeben und mit einer Gabel zerdrücken. Mit Salz und Pfeffer abschmecken, und bei milder HItze etwas einkochen lassen. Schließlich durch ein Sieb passieren.
Die Leberpasteten auf einzelne Teller stürzen, mit 2 EL der Tomatensauce überziehen und mit gehacktem Schnittlauch bestreuen. Heiß servieren.

LAMMKEULE IN BLÄTTERTEIG

Gigot en croûte / Touraine

Vorbereitungszeit: 30 min.
Kochzeit: 40 min.
Schwierig

Für 4 Personen:
1 kl. Lammkeule von ca. 1 kg
2 Lammnieren, 1 Ei
150 g Butter, 1 Glas Madeira
100 g Champignons
500 g Blätterteig, Rosmarin
Thymian, Estragon, Salz, Pfeffer

Den Knochen aus der Keule herauslösen. Die Nieren enthäuten und würfeln, dann in 100 g Butter einige Minuten anbraten. Mit dem Madeira ablöschen, dann die in feine Scheiben geschnittenen Pilze hineingeben. Salz, Pfeffer, etwas gehackten Thymian, Rosmarin und Estragon hinzugeben. Einige Minuten kochen lassen, dann mit dieser Mischung die Aushöhlung in der Lammkeule füllen. Zubinden und an einigen Stellen zunähen. In eine ofenfeste Form legen, die restliche Butter darauf verteilen und für 15 min. bei starker Hitze in den vorgeheizten Ofen geben.
Den Teig ca. 5 mm dick ausrollen, und die Lammkeule darin einwickeln. Mit einem Eigelb bestreichen und für weitere 15 - 20 min. in den Ofen schieben. Sehr heiß servieren.

GEFÜLLTE ENTE

Caneton farci
Anjou

Vorbereitungszeit: 40 min.
Kochzeit: 2 h, schwierig

Für 4 Personen:
1 Ente von ca. 1,5 kg
100 g Schmalzfleisch (Rillette)
1 gr. Scheibe Speck
250 g mageres Schweinefilet
250 g frischer fetter Speck
5 g Entenleberpastete
80 g Butter, 3 gekochte Maronen
3 Karotten, 3 Zwiebeln, 4 Schalotten
1 Fl. trockener Weißwein
1 kl. Glas Branntwein, Salz, Pfeffer

Die Ente ausnehmen und kochfertig machen. Mit einem scharfen Messer trennt man das Fleisch vom Brustbein und entfernt diesen Knochen. Für die Füllung schneidet man die Schalotten in feine Scheiben, dünstet sie in Butter weich und gießt sie mit 2 dl Wein an. Bei mittlerer Hitze auf ein Viertel der Menge einkochen lassen. Die Schalotten zusammen mit dem Schweinefleisch, dem fetten Speck, der Leberpastete, der Entenleber und den Maronen kleinhacken, salzen und pfeffern. Den Branntwein und das Schmalzfleisch zufügen, und gut miteinander vermischen. Die Ente mit der Farce füllen, und die Öffnung zunähen. Mit der Speckscheibe umwickeln. In einen Schmortopf gibt man 50 g Butterstückchen, breitet darauf die in Scheiben geschnittenen Karotten und Zwiebeln aus, legt die Ente darauf und verteilt die restliche Butter

darüber. Den Schmortopf zudecken, und bei mittlerer Hitze in den Ofen schieben. Nach 1 h wendet man die Ente, gießt 2 dl Wein zu, salzt, pfeffert und schiebt das Ganze noch einmal bei mittlerer Hitze in den Ofen. Von Zeit zu Zeit die Ente begießen.
Zum Servieren zerlegt man die Ente in Teile und schneidet die Farce in Scheiben.

LAMMKEULE MIT WEISSEN BOHNEN*

Gigot à la Bretonne
Bretagne

Am Vorabend beginnen
Vorbereitungszeit: 15 min.
Kochzeit: 1 h 15 min., einfach

Für 8 Personen:
1 gepökelte Lammkeule von 2 kg
100 g Butter
1 kg weiße Bohnen, frisch oder getrocknet, 3 Zwiebeln
2 Tomaten, 2 Knoblauchzehen
2 Schalotten
1 Bouquet garni, Salz, Pfeffer

Getrocknete Bohnen legt man am Vorabend zum Quellen in kaltes Wasser. Ob so vorbereitet oder frisch, legt man sie zum Kochen in kaltes Wasser ohne Salz, damit sie nicht hart werden. Dazu gibt man das Bouquet garni und die Tomaten. Ca. 1 h kochen lassen. Erst 15 min. vor dem Kochende salzen. Den Knoblauch schälen, und in das Fleisch drücken. Anschließend legt man das Fleisch in eine gebutterte, ofenfeste Form und verteilt auf der Haut kleine Butterstückchen. Salzen und pfeffern. In den heißen Ofen schieben, und 45 - 50 min. kochen lassen. Kurz vor dem Ende der Kochzeit der Bohnen brät man die feingehackten Zwiebeln, die Schalotten und die Tomaten 5 - 6 min. in 50 g Butter an. Man fügt die Bohnen mittels eines Schaumlöffels dazu sowie 3 EL des Kochsaftes. Salzen und warmstellen. Zum Servieren schneidet man die Keule in Scheiben und richtet diese auf den Bohnen an. Den Bratensaft mit etwas Bohnenkochsaft ablöschen, und damit das Fleisch überziehen.

ENTE MIT GRÜNEN ERBSEN

Caneton Nantais aux petits pois
Bretagne

Vorbereitungszeit: 25 min.
Kochzeit: 1 h, einfach

Für 6 Personen:
1 Ente von 1,2 bis 1,5 kg
150 g gesalzener Speck

80 g Butter
10 kl. Zwiebeln, 1 kg Erbsen
1 Lattichherz
1 Bd. Bohnenkraut, Salz, Pfeffer

Den Speck ohne Schwarte und Knöchelchen in feine Streifen schneiden. 10 min. blanchieren, dann abtropfen lassen.
In einem Schmortopf zerläßt man die Butter und brät die kochfertige Ente goldbraun an. Dann warmstellen. Danach gibt man die Speckscheiben und die kleinen Zwiebeln in den Schmortopf und brät sie ebenfalls goldbraun an. Dann gibt man die Ente wieder hinein, salzt, pfeffert und stellt den Schmortopf zugedeckt 30 min. bei mittlerer Hitze in den Ofen.
Die Erbsen werden 10 min. blanchiert, danach abtropfen lassen. Dann gibt man sie und das in feine Scheiben geschnittene Lattichherz hinzu, mischt alles gut durch und legt das Bohnenkraut darauf. Etwas Wasser zugeben, abschmecken und den Schmortopf weitere 30 min. zugedeckt bei wenig Hitze in den Ofen stellen. Wenn die Erbsen gar sind, kann serviert werden.

EINTOPF MIT FLEISCH UND KOHL

Potée Quimpéroise / Bretagne

Vorbereitungszeit: 15 min.
Kochzeit: ca. 2 h 30 min., einfach

Für 6 Personen:
1 kg Rinderflachrippe
500 g gesalzener Speck, blanchiert
1 Räucherwurst
2 Stangen Lauch, 2 Karotten
1 weiße Rübe, 1/2 Kohlrübe
1 Weißkohlkopf
1 Zwiebel, mit 1 Nelke gespickt
1 Bouquet garni

In einen großen Topf mit kaltem Wasser legt man das Fleisch, die gespickte Zwiebel und das Bouquet garni und bringt das Ganze zum Kochen. Abschäumen und bei milder Hitze 1 h 30 min. kochen lassen. Dann gibt man das Gemüse dazu und den blanchierten Kohl in Vierteln. 20 min. später legt man die mehrfach mit einer Nadel eingestochene Wurst ebenfalls hinein. Wiederum abschäumen, und nach 30 - 35 min. servieren.

KARTOFFEL-KÄSE-PLÄTZCHEN

Galette de pommes de terre Berry

Vorbereitungszeit: 1 h 30 min.
Kochzeit: 20 min., sehr einfach

Für 4 Personen:
200 g Kartoffeln
75 g frischer Valençay Käse
50 g Butter
2 Eier
200 g Mehl, 2 EL Öl

Die Kartoffeln im Ofen in der Schale garen. Dann schälen und zerdrücken und mit dem zerbröckelten Käse, der weichen Butter und 1 Eigelb gut durcharbeiten. Dann das Mehl zufügen, und solange kneten, bis der Teig eine homogene Masse bildet. 1 h ruhen lassen, dann den Teig 1 cm dick ausrollen. Kreise mit ca. 10 cm Durchmesser ausstechen. Mit einem geschlagenen Ei bestreichen, auf ein geöltes Backblech legen, und bei mittlerer Hitze 20 min. backen lassen.

WEISSE RÜBEN IN CIDRE*

Navets au Cidre / Normandie

Vorbereitungszeit: 15 min.
Kochzeit: 30 min., einfach

Für 6 Personen:
6 große oder 12 mittlere weiße Rüben
250 g Wurstbrät
2 Eier, 75 g Butter, 2 dl Cidre
2 Schalotten, 1/2 Glas Brühe
1 Zweig Thymian, 1 Lorbeerblatt
1 Zweig Estragon, etwas Schnittlauch, Salz, Pfeffer

Die weißen Rüben schälen und die Mitte herausschneiden. In eine Schüssel gibt man das Wurstbrät, die feingehackten Schalotten, die feingehackten Kräuter und die Eigelb. Salzen, pfeffern, und diese Füllung gut durchmischen. Die weißen Rüben damit füllen.
Anschließend gibt man alles in eine ausgebutterte, ofenfeste Form. Mit dem Cidre und der Brühe angießen. Den Thymian und das Lorbeerblatt zerbröckeln, und über die weißen Rüben streuen. 30 min. in den heißen Ofen schieben, in dieser Zeit 3 - 4 mal begießen.

PÖKELFLEISCH MIT BUCHWEIZENKNÖDEL

Kig Ha Fars / Bretagne

Vorbereitungszeit: 20 min.
Kochzeit: 3 h, schwierig

Für 10 Personen:
1,5 kg gepökelte Schweinshaxe
2 kg gesalzener Schweinespeck
500 g Karotten, 2 Zwiebeln
1 großer Weißkohl, 500 g Lauch

1 Bouqu... Salz, Pfeffer
Für ...
...hl, 1 EL Salz
...l Milch

... man 4 l ... und das ... rsich- t... ngen, un... Den

Kohl vierteln, und 5 min. in kochendem Wasser blanchieren. Zusammen mit den Karotten, den Zwiebeln und den zusammengebundenen weißen Teilen des Lauchs in die Suppe geben. Den Knödel zubereiten. In eine große Salatschüssel gibt man das Buchweizenmehl, macht eine Vertiefung, und gibt das Salz, die Sahne und die Eier hinein. Die Teigkugel gibt man in einen Leinenbeutel, wobei man aber etwas Platz lassen muß, damit der Knödel aufgehen kann. Dieser muß 2 h in der Brühe kochen. Danach richtet man den Knödel in kleinen Stücken um das Gemüse und das Fleisch herum auf einer Servierplatte an. Zuvor serviert man die Suppe mit oder ohne Brot.

MANDELPLÄTZCHEN

Sablés Deauvillais
Normandie

Vorbereitungszeit: 15 min.
und 2 h Ruhezeit des Teiges
Kochzeit: 7 - 8 min.
Einfach

Für 4 Personen:
125 g Mehl,
100 g Butter
50 g geriebene Mandeln
70 Zucker
2 Eigelb und 1 ganzes Ei
1 kl. Glas Calvados (nach Belieben)
1 Msp. Salz

Das Mehl in eine Schüssel geben. Eine Vertiefung machen, und die Eigelb, die weiche Butter, den Zucker, das Salz und die geriebenen Mandeln hineingeben. Locker verrühren und eine Kugel formen.
Man kann dem Teig ein kleines Glas Calvados beifügen. Nach der Ruhezeit den Teig 2 - 3 mm dick ausrollen. Kleine Kreise ausstechen, und mit einem geschlagenen Ei bestreichen. Auf ein Backblech legen, und bei starker Hitze 7 - 8 min. backen lassen.

APFELTASCHEN*

Bourdelots / Normandie

Vorbereitungszeit: 30 min.
Kochzeit: 30 min., schwierig

Für 6 Personen:
6 Renette Äpfel (oder Cox Orange)
350 g Butter
6 TL Puderzucker, 1 Msp. Zimt
300 g Mehl, 1 Ei
1/2 Glas Milch

In einer Schüssel vermischt man das Mehl mit 150 g warmer Butter. Man arbeitet den Teig unter Zugabe von etwas Wasser solange durch, bis er sich von den Fingern löst. Zu einer bemehlten Kugel formen, und in der Schüssel ruhen lassen. Die Äpfel schälen und ganz lassen. Mit einem Apfelstecher das Gehäuse herausnehmen. In einer Schüssel vermischt man den Rest der Butter, den Zucker und den Zimt. Mit einem Holzlöffel zu einem Teig verrühren, und die Äpfel damit füllen.
Auf einem Backbrett rollt man den Teig aus. In Vierecke aufteilen, die jeweils groß genug sind, um einen Apfel darin einzuschlagen.
In die Mitte jedes Vierecks setzt man einen Apfel. Die Ecken auf dem Apfel zusammenlegen, und mit angefeuchteten Fingern die Ränder zusammendrücken, damit der Apfel vollkommen eingeschlossen ist. Das Eigelb mit der Milch verrühren, und den Teig damit bestreichen. Die Apfeltaschen bei starker Hitze 30 min. backen lassen.

APFELKUCHEN MIT BAISER

Gâteau Normand / Normandie

Vorbereitungszeit: 1 h 30 min.
Kochzeit: 40 min., einfach

Für 6 Personen:
6 Renette-Äpfel (oder Cox Orange)
150 g geschmolzene Butter
200 g Zucker
1 kl. Glas Calvados
300 g Mehl, 5 Eier
25 cl Milch, 1 Päckchen Backpulver

Die geschälten und entkernten Äpfel in feine Scheiben schneiden, und

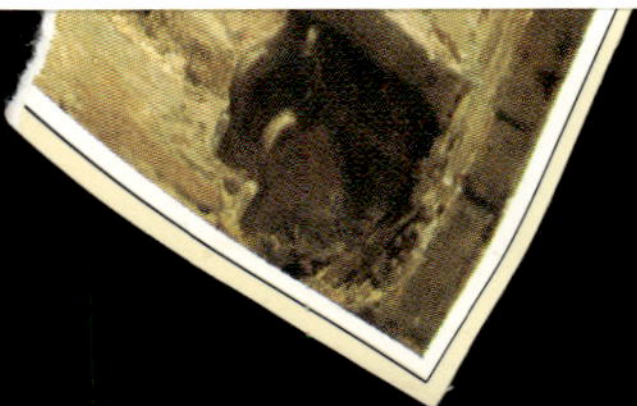

1 h lang in einer Mischung aus Calvados und 25 g Puderzucker ziehen lassen. In einer Schüssel stellt man aus 100 g Zucker und 75 g geschmolzener Butter einen glatten Teig her. Eine Tortenform mit dieser Mischung auskleiden, und die Apfelscheiben darauf regelmäßig anordnen.
In einer Schüssel schlägt man die Eigelb mit dem Rest des Zuckers, bis eine schaumige weiße Masse entsteht. Das Mehl hineinrühren, und dann langsam die Milch und den Rest der geschmolzenen Butter unter ständigem Weiterrühren dazugeben. Vorsichtig unter das steifgeschlagene Eiweiß heben.
Zum Schluß das Backpulver unterrühren. Dann gibt man die Mischung über die Äpfel und schiebt die Form bei mittlerer Hitze 40 min. in den Ofen. Man kann die Garzeit überprüfen, indem man mit einem Messer hineinsticht, das sauber aber feucht herauskommen sollte.

KNUSPRIGE MANDEL-PLÄTZCHEN

Bigoudens / Bretagne

Vorbereitungszeit: 45 min.
Kochzeit: 20 min., einfach

Für 6 Personen:
300 g Mehl
50 g Butter, 150 g Zucker
2 EL Sahne, 4 Eigelb
125 g gehackte Mandeln
1 kl. Glas Branntwein oder Calvados

Das Mehl in eine Schüssel geben, und eine Vertiefung machen. Die weiche Butter, den Zucker, die Eigelb, die Mandeln, die Sahne und

den Branntwein in die Mitte geben. Mit einem Holzlöffel verrühren, dann mit der Hand durchkneten; eine Teigkugel formen und 30 min. ruhen lassen.
Danach den Teig auf einem Backbrett 1/2 cm dick ausrollen. Runde Plätzchen ausstechen und auf ein gebuttertes Blech legen. Mit einem in Milch getauchten Pinsel bestreichen, und bei starker Hitze 20 min. backen lassen.

PFLAUMENAUFLAUF*

Far au pruneaux
Bretagne

Am Vorabend beginnen
Vorbereitungszeit: 15 min.
Kochzeit: 45 min., sehr einfach

Für 6 Personen:
250 g Mehl, 1 l Milch
175 g Butter, 175 g Puderzucker
6 Eier, 1 kl. Glas Rum
20 Trockenpflaumen

Am Vorabend legt man die Pflaumen zum Einweichen in den Rum. Für den Auflauf nimmt man sie heraus und läßt sie abtropfen. Die Milch erwärmen, und darin die Butter und den Zucker schmelzen. Abkühlen lassen.
In einer Schüssel schlägt man die Eier und siebt das Mehl dazu. Wenn diese Mischung zu einem glatten Teig geworden ist, gießt man die ganze Milch hinein und rührt dabei ständig um. Zum Schluß die Pflaumen zugeben, und gut durchrühren. Eine feuerfeste Form ausbuttern, und den Teig hineingießen. 45 min. backen.

APFEL IM SCHLAFROCK

Bourdons / Maine

Vorbereitungszeit: 25 min.
Kochzeit: 30 min., einfach

Für 6 Personen:
6 Renette-Äpfel (oder Cox Orange)
150 g Butter, 200 g Puderzucker
1 Eigelb, 1/2 Glas Milch

Für den Teig:
500 g Mehl, 150 g Butter
50 g Zucker, 1 Msp. Salz

Einen Gebäckteig herstellen und 1 h ruhen lassen.
Die Äpfel schälen und ganz lassen. Mit einem Apfelstecher das Gehäuse entfernen. Die untere Öffnung jedes Apfels mit einem Stück Butter verschließen, mit Zucker auffüllen,

und oben wieder mit Butter verschließen.
Den Teig 1/2 cm dick ausrollen. Kreise ausschneiden, deren Durchmesser doppelt so groß wie ein Apfel ist. Dann jeweils einen Apfel in die Mitte dieser Kreise setzen, die Ränder oben zusammendrücken, ein Eigelb mit 1/2 Glas Milch verschlagen, und damit den Teig bestreichen. Die Apfeltaschen auf ein gebuttertes Backblech setzen, und 30 min. backen lassen.

QUARKTÖRTCHEN

Crémets d`Anjou / Anjou

Vorbereitungszeit: 20 min.
Kühlzeit: 12 h, sehr einfach

Für 6 Personen:
200 g Quark, 200 g Sahne
2 Eiweiß, 75 g Grießzucker

Die Sahne steif schlagen. Mit einem Spachtel den Quark glatt rühren. Das Eiweiß steif schlagen, dabei den Zucker langsam zugeben. Die Sahne und den Quark miteinander verrühren, dann das Eiweiß unterheben. Käseförmchen (gelöcherte Förmchen) mit Gaze auslegen, mit dem Teig füllen, die Gaze verschließen und 12 h lang kaltstellen. Danach aus der Form stürzen, und die Gaze wegnehmen. Mit Himbeersoße servieren.

Torte Tatin*

Tarte Tatin / Orléanais

Vorbereitungszeit: 30 min.
Backzeit: 45 min.
Schwierig

Für 6 Personen:
1,5 kg Renette-Äpfel (oder Cox Orange)
100 g weiche Butter
120 g Grießzucker, 225 g Mürbeteig

2/3 der Butter in eine Form mit hohen geraden Rändern von 24 cm Durchmesser (keine Springform!) streichen, und mit 2/3 Zucker bestreuen. Die Äpfel schälen, halbieren, das Gehäuse herausschneiden. Die Apfelhälften dicht an dicht aufrecht in die Form stellen. Mit dem Rest des Zuckers bestreuen, und die restliche Butter in Stückchen daraufgeben. Die Form bei gemäßigter Hitze 20 min. auf den Herd stellen, bis sich ein heller Karamel bildet. Nach den ersten 10 min. den Ofen vorheizen. In den Ofen schieben, 5 min. darin belassen, dann die Form wieder herausnehmen.
Den Teig 3 mm dick ausrollen. Auf die Form legen, und einen Rand von 1 cm überstehen lassen. Wieder in den Ofen schieben.
20 min. backen lassen, bis der Teig eine schöne goldbraune Farbe angenommen hat. Einige Minuten ruhen lassen, und dann auf eine Servierplatte aus der Form stürzen. Mit dem Teig nach unten servieren.

Atlantischer Westen

Bordelais
Périgord
Quercy
Angoumois
Aunis
Saintonge
Poitou

Das Gebiet, das sich von der Loire bis zur Garonne erstreckt, ist in drei Regionen unterteilt, die hinsichtlich ihrer natürlichen Rohstoffe und folglich auch wegen ihrer kulinarischen Tradition sehr unterschiedlich sind. Die erste dieser Zonen ist begrenzt auf das Gebiet um Bordeaux, die zweite wird durch die zwei Provinzen bestimmt, die früher die Guyenne geformt haben (Périgord und Quercy). Die dritte schließlich verbindet entlang des Atlantiks Poitou, Angoumois, Aunis und Saintonge.
Die Gegend um Bordeaux ist ein in der ganzen Welt berühmtes Weinanbaugebiet, dem alle anderen Kulturen Platz gemacht haben. Es ist das wichtigste Weinanbaugebiet Frankreichs, und mehr als ein Viertel aller edlen Weine dieser Welt stammen von hier.
Der Gastronom und Schriftsteller Raymond Dumay charakterisiert diese wunderbare Verbindung der Natur mit dem Menschen so: »Weiblich, wie ihre Keuschheit, ihre Zurückhaltung, ihre Lieblichkeit ist dieser große Wein männlich durch seinen Körper, seinen Körperbau und seine erstaunliche Gesundheit. Alle großen Auslesen können sich, wenn sie auch verschieden sind, hundertjähriger Flaschen rühmen.«
Das Gebiet um Bordeaux hat mindestens 3 Dutzend kontrollierte Anbaugebiete, die bestimmte Weintypenkategorien schaffen. Die Gebiete von Sauternes, Barsac, Médoc (Haut-Médoc, Margaux, Pauillac, Saint-Julien, Saint-Estèphe), Pomerol, Saint-Emillion und Graves produzieren eine große Anzahl edler Trauben, deren berühmteste unter den Weißen der Château-d'yquem und unter den Roten die Châteaux Lafite-Rothschild, Mouton-Rothschild, Latour, Margaux, Haut-Brion, Ausone, Cheval-Blanc und Pétrus sind. Einige Flaschen haben astronomische Preise, aber der riesige Weinberg des Bordelais bietet die edlen Tropfen auch für weniger Geld.

Vorherige Seiten: *Die Gänseherden bilden einen der Hauptreichtümer des Périgord.*
Unten: *Inmitten von Anbaugebieten, wo sich ein einsamer Taubenschlag erhebt, drängen sich die Überreste dieser Burg im Südwesten um ihren Glockenturm.*

Oben: *Im Keller des Haus des Weines in Sauternes beinhalten hunderte Fässer den wertvollen likörartigen Wein, der diesen Namen so berühmt gemacht hat und die Gänseleberpastete begleitet.*

Rechts: *Indem er eine Cognacprobe direkt aus dem Faß nimmt, prüft der Winzer die Qualität des Cognacs.*

Wie sollte mit diesen Gaben der Natur nicht auch eine entsprechende Gastronomie existieren? In der Stadt und ihrer Umgebung üben eine große Anzahl von talentierten Köchen ihre Kunst aus. Aber die Bordelaiser haben es nicht, wie z.B. die Lyoner, wirklich verstanden, aus den schmackhaften Produkten ihrer geographischen Lage eine spezielle Küche zu schaffen. Die große Stadt an der Gironde kann sich nur zweier Original-Speisen rühmen, die exzellent sind, die Sauce bordelaise entweder mit Schalotten oder mit Mark. Die anderen Rezepte sind in Wirklichkeit in den umliegenden Regionen entstanden. Vor allem im Périgord und Quercy, wo sich vieles um die Ente und die Gans dreht, aber wo sich die typische Küche auch auf das bezieht, was im Boden wächst, den Trüffel. Diese erlauben prächtige Zubereitungen: sie erscheinen in der Sauce Périgueux, den Cremen, der Gänseleberpastete.

In einige Salatplatten bringt das Nußöl eine ebenfalls ungewöhnliche Note.

Im Périgord und in Quercy macht man Suppen mit Gänseschmalz und verwendet es auch zu Bratkartoffeln, den gefüllten Fleischspeisen, den Schwarzwurzeln, den gefüllten Steinpilzen. Schließlich kann sich diese Region rühmen, den königlichen Hasen erfunden zu haben, eine prächtige Speise, die den Namen verdient: Das ganze Tier, ohne Knochen, wird mit einer Farce aus Gänseleber und Trüffeln gefüllt.

Was die Weine betrifft – Cahors, Monbazillac, Bergerac –, wenn sie auch mit den Bordeaux-Weinen nicht konkurrieren können, sind sie doch nicht zu verachten.

Sehr unterschiedlich sind die kulinarischen Traditionen, die Charentes (Angoumois, Aunis und Saintonge) und Poitou geprägt haben. Auf diesem Gebiet sind die vier Hauptzutaten: Austern, Muscheln, Schnecken (Weinbergschnecken) und Bohnen.
Kaum eine Mahlzeit ohne Schnekken: in der Suppe, mit einer Vinaigrette, mit gehacktem Speck und Knoblauch, aus der Pfanne mit Schinken und Weißwein, im Omelett, im Ragout, mit Schalotten. Austern und Muscheln sind für das Küstengebiet das, was die Schnecken für das Hinterland sind. Die Austern werden in den großen Parks von Marennes, von Bourcefranc und La Tremblade gezüchtet und werden mit Grillwürstchen

und einer exzellenten Butter gegessen. Diese Butter aus Charentes oder Poitou ist mit der der südlichen Normandie die beliebteste in Frankreich.
Das Meer an den Küsten und um die Inseln Oléron, Ré, Yeu und

Oben: *Die sieben Austernhäfen von Gujan-Mestras mit ihren Hütten und ihren Holzanlegestellen zeugen von einer langjährigen Erfahrung.*

Links: *Das ganze Jahr strömen Besucher nach Périgord, angezogen von den alten Stadtkulissen, aber auch von einer immer noch berühmten Küche.*

Noirmoutier liefert ebenfalls Fi… und Krustentiere von hoher Q… lität: kleine Schollen, Tinten… Rochen, Makrelen, Goldbra… Shrimps, Langusten, Venu… scheln, Krabben, Humme… unvergleichlichen Sardi… Royan, die man gegrillt… oder roh mit Brot und… Ein anderer Schatz, die… den Sümpfen gefischt… entweder gegrillt oder… und Weißwein gebrat… ampfer oder Rotwein, in…

…iert oder als Fri- …werden. In Poitou …sfrüchte hinter die

…m hoch ist die Düne von …d damit die höchste in …a. Von ihrem Gipfel kann …den Ozean, die Bucht von …achon und den Pinienwald …r Landes sehen.

Fleischerzeugnisse von Rindern, Geflügel und auch hinter die Gemüsearten wie Kohlarten und dicke weiße Bohnen.

Die Kohlarten werden mit Butter oder mit Sahne oder mit einer Vinaigrette serviert; die Bohnen auch mit saurer Sahne oder mit einer Weinsoße, mit Butter und Zwiebeln oder mit Nußöl.

Zum Schluß ist noch ein Produkt aus Angoumois zu erwähnen, der Cognac, an den man nicht erinnern muß, dafür sorgt er selbst.

AUSTERNSUPPE*

Soupe aux huîtres
Aunis et Saintonge

Vorbereitungszeit: 30 min.
Kochzeit: 15 min., einfach

Für 6 Personen:
3 Dutzend Austern
50 g Butter, 2 EL Mehl
1/2 l Gemüsebrühe
20 cl Milch, 1 Eigelb
1 Bund Kerbel, 6 Croûtons

Die Austern öffnen, und das heraustretende Wasser in einen Topf filtrieren. In einem anderen Topf zerläßt man die Butter, rührt das Mehl hinzu bis eine hellbraune Mehlschwitze entsteht. Dann gießt man mit der Milch und der Brühe auf.
In einer Tasse Brühe verrührt man 1 Eigelb und gibt das Ganze dann langsam in die Mischung. Bei geringer Hitze erwärmt man das gefilterte Austernwasser. Wenn es siedet, gibt man das Austernfleisch hinein. Zudecken und 30 min. ziehen lassen. Dann vom Herd ziehen, und die Brühe über die Austern geben.
Die Suppe in einer Suppenterrine über die Croûtons gießen und mit gehacktem Kerbel bestreuen.

SAUERAMPFERSUPPE MIT WEISSEN BOHNEN

Soupe à l`oseille et aux haricots
Périgord

Vorbereitungszeit: 10 min.
Kochzeit: 2 h 15 min., einfach

Für 6 Personen:
1 kg frische weiße Bohnen
2 Zwiebeln, 250 g Sauerampfer
2 EL Gänseschmalz, 1 EL Mehl
4 Scheiben Landbrot
Salz, Pfeffer

In einem großen Kessel bringt man 3 l Wasser zum Kochen und gibt die Bohnen hinein (nicht salzen, damit sie nicht hart werden). 1 Stunde köcheln lassen. Während dieser Zeit brät man die in feine Scheiben geschnittenen Zwiebeln in dem Gänsefett goldbraun an. Mit Mehl bestreuen und umrühren bis sie eine schöne Farbe bekommen. Mit einem Schöpfer Bohnenwasser ablöschen. 2 min. köcheln lassen bis sich der Fond auflöst, und dann den ganzen Inhalt zu den Bohnen gießen.
In die Pfanne gibt man wieder etwas Fett. Den entstielten, gewaschenen, ausgedrückten und grobgehackten Sauerampfer hineingeben. 3 min. darin lassen, und dann ebenfalls zu den Bohnen geben. Noch eine weitere Stunde kochen lassen. 10 min. vor dem Ende der Kochzeit salzen. Kurz vor dem Servieren abschmecken. Man legt die Brotscheiben in die Suppenterrine und gießt langsam schöpflöffelweise die Suppe darüber. Das Brot sollte 5 min. später die Flüssigkeit aufgesogen haben.

MUSCHELSUPPE

Soupe aux moules Rochelaise
Aunis

Vorbereitungszeit: 30 min.
Kochzeit: 40 min., einfach

Für 6 Personen:
1 kg Muscheln
1 Scheibe Knurrhahn von 200 g
1 Goldbrasse von 750 g
6 Langusten, 1 Seebarbe
3 EL Erdnußöl, 50 cl Rotwein
1 Zwiebel, 1 Knoblauchzehe
2 Tomaten, 2 Karotten
3 Safranfäden, 1 Bouquet garni
Salz, Pfeffer

Die Fische putzen. Die Karotten, den Knoblauch und die Zwiebel in feine Scheiben schneiden. Die Tomaten schälen, entkernen und in Scheiben schneiden.
In einem Schmortopf erhitzt man das Öl und gibt das Gemüse hinein. Umrühren. Nach 5 min. die Fische daraufgeben. Die Hitzezufuhr verstärken, damit sie etwas Farbe annehmen. Nach weiteren 5 min. gibt man den Rotwein, 1,5 l Wasser und das Bouquet hinzu. Salzen, pfeffern, und zugedeckt 15 min. bei milder Hitze köcheln lassen. In einen Kochtopf gibt man die Muscheln mit 1 Glas Wasser, um sie bei starker Hitze zu öffnen. Wenn sie offen sind, zieht man sie aus der Schale und stellt sie beiseite. Dann gibt man das gefilterte Muschelwasser in die Fischsuppe und legt die Langusten und den Safran hinein. Bei mittlerer Hitze zugedeckt ca. 10 min. kochen lassen. Dann nimmt man die Fische und die Langusten heraus und passiert die Flüssigkeit in einen Schmortopf. Dann legt man die Langusten ohne Schwanzflosse, die festen Fischstücke ohne Gräten und die Muscheln ohne ihre Schalen wieder hinein. Zu dieser Suppe gebutterten Toast reichen.

TOMATENSUPPE*

Tourain Périgourdin / Périgord

Vorbereitungszeit: 10 min.
Kochzeit: 40 min., einfach

Für 6 Personen:
1 EL Gänsefett
2 große Zwiebeln, 500 g Tomaten
1 Knoblauchzehe
1 EL Mehl, 6 Scheiben Weißbrot
Salz, Pfeffer

Die Zwiebeln in feine Scheiben schneiden, und in etwas Gänsefett in einer Pfanne andünsten.
Die Knoblauchzehen zerdrücken und zu den Zwiebeln geben. Mit Mehl bestreuen und umrühren, bis es Farbe bekommt. Währenddessen kocht man in 1,5 l Wasser die geschälten, entkernten und in Stücke geschnittenen Tomaten ca. 10 min. Mit einem Schöpflöffel dieser Brühe löscht man die Pfanne ab, damit sich der Fond löst und gibt das Ganze in den Kessel zurück. Salzen, pfeffern, und bei milder Hitze 30 min. köcheln lassen.
Das Ganze durch eine Gemüsemühle geben, und die Suppe über die Brotscheiben geben.

GEDÜNSTETE SCHNECKEN

Cagouilles à la Charentaise
Angoumois

Vorbereitungszeit: 10 min.
Kochzeit: 1 h 25 min., einfach

Für 6 Personen:
6 Dutzend Schnecken
1 Glas trockener Weißwein
100 g Speck, 1 Glas Brühe
100 roher Schinken
150 g Semmelbrösel
50 g Butter
1 Bouquet garni (Thymian, Lorbeerblatt, Petersilie)
1 Glas gehackte Petersilie
2 Zwiebeln, 1 davon mit 2 Nelken gespickt, 8 Schalotten, 2 Karotten
2 Stangen Lauch (nur das Weiße)
4 Knoblauchzehen
Salz, Pfeffer

Man gibt die Schnecken zusammen mit den gehackten Zwiebeln, 2 gehackten Knoblauchzehen, dem Lauch und den Karotten, beide in feine Scheiben geschnitten, sowie dem Bouquet garni in einen Topf. 10 min. dämpfen. Salzen, pfeffern, und mit dem Weißwein und der Brühe angießen. Bei milder Hitze zugedeckt 1 h 30 min. köcheln lassen. In einem anderen Topf brät man den feingehackten Speck, den Knoblauch, die Schalotten und den Schinken an.
In diese letztere Mischung gibt man die Schnecken. Zudecken und 5 min. kochen lassen. Dann die Semmelbrösel und die Petersilie zugeben. Weitere 5 min. unter Rühren kochen lassen.

GEFÜLLTER OSTERFLADEN*

Paté de Paques / Poitou

Vorbereitungszeit: 1 h
Kochzeit: 45 min., einfach

Für 6 Personen:
200 g Mehl, 200 g Butter
300 g Hühner- oder Kaninchenfleisch ohne Knochen, 100 g Kalbfleisch (Nuß), 100 g Schweineleber
100 g frischer Speck
8 Eier, 2 EL Cognac
2 EL feine Kräuter gehackt (Petersilie, Kerbel, Schnittlauch)
Salz, Pfeffer

Mit dem Mehl und der Hälfte der weichen Butter einen Gebäckteig herstellen. Solange Wasser zugeben, bis der Teig nicht mehr an den Fingern klebt. Dann eine Kugel formen, und in einer Schüssel ruhen lassen. Währenddessen entfernt man die Schwarte und die Knöchelchen aus dem Speck. Das Fleisch in kleine Würfel schneiden. Die Schweineleber, den Speck und die feinen Kräuter hacken. Salzen und Pfeffern. Mit der Hand formt man aus dieser Mischung kleine Kugeln. In einer Pfanne brät man das Fleisch und die Kugeln in etwas Butter goldbraun von allen Seiten an.
Die Eier hartkochen, schälen und halbieren.
2/3 des Teiges ausrollen, einen Kreis formen, und damit eine Tortenform auslegen. Den Teigrand 1 cm überstehen lassen. Auf diesen Teig legt man das Fleisch, salzt und pfeffert, setzt die Eier darauf und einige Butterflöckchen. Den Cognac über das Ganze träufeln.
Mit dem Rest des Teiges bildet man einen Deckel und legt ihn auf das Fleisch. Die Ränder mit angefeuchteten Fingern zusammendrücken. Mit einem geschlagenen Ei den Teig bestreichen. Einen Schornstein in die Mitte bauen, und bei starker Hitze 45 min. backen lassen.
Man kann den gefüllten Osterfladen kalt oder warm essen.

SEMMELKNÖDEL MIT SPECK

Mique sarladaise / Périgord

Vorbereitungszeit: 10 min.
Kochzeit: 20 - 30 min., einfach

Für 6 Personen:
200 g altbackenes Brötchen
2 Eier, 50 g roher Schinkenspeck
100 g Mehl, Salz, Pfeffer
Etwas Fleisch- oder Gemüsebrühe

Man schneidet das altbackene Brötchen in Würfel und schlägt die Eier darüber. Den Schinkenspeck fein hacken und dazugeben. Salzen, pfeffern. Mit dem Mehl eine Kugel formen. In die kochende Brühe geben, und 20 – 30 min. kochen lassen.

GEFÜLLTER GÄNSEHALS

Cou d`oie farci à la Quercynoise
Quercy

48 h vorher beginnen
Vorbereitungszeit: 30 min.
Kochzeit: 1 h
Einfach

Für 4 Personen:
Die Haut von einem Gänsehals
500 g Wurstbrät
200 g frische Gänseleber
40 g Trüffel
1 kleines Glas Armagnac
1/2 Glas trockener Weißwein
500 g Gänsefett zum Kochen
Salz, Pfeffer

Falls man einen ganzen Hals hat, zieht man die Haut vorsichtig ab. Dann legt man die Haut 48 hin Armagnac zum Marinieren. Für die Füllung vermischt man das Wurstbrät mit der Gänseleberpastete, dem gehackten Trüffel, Salz und Pfeffer. Die Marinade und den Weißwein zugeben, bis die Mischung homogen wird. Dann den Hals damit füllen. An beiden Enden zubinden und in einen Topf mit dem kochenden Gänsefett geben. 1 h sieden lassen. Der Hals ist gar, wenn er an die Oberfläche kommt. Mit dem Schaumlöffel herausnehmen, und sofort verzehren oder in einer Schüssel erkalten lassen und mit dem Gänsefett, in dem man ihn gekocht hat, bedecken und kühl stellen.

TRÜFFELCREME

Brouillade aux truffes
Périgord et Quercy

Am Vorabend beginnen
Vorbereitungszeit: 20 min.
Kochzeit: einige Minuten

Für 6 Personen:
200 g Trüffel, am besten frisch
9 Eier, 2 EL Crème fraîche
1 EL Gänseschmalz, Salz, Pfeffer

Falls die Trüffel frisch sind, legt man sie am Vorabend zusammen mit den Eiern in eine luftdichte Dose. Der Trüffelduft zieht so durch die poröse Schale in die Eier. Am nächsten Tag schneidet man die Trüffel in feine Scheiben und gibt sie mit einem Glas leicht gesalzenen Wassers in einen kleinen Topf. 10 min. kochen las-

sen, um die Flüssigkeit zu verringern. Die Eier mit der Crème fraîche schlagen. Zu den Trüffeln und dem Kochsaft geben. Man fettet einen anderen kleinen Topf mit etwas Gänseschmalz aus und stellt ihn ins Wasserbad. Dann gibt man die Trüffel-Eier-Creme in diesen kleinen Topf und rührt dabei langsam und gleichmäßig um. Die Eier werden langsam dick und cremig. Dann vom Feuer ziehen, und einige Minuten weiterrühren, bis die Eier eine perfekte Konsistenz haben. Sofort servieren.

SCHNECKEN IN WEINSOSSE

Cagouilles à la Saintongeaise
Saintonge

Vorbereitungszeit: 15 min.
Kochzeit: 3 h 20 min., einfach

Für 6 Personen:
6 Dutzend Schnecken
1/2 Flasche trockener Weißwein
3 Gläser Rotwein
200 g geräucherter Speck
2 EL Mehl, 50 g Butter
2 Zwiebeln, 2 Karotten
3 Knoblauchzehen, 4 Schalotten
1 Bouquet garni
1 Bd. Petersilie und Schnittlauch
Salz, Pfeffer

Die Schnecken zusammen mit den in feine Scheiben geschnittenen Zwiebeln, Knoblauch und den Karotten sowie dem Bouquet garni, dem Weißwein und 1 Glas Wasser in einen Topf geben. Salzen, pfeffern, zudecken und bei milder Hitze 2 Stunden kochen lassen.
In einem weiteren Topf brät man den restlichen Knoblauch, die gehackten Schalotten und den in Streifen geschnittenen Speck (ohne Schwarte und Knöchelchen) goldbraun an. Mit Mehl bestreuen, mit einem Holzlöffel rühren bis es Farbe bekommt, dann mit dem Rotwein und 1/3 des gefilterten Kochsuds der Schnecken ablöschen.
Die Schnecken in diese Mischung geben. Zudecken und 1 h 15 min. köcheln lassen. Mit gehackter Petersilie und Schnittlauch servieren.

FLUSSKREBSE IN WEISSWEIN

Écrevisses à la Bergeracoise
Périgord

Vorbereitungszeit: 45 min.
Kochzeit: 25 min., einfach

Für 6 Personen:
4 Dutzend Flußkrebse
1 Flasche trockener Weißwein (Montravel oder Bergerac)
3 EL Armagnac oder Cognac
4 EL Olivenöl
3 Tomaten, 3 Karotten, 2 Zwiebeln
3 Schalotten, 1 Knoblauchzehe
1 Bouquet garni
1 gr. Bd. Petersilie, Salz, Pfeffer

Die Karotten schälen und in kleine Würfel schneiden, den Knoblauch, die Schalotten und die Zwiebeln in feine Scheiben schneiden. Das Ganze 15 min. mit 1 EL Öl anbraten, salzen und pfeffern. Beiseitestellen. Während dieser Zeit die Flußkrebse gründlich waschen und bürsten, dann die Hauptschwanzflosse mit dem daran hängenden Darm herausziehen. In einem Kessel oder einer Pfanne erhitzt man das restliche Öl und gibt die Flußkrebse hinein. Bei starker Hitze anbraten. Wenn sie eine rote Farbe angenommen haben, gießt man den Alkohol hinein und flambiert ihn. Die Flammen löschen und den Weißwein sowie die gewürfelten Karotten, die Schalotten, die Zwiebeln, den Knoblauch in Scheiben, die geschälten, entkernten und zerkleinerten Tomaten, das Bouquet garni und den Bund Petersilie hinzugeben. Salzen, pfeffern, und zugedeckt bei mittlerer Hitze 15 min. köcheln lassen.
Mit einem Schaumlöffel nimmt man die Krebse heraus und stellt sie auf einer Servierplatte warm. Man läßt den Kochsaft etwas einkochen, nimmt das Bouquet garni und die Petersilie heraus und überzieht die Krebse mit der Soße.

SCHOLLE IN BUTTERSOSSE

Sole à la Maraîchine / Aunis

Vorbereitungszeit: 35 min.
Kochzeit: 10 min., einfach

Für 4 Personen:
4 Schollen
6 Schalotten
250 g Champignons
125 g Butter, 125 g Crème fraîche
2 Gläser trockener Weißwein
1 Glas Mehl, Salz, Pfeffer

Die Schollen ausnehmen, putzen und enthäuten. In Mehl wälzen. Die Schalotten und die Champignons in feine Scheiben schneiden. 20 min. in Weißwein kochen lassen.
In einer Pfanne die Butter zerlassen, und die Schollen darin auf jeder Seite 30 min. dünsten. Vorsichtig wenden. Die Soße salzen und pfeffern. Vom Feuer ziehen, die Crème fraîche unterheben, und die Schollen damit überziehen.

GEFÜLLTE AUSTERN

Huîtres farcies
Aunis und Saintonge

Vorbereitungszeit und Kochzeit:
15 min., sehr einfach

Für 2 Personen:
2 Dutzend große Austern
175 g Butter
3 Knoblauchzehen oder
3 Schalotten, 1 Bund Petersilie
1 Glas Semmelbrösel (nach Belieben), Pfeffer

Die Austern auf einem Rost oder einem Blech auslegen, evtl. mit etwas Aluminiumfolie stützen. Bei starker Hitze in den Ofen schieben. Wenn sie sich geöffnet haben, nimmt man sie heraus und entfernt die obere Muschelhälfte. In jede Auster gibt man gehackten Knoblauch (oder gehackte Schalotten) und mit Butter vermischte Petersilie. Pfeffern.

AUSTERN MIT TRÜFFELWÜRSTCHEN*

Huîtres à la Bordelaise
Bordelais

Vorbereitungszeit: 15 min.
Kochzeit: 5 - 10 min.
Sehr einfach

Für 6 Personen:
3 Dutzend Austern
2 Dutzend Trüffelwürstchen

Die Austern öffnen und kaltstellen. Die Trüffelwürstchen grillen, mit frischem Weißbrot und Butter servieren. Statt der Trüffelwürstchen kann man auch eine grobe Leberpastete verwenden.

MUSCHELN MIT COGNACSAUCE

Mouclade / Aunis und Saintonge

Vorbereitungszeit: 30 min.
Kochzeit: 35 min., einfach

Für 6 Personen:
3 kg Muscheln
50 g Butter, 100 g Crème fraîche
3 Eigelb, 2 Gläser trockener Weißwein, 1 Glas Cognac
2 Zwiebeln, 2 Schalotten
1 Bouquet garni , 2 Safranfäden
Salz, Pfeffer

Die Muscheln putzen und gründlich waschen. In einem Topf bei starker Hitze mit dem Bouquet garni und dem Weißwein öffnen, dabei den Topf mehrmals schütteln, damit sie sich alle gleichzeitig öffnen.
Von jeder Muschel eine Schalenhälfte entfernen, und sie in ein oder zwei Töpfe mit der Schale nach unten legen.
Die Zwiebeln und die Schalotten in feine Streifen schneiden, und mit Butter in einem Topf dämpfen. Das gefilterte Muschelwasser darübergießen. Zudecken und 30 min. köcheln lassen. Salzen, pfeffern, den

Safran zugeben und warmstellen. Dann gibt man die Crème fraîche dazu und eine Mischung aus Eigelb und Cognac. Mit einem Schneebesen die Soße schlagen, die Muscheln damit überziehen, und 5 min. in den heißen Ofen stellen. Servieren.

MUSCHELN IN WEISSWEIN

Moules à la Bordelaise
Bordelais

Vorbereitungszeit: 30 min.
Kochzeit: 25 min., einfach

Für 6 Personen:
2 kg Muscheln
2 Gläser trockener Weißwein
1 EL Butter, 1 EL Mehl
2 Schalotten, 2 EL Petersilie
2 EL Semmelbrösel, 2 EL Milch
2 EL Tomatenmark
Salz, Pfeffer

Die Muscheln putzen, bürsten und waschen. Mit dem Weißwein in einen Topf geben und stark erhitzen. Wenn sie geöffnet sind, nimmt man sie heraus und entfernt jeweils eine Muschelschale. Dann ordnet man die Muscheln auf einer tiefen Platte an. Das Kochwasser filtrieren und zur Seite stellen.
Die Semmelbrösel weicht man in der Milch ein und läßt sie dann an der Luft trocknen. Die Schalotten und die Petersilie fein hacken. Die Butter in einem Topf zerlassen, und das Mehl darübergeben. Rühren bis die Mischung Farbe annimmt. Mit 1/2 Glas Muschelwasser ablöschen, die Semmelbrösel, die Petersilie und die feingehackten Schalotten und schließlich auch das Tomatenmark zugeben. Salzen, pfeffern, und bei milder Hitze 10 min. kochen lassen. Nun gibt man das restliche Muschelwasser dazu und gießt das Ganze über die Muscheln. 10 min. zugedeckt köcheln lassen.
Servieren.

MUSCHELPFANNE*

Moules à la Saintongeaise
Saintonge

Vorbereitungszeit: 20 min.
Kochzeit: 10 min., einfach

Für 4 Personen:
4 kg Muscheln
50 g Butter
3 Knoblauchzehen
1 Bund Petersilie
1 große Tasse Semmelbrösel
1 Glas trockener Weißwein
Salz, Pfeffer

Die Muscheln gut waschen, und mit dem Weißwein in einen Topf geben und stark erhitzen. Wenn sie sich geöffnet haben, entfernt man die Schalen.
In einer Pfanne brät man den gehackten Knoblauch und die gehackte Petersilie etwas an. Dann fügt man die Semmelbrösel dazu. Mit einem Holzlöffel umrühren, dann die Muscheln dazugeben. Bei starker Hitze kurz anbraten, salzen, pfeffern und die Pfanne zudecken. Sehr heiß servieren.

GEFLÜGELTERRINE

Tourtière de poulet aux salsifis
Périgord

Vorbereitungszeit: 40 min.
Ruhezeit des Teiges: 2 h
Kochzeit: 1 h 10 min., schwierig

Für 6 Personen:
1 Huhn von 1,5 kg
550 g Mehl
300 g Schweineschmalz
2 Eier
1 Eigelb
1 Glas trockener Weißwein
1 Glas Weinessig
1 Glas Brühe
1 Zwiebel, 1 Tomate
500 g Schwarzwurzeln
Salz, Pfeffer

100 g Mehl in eine Schüssel geben, eine Vertiefung machen. Dahinein gibt man 250 g Schmalz, 2 Eier und 1 Glas Wasser. Kräftig mit der Hand durcharbeiten, und wenn die Mischung glatt ist, eine Kugel formen. Den Teig in ein bemehltes Küchentuch einschlagen und 2 h ruhen lassen. In der Zwischenzeit bürstet und wäscht man die Schwarzwurzeln, halbiert sie und legt sie in Essigwasser. Das Huhn zerteilen.
Für dieses Rezept benötigt man nur die Schenkel, die Flügel und das Brustfleisch.
Diese Teile brät man im heißen Schmalz goldbraun an. Mit Mehl bestreuen, und mit einem Holzlöffel umrühren, die geschälte und geviertelte Zwiebel sowie die geschälte und entkernte Tomate zufügen. Wenn die Soße eingedickt ist und Farbe bekommt, mit dem Weißwein und der Brühe angießen. Salzen, pfeffern, und 30 min. köcheln lassen.
Währenddessen den Boden einer Tortenform mit dem Schmalz einfetten.
Den Teig 1/2 cm dick ausrollen und in zwei Teile teilen. Den ersteren in die Tortenform legen, so daß der Rand 1 cm übersteht. Die Huhnteile, die Schwarzwurzeln und die Soße auf den Teig geben, mit der 2. Teighälfte bedecken, und die Ränder mit befeuchteten Fingern zusammendrücken. Mit einem Eigelb bestreichen. In der Mitte des Deckels macht man ein Loch von ca. 2 cm Durchmesser und steckt einen Aluminiumfolienzylinder hinein, damit der Dampf entweichen kann. Bei starker Hitze in den Ofen schieben, und 30 min. kochen lassen.

KALBSKEULE MIT PINEAU

Jarret de Veau au Pineau
Angoumois

Vorbereitungszeit: 10 min.
Kochzeit: 2 h
Einfach

Für 6 Personen:
1 Kalbskeule, in Scheiben geschnitten, 80 g Butter
1 Flasche Pineau (Mischung aus Wein und Weinbrand)
100 g Mehl, 1 Zitrone
2 Zwiebeln, 2 Karotten
2 Knoblauchzehen, 500 g Tomaten
1 Bouquet garni , Salz, Pfeffer

Die Fleischscheiben salzen, pfeffern und im Mehl wälzen. In einem Schmortopf brät man sie mit 40 g Butter goldbraun an. Beiseitestellen. Den Kochsaft entfernen, den Schmortopf auswischen.
Bei milder Hitze dünstet man die in feine Scheiben geschnittenen Zwiebeln und die Karotten in der restlichen Butter 10 min. an.
Die Fleischscheiben darauflegen, den Pineau darübergießen und zum Kochen bringen. Die zerdrückten Knoblauchzehen, die geschälten und entkernten Tomaten, das Bouquet garni und die geriebene Zitronenschale zufügen. Die Hitzezufuhr verringern, abschmecken und 1,5 h bei milder Hitze köcheln lassen.

GEKOCHTER AAL

Bouilliture d'anguilles
Aunis und Saintonge

Vorbereitungszeit: 15 min.
Kochzeit: 20 min., einfach

Für 6 Personen:
1 kg Seeaal
1 l Rotwein (Bordeaux)
1 EL Mehl, 50 g Butter
4 Knoblauchzehen
(oder 4 Schalotten)
1 Bouquet garni
Salz, Pfeffer

Den Aal waschen, ausnehmen und gründlich bürsten, um die zähen Schuppen zu entfernen. In 4 - 5 cm lange Stücke schneiden. In der zerlassenen Butter brät man die in feine Scheiben geschnittenen Knoblauchzehen (oder die Schalotten) an. Mit dem Mehl bestreuen. Mit einem Holzlöffel umrühren, um eine Einbrenne zu erhalten. Vom Feuer ziehen, mit Rotwein aufgießen, weiterrühren. Die Mischung zum Kochen bringen.
Die Aalstücke in die kochende Soße geben. Das Bouquet garni zufügen, salzen, pfeffern. 15 min. kochen lassen. Dazu kann man gekochte Kartoffeln servieren.

RINDFLEISCH IN ROTWEINSOSSE*

Daube de boeuf à la Saintongeaise .
Saintonge

Vorbereitungszeit: 45 min.
Kochzeit: 5 h, einfach

Für 6 Personen:
1,5 kg Rindfleisch zum Schmoren
1 Kalbsfuß ohne Knochen
200 g gesalzener Speck, 150 g Butter
Einige Speckschwarten
2 l Rotwein
1 kleines Glas Cognac
20 Schalotten, 2 kg Karotten
4 Knoblauchzehen
1 Bouquet garni, Salz, Pfeffer

Vom Speck die Schwarte und die Knöchelchen entfernen, und in 2 cm breite Streifen schneiden. In einem Schmortopf mit 100 g Butter und dem Kalbsfuß 20 min. bei mittlerer Hitze anbraten. Dann herausnehmen und zur Seite stellen.
Nun das in 4 cm große Würfel geschnittene Rindfleisch hineingeben, und zugedeckt 15 min. abraten lassen. Inzwischen dünstet man in einem Kochtopf die in feine Scheiben geschnittenen Schalotten und Karotten mit dem Rest der Butter an.
In einem anderen Topf bringt man den Wein und den Cognac zum Kochen. Wenn die ersten Blasen kommen, flambieren.
In den Schmortopf, wo man das Fleisch angebraten hat, gibt man die Schalotten, die Karotten, den Kalbsfuß und die Speckschwarten. Mit dem heißen Wein und Cognac angießen, den Knoblauch und das Bouquet garni zugeben. 5 h lang zugedeckt köcheln lassen.
1 h vor dem Ende der Kochzeit abschmecken.

GEFÜLLTES KANINCHEN

Lièvre farci à la Poitevine
Poitou

24 oder 48 h vorher beginnen
Vorbereitungszeit: 40 min.
Kochzeit: 1 h 40 min., schwierig

Für 8 Personen:
1 großer Hase, 150 g Speck
150 g frischer Schweinerücken
150 g Kalbsschulter
1 gr. dünne Scheibe getrockneter Schinken, 1 fette Speckscheibe
100 g gute Butter, 1 Ei
1 Flasche Weißwein
1 kl. Glas Cognac
2 Zwiebeln, 2 Karotten
1 Bouquet garni, einige Schnittlauchhalme, Salz, Pfeffer

Den Hasen abziehen und ausnehmen. Das Blut, die Leber, die Lungen, das Herz und die Nieren behalten. Den Hasen zum Marinieren 24 - 48 h zusammen mit dem Weißwein, den geschälten und in feine Scheiben geschnittenen Karotten und Zwiebeln, dem Bouquet garni, Salz und Pfeffer in eine Schüssel geben.
Für die Füllung hackt man die beiseitegestellten Innereien des Hasens, das Schweine- und Kalbfleisch sowie den fetten Speck. Salzen, pfeffern, und das geschlagene Ei, das

Blut und den Cognac zufügen. Den Hasen aus der Marinade nehmen, sorgfältig trockentupfen. Mit der Schinkenscheibe, die man in einer Pfanne mit etwas Butter angebraten hat, legt man die Bauchhöhle des Hasens aus. Mit gehacktem Schnittlauch bestreuen, und die Füllung hineingeben. Den Hasen zunähen, mit dem Speck umwickeln und binden. In eine feuerfeste Form gibt man Butterstückchen und legt den Hasen darauf. Für 30 min. in den heißen Ofen schieben, dabei alle 10 min. mit der Marinade begießen. Die Hitze verringern, und weitere 60 min. im Ofen belassen.
Die Marinade gibt man in einen Topf und reduziert sie um die Hälfte. Dann durch ein Sieb geben.
Zum Servieren entfernt man die Speckscheibe vom Hasen, zerlegt ihn und schneidet die Füllung in Scheiben. Die Soße in einer Saucière servieren.

ENTE MIT WEISSEN RÜBEN*

Canard à la Poitevine / Poitou

Vorbereitungszeit: 30 min.
Kochzeit: 1 h 15 min., schwierig

Für 6 Personen:
1 Ente von 1,5 kg
1 EL Puderzucker, 50 g Sahne
1 kl. Glas Cognac, 110 g Butter
20 kleine Zwiebeln, 1,5 kg kleine weiße Rüben, 1 EL gehackter Kerbel
1 Tasse Brühe, Salz, Pfeffer

Für die Füllung:
100 g Schweineleber
100 g Geflügelleber
100 g Speck ohne Schwarte oder Knöchelchen, 2 Eier
50 g Butter
2 Schalotten, 75 g Champignons
Kräuter nach Belieben (Rosmarin, Salbei, Lorbeerblatt, Petersilie)
Salz, 1 Msp. Cayenne

Die Ente ausnehmen, die Leber beiseite stellen. Für die Füllung hackt man die folgenden Zutaten klein und gibt sie in eine Schüssel: die Geflügelleber, die Entenleber, die Schweineleber, den Speck, die Schalotten, die Kräuter und die Champignons. Dann die Eier und 50 g Butter zugeben, mit Salz und Cayenne würzen, und gut durchmischen. Mit dieser Farce die Ente füllen, dann zunähen.
In einem Schmortopf zerläßt man 60 g Butter und brät die Ente auf allen Seiten goldbraun an. Zudecken, und bei starker Hitze 30 min. kochen lassen, wobei man nach 15 min. die Ente wendet. Während dieser Zeit schält man die Zwiebeln und die weißen Rüben. Die Hitzezu-

fuhr für den Schmortopf reduzieren. In einer Pfanne brät man mit dem Rest der Butter die Zwiebeln und die weißen Rüben bei milder Hitze 10 min. an. Die Brühe angießen, und den Puderzucker darüberstreuen. Bei milder Hitze 20 min. kochen lassen. Dann fügt man etwas Bratensaft von der Ente und die Crème fraîche dazu und mischt gut durch. Dann gibt man das Ganze zu der Ente in den Schmortopf. 1/2 Glas Bratensaft herausnehmen, mit Cognac vermischen, und über die Ente gießen. Zudecken, und den Schmortopf bei starker Hitze 15 min. in den Ofen schieben.
Man serviert die Ente zerlegt mit dem Gemüse umlegt auf einer Servierplatte. Mit der entfetteten Soße überziehen, und mit dem gehackten Kerbel bestreuen.

BORDEAUX-SOSSE

Sauce Bordelaise / Bordelais

Vorbereitungszeit: 10 min.
Kochzeit: 1 h 10 min., einfach

Für 4 Personen:
100 g Butter, 100 g Rindsmark
6 dl Fleischbrühe, 20 g Mehl
3 dl Rotwein (Bordeaux)
2 Karotten, 2 Zwiebeln
40 g Schalotten
1 Bouquet garni, Salz, Pfeffer

Die Zwiebeln und die Karotten schälen, und in feine Streifen schneiden. Mit der Butter in einem kleinen Topf anbraten. Dann das Mehl darübergeben und ebenfalls Farbe annehmen lassen. Mit der Brühe angießen, das Bouquet hinzugeben, und zugedeckt 15 min. köcheln lassen.
Inzwischen schneidet man die Schalotten in feine Scheiben. Mit dem Wein, etwas Salz und Pfeffer in einen anderen Topf geben. Erhitzen, und die Flüssigkeit während 30 min. um 1/3 reduzieren.
Dann gibt man diese 2. Soße zu den Karotten in den ersten Topf und läßt sie weitere 15 min. köcheln. Das Ganze passieren und ins Wasserbad stellen.
Mit einem Messer, das man in sehr heißes Wasser getaucht hat, schneidet man das Mark in Würfel und wirft diese für 5 min. in siedendes Wasser. Währenddessen gibt man die Butter in Stückchen zu der Soße ins Wasserbad. Dann fügt man die Markwürfel dazu und serviert.

GÄNSELEBER MIT KAPERN

Foie gras aux câpres
Quercy et Périgord

Vorbereitungszeit: 25 min.
Kochzeit: 40 min., einfach

Für 6 Personen:
600 g Gänseleber
60 g Kapern
1 EL Gänsefett
1 kl. Glas Armagnac oder Cognac
1 Glas Madeira
Salz, Pfeffer

Die Leber waschen, salzen, pfeffern, in eine Schüssel legen, und mit dem Armagnac oder Cognac begießen. In einem Schmortopf brät man die Leber mit dem Gänsefett goldbraun an. Die Kapern zufügen, und zugedeckt bei milder Hitze 35 min. kochen lassen. Die Leber herausnehmen, und auf eine vorgewärmte Platte legen.
Mit dem Madeira den Fond im Schmortopf auflösen, und die Leber mit dieser Soße überziehen.

GÄNSEKLEIN MIT SAUERAMPFER*

Confit d'oie à l'oseille
Périgord

Vorbereitungszeit: 20 min.
Kochzeit: 45 min.
Einfach

Für 4 Personen:
2 gegarte und ausgelassene Gänsekeulen
500 g Sauerampfer
10 cl Geflügelbrühe
1 Bund Petersilie
1 Bund Kerbel
1 Zweig Estragon
Salz, Pfeffer

In einen Schmortopf gibt man bei sehr milder Hitze das Gänseklein. Zudecken. Es soll sich erwärmen, aber nicht bräunen.
Inzwischen wäscht und entstielt man den Sauerampfer und wirft ihn in kochendes Salzwasser. Kurz aufkochen lassen, dann den Sauerampfer herausnehmen, und unter kaltem Wasser abschrecken. Dann mit den Händen ausdrücken, und gut abtropfen lassen.
Den Sauerampfer kleinschneiden, ohne ihn zu zerhacken. Aus dem Schmortopf alles Fett bis auf 1 EL entfernen.
Den Sauerampfer und die Geflügelbrühe zugeben. Salzen, pfeffern, die Petersilie, den Kerbel und den zerschnittenen Estragon zugeben. Zudecken, und 20 min. köcheln lassen. Das Gänseklein zerschneiden und auf dem Sauerampfer anrichten.

RINDERSTEAK MIT ROTWEINSOSSE

Entrecôte Bordelaise / Bordelais

Vorbereitungszeit: 20 min.
Kochzeit: ca. 20 min., einfach

Für 4 Personen:
2 Entrecôtes (Zwischenrippenstück) à je 500 g
1 gr. Glas Rotwein (Bordeaux)
50 g Rindsmark
100 g Butter
4 Schalotten, 1/2 Zitrone
1 Bd. Petersilie
1 Bouquet garni
Salz, Pfeffer

In einem Topf zerläßt man bei geringer Hitze etwas Butter und dünstet die gehackten Schalotten darin an. Mit dem Wein begießen, das Bouquet zufügen, salzen und pfeffern. Bei starker Hitze einkochen lassen.
Mit einem in heißes Wasser getauchten Messer das Mark in dicke Scheiben schneiden. Diese dann 2 min. in kochendem Salzwasser pochieren. Auf Küchenkrepp abtropfen lassen und warmstellen. Die reduzierte Soße passieren und ebenfalls warmstellen. Die Petersilie hacken.
In einer großen Pfanne brät man mit etwas Butter die Steaks auf jeder Seite 3 – 6 min. an. Am Ende der Kochzeit salzen und pfeffern, und die Steaks auf eine heiße Platte legen. Die Pfanne mit der Soße ablöschen, einige Tropfen Zitronensaft und die gehackte Petersilie zufügen. Den Rest der Butter zugeben, und mit einem Schneebesen gut durchrühren. Die Markscheiben auf die Steaks legen, und mit der Soße überziehen.

KÖNIGLICHER HASE*

Lièvre à la Royale
Périgord

Am Vortag beginnen
Vorbereitungszeit: 1 h 30 min.
Kochzeit: 6 h 40 min.
Sehr schwierig

Für 8 Personen:
1 Hase von ca. 2 kg
250 g fetter Speck
250 g Schweinefilet oder -rücken
250 g Kalbsnuß, -schulter oder Gänseleber
300 g Speckscheiben zum Wickeln
50 g Gänseschmalz, 1 Ei
1 Flasche Rotwein (aus Cahors oder Bergerac)
2 EL Erdnußöl
2 Gläser Armagnac
1 Glas Kalbs- oder Hühnerbrühe
2 EL Weinessig, 1 Trüffel
2 Schalotten
6 Knoblauchzehen
2 Karotten, 2 Zwiebeln
1 Bouquet garni, 4 Nelken
1 Bd. Schnittlauch, Kerbel und Estragon, Salz
Zerdrückte Pfefferkörner

Am Vortag zieht man den Hasen ab und nimmt ihn aus. Das Herz, die Leber und die Nieren zusammen mit dem Blut und dem Essig in einem Behälter auffangen, um die Gerinnung zu vermeiden.
Zum Marinieren legt man den Hasen in eine große Schüssel. Die Marinade besteht aus den in feine Scheiben geschnittenen Karotten und Zwiebeln, den zerdrückten Knoblauchzehen, dem Bouquet garni, dem Salz, dem Pfeffer, den zerdrückten Nelken, dem Rotwein und dem Öl. Am nächsten Tag nimmt man den Hasen aus der Marinade.

Mit einem spitzen Messer entfernt man die Rippenknochen.

Für die Füllung zerhackt man das Filet oder den Schweinerücken, den fetten Speck, die Schalotten, die Nieren und das Herz des Hasens, die feinen Kräuter, den Trüffel und das Ei. Salzen und pfeffern.

Die Gänseleber oder das Kalbfleisch schneidet man in feine Scheiben. Die Speckscheiben auf die Länge des Hasens zurechtschneiden.

In das Innere des Hasens legt man Speckscheiben, dann eine Schicht der Leber oder des Kalbfleisches, dann die Füllung, dann die Speckstreifen, die Leber- oder Kalbfleischscheiben, dann wieder Speckstreifen. Den Hasen zunähen, und mit Speckstreifen umwickeln und fest binden. In einem großen Schmortopf brät man den Hasen bei starker Hitze in dem Gänseschmalz rundherum an. Herausnehmen und warmstellen.

Die restlichen Speckscheiben aus dem Schmortopf nehmen, und die Karotten und Zwiebeln aus der Marinade hineingeben, dann den Hasen darauflegen. Die Marinadenflüssigkeit und den Armagnac zugießen. Bei milder Hitze und geöffnetem Topf reduziert man die Flüssigkeit um die Hälfte. Dann die Brühe zugeben. 6 Stunden bei sehr milder Hitze zugedeckt köcheln lassen.

Vorsichtig den Hasen aus dem Bratensaft nehmen. Bindfaden, Speckscheiben und Knochen, die sich ganz leicht herausziehen lassen, entfernen. Warmstellen.

In den Bratensaft gibt man das Blut und die zerdrückte Leber sowie 2 gehackte Knoblauchzehen. 10 min. köcheln lassen, und den so entstandenen eingedickten Saft über den Hasen passieren.

ENTE MIT ZWIEBELN

Canard aux oignons
Périgord

Vorbereitungszeit: 25 min.
Kochzeit: 1 h 40 min., einfach

Für 6 Personen:
1 Ente von 1 kg
75 g frische Speckschwarten
50 g Öl, 1 Glas Geflügelbrühe
Die Kruste einer dicken altbackenen Weißbrotscheibe
20 kleine Zwiebeln
2 Knoblauchzehen
2 Zweige Thymian, 5 Blätter Salbei
Salz, Pfeffer

Die Ente ausnehmen, den Magen und die Leber behalten. Die Ente innen und außen salzen und pfeffern. Die Brotkruste mit Knoblauch einreiben und in kleine Stücke schneiden. Den Magen, die Leber, 4 Blatt Salbei, die man zuvor 3 Sek. in kochendes Wasser gelegt und getrocknet hat, die Blätter eines Thymianzweiges und die Krustenstückchen hacken, vermischen und die Ente damit füllen. Die Ente zunähen. In einer Pfanne oder in einem großen Topf erhitzt man das Öl und brät die Ente bei starker Hitze auf allen Seiten goldbraun an.
In einen Schmortopf gibt man die in 5 cm große Stücke geschnittenen Speckschwarten. Die Ente und die kleinen Zwiebeln darauflegen. Salzen, pfeffern, den Thymianzweig und das letzte Salbeiblatt zugeben. Die Geflügelbrühe angießen. Den geschlossenen Schmortopf stellt man 1,5 h bei mittlerer Hitze in den Ofen. Zum Servieren legt man die Ente auf eine vorgewärmte Platte, umlegt mit den Zwiebeln. Mit entfettetem Bratensaft begießen.

GÄNSEKLEIN MIT STEINPILZEN

Confit d`oie aux cèpes / Périgord

Vorbereitungszeit: 15 min.
Kochzeit: 45 min., einfach

Für 4 Personen:
2 Keulen oder 1 Flügel von einer Ente, gegart mit Fett
1 kg Steinpilze, 1 Knoblauchzehe
1 Bund Petersilie, Salz, Pfeffer

Köpfe und Stiele der Steinpilze trennen. Die Köpfe, ohne sie zu waschen, abreiben. Die großen in Scheiben schneiden, die kleinen halbieren.
In eine Pfanne legt man bei sehr milder Hitze das Gänseklein. Zudecken, damit das Fett schmilzt ohne anzubräunen. Dann das Gänseklein herausnehmen und die Steinpilzköpfe in dem Fett bei starker Hitze 5 min. anbraten. Dabei ständig umrühren. Dann bei gemäßigter Hitze 30 min. weiterbraten, salzen. Währenddessen putzt und hackt man die Stiele zusammen mit Knoblauch und Petersilie. 10 min. vor dem Ende der Garzeit der Köpfe gibt man das Gehackte in die Pfanne und erhöht die Hitze. Währenddessen gibt man das Gänseklein mit wenig Fett in eine Pfanne oder Ofen und läßt es knusprig braun werden. Zum Servieren auf den Steinpilzen anrichten.

SCHWEINEFILET MIT KNOBLAUCH

Enchaud / Quercy und Périgord

Am Vorabend beginnen
Vorbereitungszeit: 15 min.
Kochzeit: 4 h 10 min., sehr einfach

Für 8 Personen:
1,5 kg Schweinefilet
2 gespaltene Schweinsfüße
1 Tasse Fleischbrühe
2 EL Schweineschmalz
6 Knoblauchzehen
1 Bouquet garni (Thymian, Lorbeerblatt, Petersilie), Salz, Pfeffer

Das Schweinefilet ausbreiten, salzen, pfeffern, und die halbierten Knoblauchzehen darauflegen. Wie einen Braten zusammenrollen und binden. 14 h kaltstellen.
In einem Schmortopf zerläßt man das Schmalz, legt das Filet hinein und läßt es von allen Seiten goldbraun anbraten. Salzen, pfeffern, das Bouquet und die Brühe hinzufügen. Zudecken und zusammen mit den Schweinsfüßen bei kleiner Hitze 4 h kochen lassen. Von Zeit zu Zeit etwas Wasser in den Schmortopf geben. Dann den Bindfaden entfernen, und das Filet in eine Schüssel legen. Den Bratensaft darübergießen und kaltstellen. Die Schweinsfüße ohne Knochen ißt man mit einer Vinaigrette.

TRÜFFELSOSSE

Sauce Périgueux / Périgord

Vorbereitungszeit: 20 min.
Kochzeit: 2 h 15 min., einfach

Für 6 Personen:
25 cl Geflügelbrühe
1 EL Gänsefett oder Schweineschmalz, 1 EL Mehl
50 cl Madeira
2 EL Armagnac
3 Schalotten, 1 Zwiebel
75 g Trüffel (frisch oder aus der Büchse), Salz

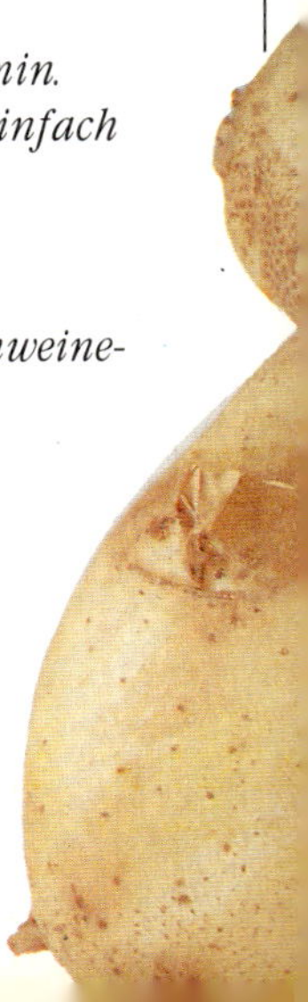

Die Schalotten und Zwiebel in feine Scheiben schneiden, und in Fett andünsten.
Bevor sie braun werden, gibt man das Mehl darüber, rührt um und gibt, kurz bevor es Farbe annimmt, den Wein und die Brühe darüber. Salzen, pfeffern, und bei sehr milder Hitze weiterköcheln lassen. Von Zeit zu Zeit umrühren.
Eine Viertelstunde vor dem Servieren passiert man die Soße und gibt die in sehr feine Scheiben geschnittenen Trüffel und den Armagnac hinein. Die Soße dann bei milder Hitze 15 min. ziehen lassen. Wird die Soße zu Rindfleisch serviert, gibt man den entfetteten Fleischsaft hinzu.

BRATKARTOFFELN*

Pommes sarladaises / Périgord

Vorbereitungszeit: 25 min.
Kochzeit: 30 min., einfach

Für 8 Personen:
1,5 kg feste Kartoffeln, 3 EL Gänsefett, 4 Knoblauchzehen
1 Bd. Petersilie, Salz, Pfeffer

Die Kartoffeln schälen und trocknen. In 2 mm dicke Scheiben schneiden. Mit 2 EL Gänseschmalz in eine Pfanne geben. 15 min. anbraten lassen, häufig wenden, ohne sie zu zerbrechen. Salzen, pfeffern, den gehackten Knoblauch und die gehackte Petersilie sowie das restliche Gänsefett darübergeben. Weitere 15 min. braten lassen, dabei von Zeit zu Zeit umrühren. Servieren.

STEINPILZE IN OLIVENÖL

Cèpes à la Bordelaise / Bordelais

Vorbereitungszeit: 20 min.
Kochzeit: 55 min., einfach

Für 6 Personen:
1 kg Steinpilze, 3 Schalotten
2 EL gehackte Petersilie
2 Gläser Olivenöl, Salz, Pfeffer

Die Köpfe von den Stielen trennen, dann die Köpfe gründlich putzen, abreiben, salzen und pfeffern. In einer Pfanne brät man die Köpfe in etwas Öl 10 min. kräftig an. Dabei von Zeit zu Zeit umrühren. Dann gibt man die Köpfe mit etwas Öl in einen Topf oder in eine Pfanne, ohne sie zu bedecken, und kocht sie bei milder Hitze 45 min. Während dieser Zeit schält und putzt man die

Steinpilzstiele. Zusammen mit den Schalotten kleinhacken. 10 min. vor dem Ende der Kochzeit gibt man das restliche Öl in eine kleine Pfanne, erhitzt es und brät darin die gehackten Schalotten und Pilzstiele kräftig an. Salzen und pfeffern. Über die Steinpilzköpfe geben und die Petersilie darüberstreuen.

WEISSE BOHNEN MIT SAUERRAHM*

Mojettes fraîches à la crème

Poitou, Saintonge, Aunis, Angoumois

Vorbereitungszeit: 20 min.
Kochzeit: 3 h 15 min.
Sehr einfach

Für 6 Personen:
1,5 kg weiße Bohnen, 75 g Butter
1 Tasse Crème fraîche, 2 EL Öl
2 Zwiebeln, mit einer Nelke gespickt
2 Karotten, 3 Knoblauchzehen
1 Bouquet garni, Salz, Pfeffer

In einen großen Topf gibt man das Öl und 25 g Butter. Die Bohnen dazugeben, und 15 min. bei sehr milder Hitze dünsten. Von Zeit zu Zeit umrühren. Die geschälten und in feine Scheiben geschnittenen Karotten und Knoblauchzehen, das Bouquet garni und die gespickten Zwiebeln zugeben, und mit kochendem Wasser bedecken. 3 h köcheln lassen. Erst nach 2 h salzen. Von Zeit zu Zeit etwas kochendes Wasser zugeben, um das Ganze wieder zu bedecken. Schließlich nimmt man das Bouquet und die Zwiebeln heraus. Die Bohnen abtropfen lassen. In eine tiefe Servierplatte gibt man die restliche Butter, die Crème fraîche und die Bohnen. Durchmischen und pfeffern.

TRÜFFELRAGOUT

Ragoût de truffes
Périgord et Quercy

Vorbereitungszeit: 15 min.
Kochzeit: 20 min.
Einfach

Für 6 Personen:
6 schöne frische Trüffel
1 Flasche Wein von Monbazillac
100 g Butter, 1 EL Mehl
Salz, Pfeffer

Die Butter in einem Schmortopf zerlassen. Das Mehl zufügen und umrühren. Wenn das Mehl Farbe annimmt, den Wein angießen. Bei milder Hitze reduzieren, währenddessen die Trüffel vorsichtig mit einer nassen Bürste bürsten, trockentupfen und vierteln.
In die Soße geben. Salzen, pfeffern, und 20 min. bei sehr milder Hitze ziehen lassen.

WEISSKOHLPÜREE MIT BUTTER

Embeurrée de choux
Poitou und Angoumois

Vorbereitungszeit: 10 min.
Kochzeit: 1 h, sehr einfach

Für 6 Personen:
1 großer Weißkohl
200 g sehr frische gute Butter
Salz, Pfeffer

Die äußeren Blätter und den Strunk entfernen. Unter kaltem Wasser waschen. Den Kohl in 3 l kochendes Wasser geben, und 1 h zugedeckt bei milder Hitze kochen lassen. Er muß sehr weich werden. Den Kohl herausnehmen, abtropfen lassen, und mit der Gabel in einer Schale zerdrücken. Es soll ein grobes Püree werden.
In eine tiefe Servierplatte geben, salzen und großzügig pfeffern. Die Butter in Stücken zugeben, und mit der Gabel gut untermischen. Sehr heiß servieren.

STEINPILZE MIT KNOBLAUCH

Cèpes à la Périgourdine
Périgord

Vorbereitungszeit: 20 min.
Kochzeit: 1 h 30 min., einfach

Für 6 Personen:
1 kg Steinpilze
1/2 Glas Erdnußöl
3 Knoblauchzehen
1 Schalotte, 1 Bd. Petersilie
Salz, Pfeffer

Die Stiele abschneiden, die Köpfe putzen und mit einem Küchentuch abreiben.
In einem Kochtopf erhitzt man das Öl und legt die Köpfe mit der runden Seite nach unten hinein und wendet sie nach 10 min.
Wenn sie auf beiden Seiten goldbraun sind, salzen, pfeffern, und bei milder Hitze zugedeckt weiterköcheln lassen.
Die Stiele putzen, und zusammen mit der Schalotte, dem Knoblauch und der Petersilie kleinhacken. Salzen, pfeffern. Wenn die Köpfe 30 min. gekocht haben, gibt man die Hälfte des Gehackten dazu.
Im Ganzen müssen die Steinpilze 90 min. kochen. 10 min. vor dem Ende gibt man die zweite Hälfte des Gehackten in den Topf.
Servieren, nachdem man das Öl hat abtropfen lassen.

KUCHEN MIT ENGELWURZ

Gâteau à l'angélique / Poitou

Vorbereitungszeit: 10 min.
Kochzeit: 45 min.
Sehr einfach

Für 6 Personen:
500 g Mehl, 500 g Butter
750 g Zucker, 5 Eier
1 Zweig eingemachte Engelwurz
1 TL Orangenblütenwasser
1 kl. Glas Cognac, 1 Msp. Salz

Die Engelwurz in kleine Würfel schneiden. In einer Schüssel mischt man die Butter mit dem Zucker, dem Cognac, dem Orangenblütenwasser und dem Salz. Die Eigelb hineinarbeiten, das geschlagene Eiweiß unterheben und schließlich das Mehl.
Diese Mischung gibt man in eine gebutterte ofenfeste Form. Die Engelwurzwürfel darauf verteilen, und bei mittlerer Hitze 45 min. in den Ofen schieben.

WALNUSSKUCHEN

Gâteau de noix
Périgord et Quercy

Vorbereitungszeit: 20 min.
Ruhezeit des Teiges: 1 h
Kochzeit: 35 min.
Einfach

Für 6 Personen:
250 g feines Mehl
100 g Butter
250 g Crème fraîche
150 g Puderzucker
100 g Walnußkerne
1/2 TL gemahlene Vanille
100 g Kristallzucker
3 EL Rum

Mit dem Mehl, der weichen Butter und 50 g Puderzucker einen Sandteig herstellen. Eine Kugel formen und 1 h ruhen lassen. Den Teig ausrollen, und eine Tortenform mit

24 cm ø damit auslegen. Die Walnüsse, bis auf 3 oder 4, sehr fein mahlen. Mit Crème fraîche, der Vanille und dem restlichen Puderzucker vermischen. Bei mittlerer Hitze 35 min. backen lassen.
Den Kuchen herausnehmen, erkalten lassen. Den Kristallzucker mit dem Rum vermischen, und den Kuchen mit dieser Paste bestreichen. Mit den Walnüssen verzieren.

TORTE MIT ZIEGENKÄSE

Tourteau fromagé / Poitou

Vorbereitungszeit: 30 min.
Kochzeit: 45 min., einfach

Für 4 Personen:
250 g Mehl, 125 g Butter
250 g frischer Ziegenkäse
125 g Puderzucker
5 Eier, 50 g Stärkemehl

Den Käse abtropfen lassen. Mit 200 g Mehl, 100 g Butter und etwas Wasser einen Teig herstellen. Eine Kugel formen und in eine Schüssel legen. Den gut abgetropften Käse gibt man in eine andere Schüssel und zerdrückt ihn mit einer Gabel. Den Zucker, zwei ganze Eier und 3 Eigelb hinzufügen. Das Eiweiß aufbewahren. Zur glattgerührten Mischung gibt man das restliche Mehl und das Stärkemehl. Mit dem Schneebesen durchschlagen. In einer dritten Schüssel schlägt man das Eiweiß steif und hebt die Käsecreme löffelweise unter. Die Tortenform ausbuttern. Den Teig 1,5 mm dick ausrollen. Einen Kreis formen, und die Tortenform mit hohen Rändern darin auslegen. Die Käsecreme hineingießen, und bei sehr starker Hitze 45 min. backen lassen. Vor dem Servieren die schwarze Oberfläche abheben.

MAISGRIESSKÜCHLEIN

Cruchades
Aunis, Saintonge, Angoumois

Vorbereitungszeit: 20 min.
Ruhezeit des Teiges: 1 h
Kochzeit: einige Minuten, einfach

Für 6 Personen:
500 g Maisgrieß, 1 l Milch, 75 g Zucker, 1 kl. Glas Rum, 1 Msp. Salz

In einen Topf gibt man die Milch, den Zucker und das Salz. Erhitzen und vor dem Kochen den Grieß hineingeben. 10 min. quellen lassen. Dann den Rum zufügen.
Die Masse 1 cm hoch auf ein Backbrett streichen. Die Oberfläche mit einem in Wasser getauchten Messer glätten. 1 h ruhen lassen.
Aus dem ausgekühlten Teig schneidet man Dreiecke, bestreut sie mit Mehl und gibt sie dann in sehr heißes Fritierfett. Abtropfen lassen und auf Küchenkrepp legen.
Die Küchlein kann man mit Puderzucker, Konfitüre oder Gelee essen.

KNUSPERPLÄTZCHEN

Croquants du Périgord
Périgord

Vorbereitungszeit: 30 min.
Kochzeit: 30 min., einfach

Für 6 Personen:
4 Eier, 2 Gläser Puderzucker
2 Gläser Mehl, 2 EL Sahne
1 TL Orangenblütenwasser
125 g gehackte Nußkerne

In einer Schüssel schlägt man die Eier mit dem Zucker, fügt dann das Mehl und die Sahne hinzu. Solange schlagen, bis man eine homogene Masse bekommt. Die gehackten Nüsse und das Orangenblütenwasser zugeben. Den Teig solange durcharbeiten, bis er sich von den Rändern der Schüssel löst. Mit der Hand zusammendrücken, und 15 min. ruhen lassen. Den Teig 2 cm dick ausrollen. Stangen von 10 cm Länge und 2 cm Breite ausschneiden, und auf ein gebuttertes Backblech legen. Bei milder Hitze 30 min. backen lassen.

PFLAUMENTORTE*

Tarte aux pruneaux
Quercy und Périgord

Vorbereitungszeit: 20 min.
und 4 h, um die Pflaumen einzuweichen
Kochzeit: 30 min., einfach

Für 4 Personen:
400 g Trockenpflaumen
60 g Butter, 125 g Mehl
150 g Puderzucker, 1 Glas Rotwein
50 g Rosinen, 1 kl. Glas Rum

Die Pflaumen 4 h lang in kaltem Wasser einweichen. Abtropfen lassen und vorsichtig entkernen. 10 min. in dem Rotwein, einem Glas Wasser und 50 g Zucker kochen lassen. Herausnehmen und beiseite stellen. Die Rosinen in den Rum legen. Für den Teig mischt man das Mehl mit dem Zucker und der in Stücke geschnittenen Butter. Mit etwas Wasser durcharbeiten. Aus dem Teig eine Kugel formen, die nicht mehr an den Händen klebt. 1 h an einem kühlen Ort ruhen lassen. 1/2 cm dick ausrollen. Mit dem

Teig, von dem man einige Streifen zurückbehält, eine Tortenform auslegen, und mit der Gabel mehrere Male einstechen. Die Pflaumen, den eingedickten Kochsaft und die Rosinen daraufgeben. Die Teigstreifen gitterartig darüberlegen. Mit etwas Zucker bestreuen, und 30 min. in den heißen Ofen schieben.

Alpen-Region

Lyonnais
Bresse
Bugey
Savoyen
Dauphiné

Vorherige Seiten: *Der Herbst taucht diese Landschaft der Berge in Hoch-Savoyen am Fuß der Alpen in magische Farben.*
Oben: *Dieses mittelalterliche Schloß erhebt sich in der Dauphiné, der Alpenprovinz, in der der südliche Einfluß bereits spürbar wird.*

Die römische Hauptstadt der Gallier, Lugdunum, hätte – da sie sowohl wirtschaftlich als auch strategisch besser liegt als Paris – die Hauptstadt Frankreichs werden können.
Die Geschichte hat anders entschieden. Nur die Kirche erkennt heute noch die Vorrangstellung an, indem sie den Erzkardinal von Lyon zum Primas der Gallier macht. Für die Gastronomen ist Lyon jedenfalls – nach Paris, sagen die Pariser, vor Paris dagegen die Lyoner – einer der zwei Feinschmeckerorte Frankreichs.
Diese Stadt ist von vielfältigem Reichtum umgeben, wozu die Geographie und die Wirtschaft beitragen.
Seit dem Altertum Kreuzungspunkt der wichtigsten Verkehrswege zwischen dem europäischen Westen hat sie die Menschen und ihre Waren angezogen, als würden sie der Anziehung eines Geliebten erliegen. Aus Bresse kommen die schönen Geflügel mit weißen Federn, »Blaufüße« genannt. Poularden und Kapaune werden mit großer Sorgfalt gezüchtet. Die Tauben sind berühmt. La Dombes, früher eine Region mit gesundheitsschädlichen Sümpfen, liefert aus seinen gut gepflegten Seen Süßwasserfische.
In Bugey, der Heimat des Gastronomen Anthelme Brillat-Savarin, erreicht die Küche die Spitze der Kunst mit Gerichten wie der Poularde in der Blase und der Krebssauce, die die Stadt von Nantua unsterblich gemacht hat. Das niedere Dauphiné – Heimat des berühmtesten Kochs Frankreichs, Fernand Point, der in Vienne arbeitete – liefert seine Truthähne aus Crémieu und die Käse von Saint-Marcellin nach Lyon . Das obere Vivarais wird von seinen Früchten, den Ziegenkäsen, seinen Würsten und Maronen vertreten. Le Forez bringt

sein Schweine- und Rindfleisch aus der Nachbarprovinz von Charolais mit ein. Als Feinschmecker und Genießer profitieren die Lyoner weitgehend von den Gaben der Natur. In der Stadt und der Umgebung üben die berühmtesten Köche ihr Handwerk aus.
Aber keiner von ihnen, so vornehm er auch sein mag, bezeichnet es als unwürdig, eines dieser rustikalen aber reichhaltigen Gerichte zuzubereiten, wie den Fettdarm, den sauren Rindermagen oder die Salatschüssel, bestehend aus Geflügelleber, Schafsfüßen, Heringen, Kochwürsten und anderen Zutaten.

In Lyon weiß man auch, der alten Tradition der weiblichen Köche folgend, die Gemüse auf eine Art zuzubereiten, die sich mit nichts vergleichen läßt: die Zwiebelsuppe, die Artischocken mit Mark, die überbackenen Zuchini erfreuen auch die verwöhntesten Gaumen.

Links: *Die Kartoffeln, die dieser Bauer auf den Berghängen geerntet hat, werden vielleicht zu einem Kartoffelgratin verarbeitet.*
Unten: *Der kleine Weinberg von Château-Grillet auf den Terrassen über der Rhône produziert einen außergewöhnlichen Weißwein.*

Wein gibt es rund um Lyon reichlich. Im Süden der Stadt befinden sich die Weinberge, die die Weine von Condrieu und von Château-Grillet, aber auch die wichtigsten Reben der Hermitage, der Côte-Rôtie, der Cornas und des Saint-Joseph hervorbringen. Im Norden gibt es vor allem Weißwein aus Mâcon und von der Côte chalonnaise, aber auch Rotwein von der Côte roannaise und vor allem den Beaujolais, einen leichten Tischwein, der in die ganze Welt verkauft wird und der einen Humoristen zu folgendem Spruch veranlaßt hat: »Lyon wird von der Rhône, der Saône und vom Beaujolais bewässert.« Dieser Wein steht im Mittelpunkt zweier örtlicher Traditionen, der des »pot« (46 cl Flasche), die die Boules-Spieler am Sonntag trinken, und der des Mâchon, eines reichhaltigen Imbisses mit Wurst und Käse, der am Vormittag genossen wird. Nur zwei Regionen haben ihre kulinarische Originalität behalten: Savoyen und Dauphiné.

Als Savoyen von 130 Jahren die Ehe mit Frankreich einging, brachte es als Mitgift seine exzellenten Käse mit: Beaufort, Reblochon, Abondance und Aravis; seine charmanten Weine: Apremont, Crépy, Mondeuse, Roussette und Ripaille; die schmackhaften Fische seiner Seen: Fellchen, Blaufellchen und den unbestrittenen König der Seen, den Saibling.

Wenn diese Provinz von seinen italienischen Vorfahren auch nur eine vage Nachahmung der Polenta behalten hat, so gibt es in der oberen Dauphiné Lasagne und Gnocchi sowie Ravioli mit Ziegenkäse oder Kräutern.

Die Unterschiedlichkeit dieser beiden Alpenprovinzen kann man ganz gut in ihren typischen Kartoffelgratins sehen: dasjenige aus Savoyen enthält Beaufort, das aus Dauphiné dagegen einen Hauch Knoblauch.

Was die Süßigkeiten betrifft, kann man nicht behaupten, daß sie in dieser Region die Höhepunkte der Küche sind. Savoyen hat kaum mehr als seinen Kuchen und

Unten: *Der große Weinberg von Beaujolais, der diesem Wein seinen Namen gegeben hat, liefert einen leichten Rotwein, den man neu oder alt trinken kann.*

Dauphiné seine Brioches zu bieten. In Lyon gibt es noch die fritierten Küchlein und die unverdaulichen Pfannkuchen, die allerdings jeden Hunger stillen.

Links: *La Dombe mit ihren tausenden Seen ist ein Vogelparadies.*

Unten: *Die Rhône fließt durch viele verschiedene gastronomische Regionen: Savoyen, Bugey, Bresse, Lyonnais, Dauphiné, Provence u.a.*

ÜBERBACKENE RINDER-MARKSUPPE*

Gratinée Lyonnaise
Lyonnais

Vorbereitungszeit: 30 min.
Kochzeit: 2 h 40 min., einfach

Für 6 Personen:
Für die Brühe:
1,5 kg Rinds- und Kalbsknochen sowie Geflügelteile
1 gr. Zwiebel, mit 2 Nelken gespickt
2 Karotten, 2 Stangen Lauch (zusammengebunden), 2 weiße Rüben
4 Selleriestangen, 1 kl. Peperoni
3 Knoblauchzehen
10 Pfefferkörner, 1 Bouquet garni (Thymian, Lorbeerblatt, Petersilie)
1 EL grobes Salz
Für die Suppe:
800 g große Zwiebeln
125 g geriebener Gruyère
6 Scheiben Landbrot
1 TL Butter, 1 TL Puderzucker

In einen Kochtopf legt man die Knochen und die Geflügelteile und bedeckt sie mit kaltem Wasser. Bei milder Hitze zum Kochen bringen, und 20 min. kochen lassen, abschäumen. Nach 20 min. Kochzeit gibt man die geschälten Gemüse, das Bouquet, die gespickte Zwiebel, den Pfeffer, den Knoblauch und die Peperoni in den Topf. Zugedeckt 2 h köcheln lassen.
Die Zwiebeln der Suppe in feine Scheiben schneiden. Die Brotscheiben im Ofen trocknen, ohne sie zu bräunen. Die Brühe durch ein Sieb gießen. 1 h vor dem Servieren dünstet man die Zwiebeln bei milder Hitze zugedeckt 15 min. Danach abdecken, und weitere 30 min. köcheln lassen, dabei von Zeit zu Zeit umrühren. Mit dem Zucker die Zwiebeln karamelisieren, dann die Brühe darübergießen, zum Kochen bringen, und 15 min. kochen lassen. Dann gibt man diese Mischung in eine ofenfeste Form, fügt das Brot und den Käse hinzu und überbäckt das Ganze 5 min. im Ofen.

GEBACKENER ZIEGENKÄSE

Pâté de fromage de chèvre
Savoyen

Vorbereitungszeit: 25 min.
Kochzeit: 45 min., einfach

Für 6 Personen:
300 g Mehl
3 kl. frische Ziegenkäse
50 g geriebener Beaufort
125 g Butter, 4 Eier
50 cl Milch
1 dicke Scheibe gek. Schinken
75 g Schweineschmalz
150 g Zucker, Salz, Pfeffer

Für den Teig gibt man in eine Schüssel 250 g Mehl und macht eine Vertiefung. Darein gibt man 125 g Zucker, 2 Eigelb, eine Msp. Salz, das Schweineschmalz und 75 g weiche Butter. Zügig vermischen, kurz durcharbeiten und eine Kugel formen.
Während man den Belag zubereitet, ruht der Teig.
In einem Topf zerläßt man 30 g Butter und fügt das restliche Mehl hinzu. Umrühren und etwas bräunen lassen, dann unter weiterem Rühren die Milch zugeben, und zum Kochen bringen. Einige Minuten eindicken lassen. Vom Feuer ziehen, und 2 Eigelb hineingeben.
Dann schneidet man den Schinken in kleine Würfel und die Ziegenkäse in Scheiben. Zusammen mit dem geriebenen Beaufort in den Topf geben. Gut durchmischen und großzügig pfeffern.
Den Teig ausrollen und eine Tortenform damit auslegen. Die Mischung hineingeben, mit dem restlichen Zucker bestreuen, und 45 min. in den heißen Ofen schieben.

LYONER SALAT*

Saladier Lyonnais
Lyonnais

Am Vortag beginnen
Vorbereitungszeit: 15 min.
Kochzeit: 1 h 40 min., einfach

Für 4 Personen:
Für den Salat:
2 Schafsfüße
2 gesäuberte Geflügellebern
4 harte Eier
2 eingelegte Heringsfilets
Für die Vinaigrette:
4 EL Erdnuß- od. Olivenöl
1 EL Weinessig
1EL scharfer Senf
2 EL feine Kräuter (Petersilie, Kerbel, Schnittlauch, Estragon nach Belieben), Salz, Pfeffer
Für den Sud:
1 l Wasser
1/2 Fl. trockener Weißwein oder 6 EL Weinessig
1 EL grobes Salz
2 Karotten, 1 Lauch, 1 Stange Sellerie, 1 Schalotte (alle in Scheiben geschnitten)
2 mittlere Zwiebeln, je mit einer Nelke gespickt, 1 Bouquet garni
10 Pfefferkörner

Den Sud zum Kochen bringen, abschäumen und zugedeckt bei milder Hitze 40 min. köcheln lassen. Am Vorabend hat man die Heringsfilets mit 4 EL Weinessig und 4 EL Öl in einen tiefen Teller gelegt.
Man gibt die Schafsfüße in den Sud und läßt ihn 1 h kochen.
Während dieser Zeit brät man die Lebern mit 1 EL Öl in einer Pfanne 5 min. lang an, damit sie Farbe bekommen.
In die Salatschüssel, in der sich die Vinaigrette befindet, schneidet man die Schafsfüße ohne Knochen, die gut abgetropften Heringsfilets und die Geflügellebern hinein und gibt die feingehackten Kräuter darauf. Mit den geviertelten Eiern verzieren.

SAURER RINDERMAGEN

Tablier de sapeur / Lyonnais

Vorbereitungszeit: 4 h + 3 h für die Marinade
Kochzeit: ca. 10 min.
Einfach

Für 4 Personen:
Für den Rindermagen:
1 Pansen
2 Zwiebeln, 2 Karotten
2 weiße Rüben, 2 Lauch
1 kl. Selleriestange, 1 Zitrone
2 Gläser trockener Weißwein
2 Eier, 4 EL Erdnußöl
1 TL scharfer Senf
4 EL Semmelbrösel, Salz, Pfeffer

Für die Soße:
2 Eier
2 Essiggurken
2 TL scharfer Senf
1 TL Kapern, 25 cl Erdnußöl
1 Bd. feine Kräuter (Petersilie, Kerbel, Schnittlauch, Estragon nach Belieben), Salz, Pfeffer

Den Pansen unter kaltem Wasser waschen. 4 h in einer Brühe aus 2 l Wasser, den Zwiebeln, den Karotten, den weißen Rüben, dem Lauch und dem Sellerie kochen lassen. Danach abtropfen und trockentupfen, und 3 h in eine Marinade aus Weißwein, Zitronensaft, Senf, 1 EL Öl, Salz und Pfeffer legen.
Dann den Pansen herausnehmen, trockentupfen und in Dreiecke von 15 cm Kantenlänge schneiden. Die Dreiecke in eine Mischung aus 2 geschlagenen Eiern, 1 EL Öl und 1 EL Wasser tauchen, in den Semmelbröseln wälzen und in etwas Öl in der Pfanne kurz anbraten. Für die Sauce gibt man in eine Schüssel die Eigelb, den Senf, Salz und Pfeffer. Mit einem Schneebesen schlägt man langsam das Öl darunter.
Wenn die Soße fest geworden ist, gibt man gehackte Essiggurken, Kapern und die feinen Kräuter dazu.

FLEISCHBÄLLCHEN*

Caillettes Dauphinoises
Dauphiné

Vorbereitungszeit: 30 min.
Kochzeit: 20 min., einfach

Für 6 Personen:
150 g Schweineleber
300 g Schweinefilet
100 g Bauchspeck
50 g Schweineschmalz
Schweinenetze zum Einwickeln
1 Selleriestange, 500 g Mangold
3 Knoblauchzehen, Salz, Pfeffer

Die Mangoldblätter waschen, und 10 min. mit dem Sellerie in kochendem Salzwasser blanchieren. Abtropfen lassen und trockentupfen, dann zusammen mit der Leber, dem Fleisch, dem Speck und dem Knoblauch hacken. Mit Salz und Pfeffer abschmecken.

Pro Person eine Kugel aus der Farce machen, und in ein Schweinenetz einwickeln. Eine feuerfeste Form mit Schweineschmalz einfetten, die eingewickelten Bällchen hineingeben, und mit dem restlichen flüssigen Schweineschmalz begießen. Bei mittlerer Hitze 20 min. im Ofen backen, dabei 3 - 4 mal mit dem Kochsaft begießen.

WURST IM BROTTEIG

Cervelas en Brioche
Lyonnais

Vorbereitungszeit: 1 h
Ruhezeit des Teiges: 2 h
Kochzeit: 20 min., schwierig

Für 4 Personen:
1 Kochwurst von ca. 800 g
Für den Teig:
275 g Mehl, 50 g Butter
5 g frische Hefe, 3 Eier, Salz

Die Kochwurst in kochendes Wasser geben, den Herd abschalten, und die Wurst darin 45 min. ziehen lassen. Dann im Kochwasser abkühlen lassen. Die Hefe in 1/2 Glas warmem Wasser auflösen und mit dem Mehl verrühren. 1 h an einem warmen Ort gehen lassen. 2 Eier, Salz und die geschmolzene Butter in den Teig arbeiten. Eine Kugel formen, und 1 h gehen lassen. Inzwischen die erkaltete Wurst vorsichtig abziehen. Den Teig zu einem Rechteck ausrollen, die Wurst hineinlegen, und die Ränder mit angefeuchteten Fingern gut verschließen. Mit einem geschlagenen Ei bestreichen und 20 min. bei mittlerer Hitze in den Ofen schieben. Zum Servieren in dicke Scheiben schneiden.

WURSTAUFLAUF

Saucisson à la Lyonnaise
Lyonnais

Vorbereitungszeit: 20 min.
Kochzeit: 1 h 30 min., sehr einfach

Für 4 Personen:
1 Kochwurst aus Lyon mit Trüffeln oder Pistazien
600 g neue Kartoffeln
3 Zwiebeln, 50 g Butter
Salz, Pfeffer

Die geschälten Kartoffen in 1 cm dicke Scheiben schneiden und trockentupfen. In einer Pfanne brät man die in Scheiben geschnittenen Zwiebeln an. Eine ausgebutterte ofenfeste Form belegt man mit den Zwiebeln und den Kartoffeln. Salzen und pfeffern. Die Kochwurst einige Male einstechen und in das Kartoffel-Zwiebelbett drücken. Mit Brühe oder Wasser bedecken und 1 h 30 min. in den heißen Ofen schieben. Evtl. etwas Wasser nachgießen. 10 min. vor dem Ende der Garzeit Butterflöckchen darauf verteilen.

KALBSGEKRÖSE MIT TRÜFFELN

Fraise de veau dauphinoise
Dauphiné

Vorbereitungszeit: 30 min. + 3 h
Kochzeit: 50 min., schwierig

Für 4 Personen:
800 g Kalbsgekröse
1 Zwiebel, 1 Karotte, 100 g Champignons (alles in Scheiben geschnitten), 100 g grüne Oliven
1 Glas Weißwein
1 kl. Büchse Kalbsklößchen
1 kl. Büchse gehobelte Trüffel
1/2 l Brühe, Salz, Pfeffer

Das Gekröse 3 h in kaltes Wasser legen. Danach in kaltes Salzwasser geben, zum Kochen bringen und 4 - 5 min. kochen lassen. Herausnehmen, abschrecken und in Stücke schneiden. Diese in ein Küchentuch wickeln und beschweren, bis sie ganz abgekühlt sind.

Inzwischen brät man die Zwiebel und Karotte in der Hälfte der Butter an. Mit Mehl bestreuen und umrühren. Das Gekröse darauflegen, die Trüffel zufügen, und mit dem Weißwein ablöschen. Salzen, pfeffern, und ca. 30 min. köcheln lassen. Evtl. etwas Brühe zugeben.
Die restliche Butter zerlassen, das restliche Mehl hinzugeben, mit Brühe aufgießen, salzen und pfeffern. Die Kalbsklößchen, die entkernten Oliven und die Champignons zufügen und erhitzen.

Zum Servieren umlegt man das Gekröse mit dem Gemüse.

KÄSEFONDUE*

Fondue Savoyarde
Savoyen

Vorbereitungszeit: 10 min.
Kochzeit: 20 min.
Sehr einfach

Für 4 Personen:
400 g Comté-Käse
400 g Beaufort-Käse
600 g altbackenes Weißbrot
1 TL Stärkemehl
1 kl. Glas Kirschwasser
1 Fl. Weißwein aus Savoyen
1 Knoblauchzehe, weißer Pfeffer

Das Weißbrot in 2 - 3 cm große Würfel schneiden. Das Stärkemehl in dem Kirschwasser auflösen. Den Fonduetopf mit dem Knoblauch ausreiben.
Den Käse in Scheiben schneiden, und in den Topf schichten. Den Topf auf den Herd stellen, und bei milder Hitze den Käse langsam schmelzen, dabei ständig umrühren. Langsam die Hälfte des Weines zugeben, dann die Kirschwassermischung und schließlich die zweite Hälfte des Weines. Wenn die Mischung geschmolzen ist, großzügig pfeffern. Zum Servieren auf einen Rechaud stellen. Mit der Gabel spießt man einen Weißbrotwürfel auf und taucht ihn in den Käse.

GEFLÜGELLEBER-PUDDING*

Gâteau de foies blondes
Bresse

Vorbereitungszeit: 20 min. + 2 h, um die Leber zu reinigen
Kochzeit: 15 min., einfach

Für 6 Personen:
12 helle Geflügellebern
1/2 Fl. trockener Weißwein aus Bugey oder Savoyen
100 g Butter, 125 g Crème fraîche
4 Eier
1 kl. Glas Cognac
Salz, Pfeffer

Die Leber säubern, in eine Schüssel legen und mit Wein bedecken. Zwei darin belassen, dann in einem Mixer pürieren. Die Butter und die Eier zugeben, salzen und pfeffern. Wieder durchmischen, dann den Cognac und die Crème fraîche zugeben. Mixen und die Flüssigkeit dann in ausgebutterte Förmchen gießen. Im Dampf 5 min. bei leicht geöffnetem Deckel garen (entweder im Dampfkochtopf, oder indem man ein Sieb in einen Topf mit kochendem Wasser hängt), dann den Deckel schließen, und weitere 10 min. garen lassen.

RAVIOLI

Ravioles / Dauphiné

Vorbereitungszeit: 25 min. + 2 h Ruhezeit des Teiges
Kochzeit: einige Minuten, schwierig

Für 6 Personen:
250 g Mehl, 4 Eier
1 abgetropfter Ziegen- oder Schafskäse, 10 g Butter, 200 g ger. Gruyère
30 g gehackte Petersilie, Salz

Für den Teig gibt man das Mehl, 2 Eier und eine Msp. Salz in eine Schüssel. Unter langsamer Zugabe einer halben Tasse lauwarmen, leicht gesalzenen Wassers verrühren. Dann kräftig durcharbeiten, bis der Teig glatt wird. 2 h ruhen lassen. Die Petersilie in etwas Butter bei milder Hitze anbraten. In einer Schüssel zerdrückt man den Käse, führt die 2 restlichen Eier dazu, den Gruyère (bis auf 2 EL) und die Petersilie. Salzen, gut durchmischen. Den Teig in zwei Streifen von 5 cm Breite ausrollen. Auf den ersten Streifen setzt man alle 3 cm Häufchen der Füllung. Den zweiten Streifen darüberlegen und zwischen den Häufchen mit dem Finger beide Streifen zusammendrücken, dann durchradeln, um die Ravioli zu trennen. Die Ravioli in kochender Geflügelbrühe oder Salzwasser pochieren. Herausnehmen, abtropfen lassen und mit Gruyère bestreuen.

WURST IN ROTWEIN

Cervelas à la Beaujolaise
Lyonnais

Vorbereitungszeit: 5 min.
Ruhezeit: 20 min., sehr einfach

Für 4 Personen:
1 frische Kochwurst von 800 g
4 Schalotten
1 Bd. Petersilie
1 Glas Beaujolais
50 g Butter
Salz, Pfeffer

In eine gut ausgebutterte ofenfeste Form gibt man die gehackten Schalotten und Petersilie. Die mehrmals mit einer Nadel eingestochene Wurst darauflegen. Wenig salzen, pfeffern. Den Wein darübergeben, und mit Aluminiumfolie abdecken. Bei milder Hitze 20 min. in den Ofen schieben. Mit Kartoffel- oder Linsensalat servieren.

HECHTKLÖSSCHEN*

Quenelles de brochet
Lyonnais

Vorbereitungszeit: 1 h
Kochzeit: 25 min.
Sehr schwierig

Für 4 Personen:
Für die Panade:
20 cl Milch, 20 g Butter
70 g Mehl, 1 Ei
Für die Füllung:
250 g Hecht, 160 g Butter
6 Eier
8 cl Crème fraîche
1 Msp. Mehl, Salz, Pfeffer
1 Msp. Muskat
Für die Soße:
100 g Butter, 100 g Mehl
50 cl Milch, 50 cl Sahne

Für die Panade kocht man die Milch, in die man die Butter gegeben hat. Wenn sie hochkommt, gibt man das Mehl langsam hinein und schlägt die Milch mit einem Schneebesen, um einen glatten Teig zu erhalten. Vom Feuer ziehen, und das Ei untermischen. Den Topf noch einmal bei milder Hitze auf den Herd stellen. Mit dem Schneebesen schlagen und darauf achten, daß der Teig nicht anbäckt. Dann auskühlen lassen.
Für die Füllung zupft man das Hechtfleisch in eine Schüssel. Die Panade zufügen und mit einem Holzspachtel umrühren, bis man eine homogene Masse erhält. Langsam unter Weiterrühren die geschmolzene Butter zugeben, dann 3 ganze Eier und Eischnee aus 3 Eiweiß und schließlich die Crème fraîche. Salzen, pfeffern, etwas Muskat darüberreiben, und in den Kühlschrank stellen.
Für die Soße zerläßt man bei milder Hitze die Butter in einem Topf, bestreut sie mit Mehl und rührt, um eine glatte Mischung zu erhalten. Dann unter Weiterrühren die Milch und die Sahne zufügen. Nach 10 min. vom Feuer ziehen.
30 min. vor dem Servieren nimmt man die Mischung aus dem Kühlschrank und teilt sie in 8 Teile und rollt sie, dabei die Arbeitsplatte mit etwas Mehl bestreuen. In einem Kochtopf läßt man 4 l Salzwasser brausen und legt die Hechtklößchen für 10 min. hinein. In eine ofenfeste Form gießt man die Soße, legt die Hechtklößchen hinein und bäckt sie 15 min. bei mittlerer Hitze.

SAIBLING MIT STEINPILZEN

Omble chevalier à l`ancienne
Savoyen

Vorbereitungszeit: 20 min.
Kochzeit: 20 min., einfach

Für 4 Personen:
2 Saiblinge à je 300g
1 Ei
3 EL Mehl
300 g frische oder 150 g getrocknete Steinpilze
2 dl Weißwein aus Savoyen
100 g Crème fraîche, 50 g Butter
Saft einer Zitrone
Salz, Pfeffer

Die Saiblinge ausnehmen, waschen und trockentupfen. Erst in einem geschlagenen Ei, danach in Mehl wälzen. In eine ofenfeste Form legen, salzen und pfeffern.
Die Steinpilze säubern oder in kaltem Wasser quellen lassen. Die Köpfe in Scheiben schneiden, und um die Fische herumlegen. Mit Wein und Zitronensaft beträufeln.
Die Crème fraîche darübergeben, die Butter in Stückchen und 20 min. bei mittlerer Hitze in den Ofen schieben. Mehrmals begießen.

FORELLE MIT KAPERN

Truite Grenobloise
Dauphiné

Vorbereitungszeit: 10 min.
Kochzeit: 15 min.
Einfach

Für 4 Personen:
4 mittlere Forellen
100 g Butter
2 Scheiben Weißbrot
2 EL Kapern
2 EL Mehl
2 Zitronen
1 Bd. Petersilie, Salz, Pfeffer

Die Forellen ausnehmen und putzen. Salzen, pfeffern und im Mehl wälzen. In einer Pfanne in heißer Butter braten, nach 5 min. wenden. Nach 10 min. herausnehmen, und auf einer Servierplatte warmstellen.
Jede Weißbrotscheibe in Dreiecke schneiden, in Butter braten, mit einer geviertelten geschälten Zitrone auf der Servierplatte verteilen.
In die Butter gibt man die Kapern, die gehackte Petersilie, den Saft der anderen Zitrone. Die Forellen mit der sehr heißen Soße überziehen.

GEBACKENER FELCHEN

Féra à la Chablaisienne
Savoyen

Vorbereitungszeit: 10 min.
Kochzeit: 30 min.
Einfach

Für 4 Personen:
1 Felchen von ca. 650 g
50 g Butter
1 Schalotte, 1 Knoblauchzehe, 2 Tomaten, 1 Zitrone
2 Gläser Weißwein aus Savoyen (Crépy)
Semmelbrösel
Salz, Pfeffer

Den Felchen abschuppen, ausnehmen, waschen und trockentupfen. Den Knoblauch und die Schalotte kleinhacken. Die Tomaten schälen, entkernen und kleinschneiden. Eine ofenfeste Form ausbuttern, und mit dem Gehackten und den Tomaten belegen. Den Felchen darauflegen, salzen und pfeffern.
Den Wein angießen, den Zitronensaft zufügen, den Fisch mit Semmelbröseln bestreuen und die restliche geschmolzene Butter darübergeben. Bei mittlerer Hitze 30 min. in den Ofen schieben.

ÜBERBACKENE FLUSSKREBSE

Gratin de queues d`écrevisses
Dauphiné

Vorbereitungszeit: 30 min.
Kochzeit: 30 min., schwierig

Für 4 Personen:
2 Dutzend Flußkrebse
50 g Butter, 1 EL Mehl
1 dl trockener Weißwein
1 dl Cognac
2 Tassen Crème fraîche
2 Karotten, 4 Schalotten
1 Zweig Thymian, 1kl. Lorbeerblatt
1 entkernte und geschälte Tomate
Salz, Pfeffer

Die Flußkrebse unter fließendem Wasser waschen. Das letzte Glied des Bauches zusammen mit den Gedärmen herausziehen.
Die Karotten und Schalotten in feine Scheiben schneiden. Während 10 min. bei milder Hitze in 1 EL Butter anbraten. Die Flußkrebse hinzufügen, und 5 min. bei starker Hitze anbraten. Dabei am Topf mehrmals rütteln.
Den Cognac darübergießen und flambieren. Umrühren, dann den Wein angießen. Die Tomate, den Thymian und das Lorbeerblatt zufügen, salzen und pfeffern. Zugedeckt weitere 5 min. köcheln lassen.
Die Krebse aus dem Topf nehmen, und die Köpfe von den Schwänzen trennen. Die Schwänze beiseitestellen. Die Köpfe im Topf zerstampfen, und 5 min. köcheln lassen. Die Creme fraîche zufügen, kurz aufkochen, dann durch ein Haarsieb streichen. Die so erhaltene Soße in einen Topf geben, und mit der mit Mehl vermischten Butter binden. Mit einem Schneebesen durchschlagen,

um eine homogene Masse zu erhalten. Die Schale von den Krebsschwänzen entfernen. In eine ofenfeste Form gibt man ein wenig Soße, legt die Krebsschwänze darauf und gießt die restliche Sauce darüber. 2 min. unter dem Grill überbacken.

RINDFLEISCH-PFANNE

Boeuf sauté Lyonnais
Lyonnais

Vorbereitungszeit: 10 min.
Kochzeit: 20 min., sehr einfach

Für 4 Personen:
800 - 1000 g gekochtes Suppenfleisch vom Rind
4 gr. Zwiebeln, 1 Bd. Petersilie
50 g Butter, Salz, Pfeffer

In einer Pfanne dünstet man die in feine Scheiben geschnittenen Zwiebeln in etwas Butter glasig. Beiseitestellen.
Das Suppenfleisch in feine Scheiben schneiden. In der Pfanne, in der man die Zwiebeln gedünstet hat, bei starker Hitze und etwas Butter kurz anbraten. Dann das Fleisch mit den Zwiebeln mischen, und weitere 5 min. garen lassen. Salzen, pfeffern, und mit gehackter Petersilie bestreuen.

POULARDE MIT TRÜFFELN

Poularde demi-deuil
Lyonnais

2 Tage vorher beginnen
Vorbereitungszeit: 15 min. + 3 h für die Marinade
Kochzeit: 4 h, einfach

Für 8 Personen:
1 Poularde aus Bresse von ca. 2 kg
3 - 4 Trüffel, möglichst frische
1/2 Glas Madeira
6 l Hühnerbrühe
8 Karotten, 8 weiße Rüben
1 gr. Zwiebel mit 1 Nelke gespickt
1 kl. Selleriestange, Salz, Pfeffer

Die Trüffel gründlich bürsten und in feine Scheiben schneiden. Mit Salz, Pfeffer und dem Madeira in eine Schüssel geben, und 3 h ziehen lassen.
Mit einer Messerspitze macht man vorsichtig kleine Löcher in die Haut der Poularde, ohne das Fleisch zu verletzen. In jede Öffnung gibt man eine Trüffelscheibe. Poularde 2 Tage kaltstellen, damit das Fleisch den Trüffelgeschmack annimmt. In einen großen Kessel gibt man 8 l Salzwasser und die Geflügelabfälle (Flügel, Füße, Hals, Magen). Zum Kochen bringen, abschäumen und 3 h köcheln lassen. Dann das Gemüse und die in Mousseline eingeschlagene Poularde zugeben. Weitere 60 min. kochen lassen. Zum Servieren die Poularde zerteilen, mit Gemüse umlegen und mit etwas Brühe beträufeln. Grobes Salz dazustellen.

HUHN IN SAURER SOSSE

Poulet au vinaigre
Lyonnais

Vorbereitungszeit: 5 min.
Kochzeit: 45 min., einfach

Für 4 Personen:
1 Huhn aus Bresse von ca. 1,5 kg
75 g Butter, 20 dl Estragonessig
1 TL Mehl
Salz, Pfeffer

Das Huhn zerteilen, und während 5 min. in 50 g Butter in einem Topf anbraten. Salzen, pfeffern, und mit der Hälfte des Essigs begießen. Zudecken und 30 min. köcheln lassen. Aus dem Topf nehmen, und auf einer Servierplatte warmstellen. In den Topf gibt man den restlichen Essig, zum Kochen bringen, und 4 min. kochen lassen, dann die Hitze verringern, und die restliche, mit Mehl vermischte Butter hineinrühren. Wenn die Soße bindet, gibt man sie über das Huhn.

STEAK IN BEAUJOLAIS*

Entrecôte Beaujolaise
Lyonnais

Vorbereitungszeit: 5 min.
Kochzeit: 15 - 20 min., einfach

Für 4 Personen:
2 Entrecôtes (Zwischenrippenstücke) à je 400 g, von denen man das überschüssige Fett entfernt hat
50 g Butter
1 Glas Beaujolais
1 Zwiebel, 3 Schalotten
Salz, Pfeffer

Die Entrecôtes salzen und pfeffern. In einer Pfanne zerläßt man die Butter und brät die Entrecôtes auf jeder Seite 5 - 8 min. an. Auf einer Servierplatte warmstellen.
In den Saft gibt man die gehackten Schalotten und Zwiebel. Anbraten lassen, dann mit dem Wein angießen und abschmecken. Die Soße über die Entrecôtes geben und servieren. Paul Bocuse gibt zu der Soße noch ein Anchovis-Filet.

GEFÜLLTE KALBSSCHULTER

Épaule de veau farcie à la Bugiste
Bugey

Vorbereitungszeit: 30 min.
Kochzeit: 2 h 10 min., schwierig

Für 4 Personen:
1 kg Kalbsschulter
500 g Wiesenchampignons
100 g Schweinerücken
75 g fetter Speck
50 g Geflügelleber
1 dünne Scheibe Speck, 100 g Butter
25 cl Wein aus Bugey oder Savoyen
10 cl Hühnerbrühe
25 cl Crème fraîche
50 g Schalotten, 2 Stengel Petersilie
1 Selleriestange
1 Zwiebel, mit 1 Nelke gespickt
Salz, Pfeffer

Ein Viertel der Champignons 5 min. in Butter dämpfen. Aus der Mitte der Schulter ca. 200 g Fleisch entfernen, und zusammen mit dem Schweinerücken, dem Speck, der Geflügelleber, den Schalotten und der Petersilie kleinhacken. Die gedämpften Champignons hineinmischen, salzen, pfeffern. Das Gehackte in die Mitte der Schulter geben, mit der Speckscheibe umwickeln.
In einem Schmortopf brät man bei mittlerer Hitze das Fleisch in etwas Butter auf allen Seiten an. Mit dem Wein und der Brühe ablöschen, den Sellerie und die gespickte Zwiebel zufügen, abschmecken und zugedeckt bei milder Hitze 2 h köcheln lassen. Nach 1 h das Fleisch wenden. 10 min. vor dem Ende der Garzeit dämpft man die restlichen Champignons. Das Fleisch auf die Servierplatte legen und warmstellen.

Die Crème fraîche in den Kochsaft geben, ebenso die Champignons. Eindicken lassen, und das in Scheiben geschnittene Fleisch mit dieser Soße überziehen.

SCHAFSKALDAUNEN*

Défarte Crestoise
Dauphiné

Vorbereitungszeit: 15 min.
Kochzeit: 5 h, einfach

Für 6 Personen:
8 Schafsfüße
12 kl. Päckchen rohe, gewaschene Schafskaldaunen
Für den Sud:
250 g Karotten, 2 Zwiebeln, 2 weiße Lauchteile – alles in Scheiben
1 Selleriestange, 1 Zwiebel, mit 1 Nelke gespickt, 1 Bouquet garni (Thymian, Lorbeerblatt, Petersilie)
2 EL Weinessig, Salz, Pfeffer
Für die Soße:
50 g Butter, 30 g Mehl
1 Zwiebel, 2 Knoblauchzehen
1 Bd. Petersilie, 1 Glas Weißwein
1 EL Tomatenmark

Die Schafsfüße und die Kaldaunen zugedeckt 4 h in dem Sud köcheln lassen. Das Wasser soll das Fleisch bedecken.
Kurz vor dem Ende der Garzeit die Soße zubereiten. Die Zwiebel in feine Scheiben schneiden und in einem Topf anbraten. Mit dem Mehl bestreuen und umrühren, um das Mehl mit der Butter zu verbinden. Eine Knoblauchzehe und die Hälfte

der gehackten Petersilie zufügen, mit dem Wein und mit 1/2 Glas Wasser ablöschen, das Tomatenmark zugeben. Salzen, pfeffern.
Die Schafsfüße und die Kaldaunen aus dem Sud nehmen, die Bindfäden und Knochen entfernen und abtropfen lassen. Das Fleisch in der Soße 1 h köcheln lassen. Zum Servieren mit der gehackten Knoblauchzehe und Petersilie bestreuen.

GEBRATENER FETTDARM

Gras-Double Lyonnais
Lyonnais

Vorbereitungszeit: 15 min.
Kochzeit: 30 min. (od. 6 h 30 min.)
Einfach

Für 4 Personen:
1,5 kg Fettdarm
50 g Schweineschmalz
1 EL Erdnußöl, 20 g Butter
4 große Zwiebeln
2 Knoblauchzehen
1/2 Tasse grob gehackte Petersilie
1/2 Glas trockener Weißwein
1 TL Weinessig, Salz, Pfeffer

Wenn der Fettdarm noch nicht gekocht ist, gibt man ihn mit 2 l Wasser, 2 Zwiebeln, 1 Knoblauchzehe, Salz und Pfeffer in einen großen Topf. Zum Kochen bringen, und 6 h brausend kochen lassen.
Den Fettdarm in feine Scheiben schneiden, und bei starker Hitze in dem rauchheißen Schweineschmalz anbraten. In einer anderen Pfanne brät man die in feine Scheiben geschnittene Zwiebel und den gehackten Knoblauch in der Butter an, bis sie goldgelb sind. Dann die Petersilie zufügen, und das Ganze mit dem Fettdarm vermischen. Dann alles in eine ofenfeste Form geben. In die sehr heiße Pfanne, in der man den Fettdarm angebraten hat, gießt man den Weißwein und kratzt mit einem Holzlöffel den Bratensaft ab. Über den Fettdarm geben, und bei milder Hitze 30 min. in den Ofen schieben. Kurz vor dem Servieren den Weinessig zufügen.

POULARDE IN DER BLASE*

Poularde en vessie / Lyonnais

Am Vortag beginnen
Vorbereitungszeit: 30 min.
Kochzeit: 1 h 30 min.
Schwierig

Für 4 Personen:
1 Poularde von 1,5 - 1,8 kg
1 Schweinsblase
1 Fl. Weißwein oder 1 Glas Madeira
1 kl. Glas Cognac
1 EL grobes Salz, 1 Tasse Essig
4 Karotten, 4 weiße Rüben
4 Lauch (nur das Weiße)

Am Vortag reinigt man die Blase, indem man sie mit Wasser, dem groben Salz und dem Essig in eine Schüssel gibt.
Am nächsten Tag die ausgenommene und zugenähte Poularde in die Blase geben. Salzen, pfeffern, und den Weißwein oder Madeira mit dem Cognac in die Blase gießen. Die Blase fest zubinden, und ca. 10 mal mit einer Nadel einstechen.
1 h 30 min. in kochendes Wasser geben. Das Gemüse getrennt kochen und mit der Poularde servieren. Die Blase erst bei Tisch öffnen, damit der Duft sich entfalten kann.

GROSSER FLEISCHTOPF

Daube Dauphinoise
Dauphiné

Vorbereitungszeit: 40 min. + 3 h, um die Zunge zu reinigen
Kochzeit: 12 h, schwierig

Für 10 Personen:
2 kg Rindfleisch (Oberschale, Schwanzstück, Schulter, Hochrippe)
500 g Speckschwarten
3 Schweinsfüße und 1 Kalbsfuß, der Länge nach gespalten
1 Ochsenzunge
3 Fl. Rotwein (Hermitage, Crozes oder Cornas)
1 Fl. Weißwein (Hermitage oder Crozes), 1 Glas Cognac
50 cl Geflügelbrühe
100 g Tomatenpüree
3 kg Karotten, 3 gr. Zwiebeln, mit je 1 Nelke gespickt, 2 geschälte und entkernte Tomaten, 2 Peperoni
500 g Champignons
1 Orangenschale
2 Knoblauchzehen, Salz
1 Bouquet garni
Pfefferkörner

Einen sehr großen Schmortopf legt man mit den blanchierten Speckschwarten aus, die Fettseite gegen das Metall.
In zwei verschiedenen Töpfen bringt man 2 l Wasser zum Kochen. In den einen gibt man die Füße und läßt sie 15 min. kochen. In dem anderen läßt man die Zunge 20 min. kochen, nachdem sie vorher 3 h in kaltem Essigwasser lag. Auf die Speckschwarten legt man nun die Füße und die Zunge, darauf das gespickte Rindfleisch. Salzen und pfeffern. Die Karotten und Zwiebeln in feine Scheiben schneiden. Dann auf und zwischen die Fleischstücke legen. Die kleingeschnittenen Tomaten, die zerdrückten Knoblauchzehen, die Peperoni, das Bouquet, die Orangenschale und die Pfefferkörner zugeben. Den Rotwein, den Weißwein und die Brühe darübergießen, um das Ganze zu bedecken, dabei die Proportionen beachten; 2 (Rotwein) : 1 (Weißwein) : 1/2 (Brühe). Zugedeckt bei milder Hitze 12 h köcheln lassen. Alle zwei Stunden Flüssigkeit nachgießen. 2 h vor dem Ende der Kochzeit gibt man den Cognac, das Tomatenpüree und die geviertelten Champignons zu. Kurz vor dem Servieren nimmt man das Bouquet, die Orangenschale und die gespickten Zwiebeln heraus. Das Fleisch schneiden, mit Gemüse umlegen und mit der Sauce überziehen.

KALBSNUSS MIT GEMÜSE

Noix de veau à l`Aixoise
Savoyen

Vorbereitungszeit: 25 min.
Kochzeit: 1 h 15 min.
Einfach

Für 4 Personen:
800 - 1000 g Kalbsnuß
50 g Butter
1 dl Rinder- oder Hühnerbrühe
2 EL Weißwein aus Savoyen
2 Sellerieherzen, 12 kleine Zwiebeln
12 junge Karotten, 12 neue Kartoffeln, 12 junge weiße Rüben (runde)
Salz, Pfeffer

In einem großen Schmortopf zerläßt man die Butter und brät die Kalbsnuß auf allen Seiten an. Warmstellen. Danach das geschälte Gemüse in den Schmortopf geben und einige Minuten anbraten. Das Fleisch wieder hineingeben, salzen, pfeffern und mit der Brühe begießen. Zugedeckt 1 h köcheln lassen.
Zum Servieren das Fleisch aufschneiden, mit dem Gemüse umlegen. Den mit Weißwein abgelöschten Bratensaft in einer Sauciere servieren.

FLEISCHTOPF SAVOYEN*

Potée Savoyarde / Savoyen

Vorbereitungszeit: 45 min.
Kochzeit: 2 h 30 min., einfach

Für 8 Personen:
800 g Bauchspeck, 1 Schweinshaxe
8 Schweinswürstchen
300 g geräuchertes Wammerl
1 Wirsing, 400 g Karotten
400 g Kartoffeln, 200 g weiße Rüben, 2 Zwiebeln, mit je 1 Nelke gespickt, 1 Bouquet garni, 2 Knoblauchzehen, Salz, Pfeffer

Den Wirsing blanchiert man 10 min. in Salzwasser, danach abschrecken und abtropfen lassen. Wenn das Fleisch gepökelt ist,

ebenfalls blanchieren. In einen Topf gibt man alles Fleisch, das Gemüse bis auf den Kohl, die Kartoffeln und die Gewürze. Mit Wasser bedecken, und 1 h 30 min. kochen lassen. Dabei ab und zu abschäumen. Dann fügt man den Kohl und die Kartoffeln hinzu und läßt das Ganze 1 h weiterköcheln. Abschmecken. Zum Servieren das Fleisch aufschneiden und mit dem Gemüse umlegen.

ARTISCHOCKEN MIT RINDERMARK

Cardons à la moelle
Lyonnais

Vorbereitungszeit: 15 min.
Kochzeit: 1 h, einfach

Für 6 Personen:
1 kg Gemüseartischocken
100 g Butter, 1 Zitrone
Das Mark eines großen Rindsknochens
2 EL gehackte Petersilie
Salz, Pfeffer

Die grünen Blätter und das Heu der Artischockenböden entfernen. Die zarten Teile der Böden in 5 auf 10 cm große Stücke schneiden.
Sorgfältig alle Fasern entfernen und die Stücke mit Zitrone abreiben, damit sie nicht schwarz werden. Die Stücke in 3 l Salzwasser geben, und zugedeckt 45 min. kochen lassen. Danach unter kaltem Wasser in einem Sieb abschrecken.
Abtropfen lassen und dann mit 20 g Butter in einem Schmortopf 5 min. dünsten.
Das Rindermark mit Hilfe eines spitzen Messers aus dem Knochen drücken, und 5 min. in etwas Salzwasser pochieren. Danach auf Küchenkrepp abtropfen lassen, und in Scheiben schneiden.
In eine ausgebutterte ofenfeste Form gibt man die Artischockenstücke, legt die Markscheiben darauf und verteilt die restliche Butter in Stückchen darüber.
Für 5 min. in den sehr heißen vorgeheizten Ofen schieben. Vor dem Servieren mit gehackter Petersilie bestreuen.

KARTOFFELGRATIN MIT BEAUFORT*

Gratin Savoyard
Savoyen

Vorbereitungszeit: 20 min.
Kochzeit: 1 h
Sehr einfach

Für 6 Personen:
1 kg Kartoffeln
75 g Butter
150 g geriebener Beaufort-Käse
75 cl Fleischbrühe
Salz, Pfeffer

Die Kartoffeln in feine Scheiben schneiden, in einem Küchentuch trockentupfen. Eine ofenfeste Form ausbuttern, und die gesalzenen und gepfefferten Kartoffelscheiben hineinschichten.

Zwischen jede Schicht geriebenen Käse verteilen. Die Brühe hineingießen. Auf der letzten Schicht den restlichen Käse und die Butter in Stückchen verteilen. 1 Stunde bei milder Hitze in den Ofen schieben.

KARTOFFELGRATIN MIT GRUYERE

Gratin Forézien / Lyonnais

Vorbereitungszeit: 20 min.
Kochzeit: 1 h 30 min., einfach

Für 4 Personen:
1 kg Kartoffeln, 1 Knoblauchzehe
300 g geriebener Gruyère oder Comté-Käse, 75 cl Crème fraîche
Salz, Pfeffer

Die geschälten Kartoffeln in feine Scheiben schneiden, trockentupfen und in eine ofenfeste Form schichten.
Die Crème fraîche salzen, pfeffern, den Knoblauch zufügen und zum Kochen bringen. Den Käse auf die Kartoffeln geben, und mit der heißen Crème fraîche begießen. Bei mittlerer Hitze 1 h 30 min. in den Ofen schieben.

ARTISCHOCKENBÖDEN MIT GÄNSELEBERPASTETE

Fonds d`artichaut au foie gras
Lyonnais

Vorbereitungszeit: 40 min.
Kochzeit: 20 min., einfach

Für 4 Personen:
4 große Artischocken
1/2 Zitrone
4 Scheiben Gänseleberpastete in der Größe der Artischockenböden
50 g Butter, 4 EL Madeira
Salz, Pfeffer

Alle faserigen Teile der Artischocken entfernen und den Rest mit Zitrone einreiben. 30 min. in Salzwasser kochen. Die Blätter und das Heu entfernen.
In einem Topf zerläßt man die Butter und legt die Artischockenböden darauf. Mit dem Madeira angießen, salzen und pfeffern. Zugedeckt bei milder Hitze 15 min. köcheln lassen. Mit einem Schaumlöffel herausnehmen, und auf eine heiße Servierplatte legen. Auf jeden Boden eine Scheibe Pastete legen und servieren.

KARTOFFELGRATIN*

Gratin Dauphinois / Dauphiné

Vorbereitungszeit: 20 min.
Kochzeit: 1 h 30 min., einfach

Für 6 Personen:
1 kg Kartoffeln mit gelbem Fleisch
1 Knoblauchzehe
75 g Butter, 2 dl Milch
2 dl Sahne, Salz, Pfeffer

Die geschälten Kartoffeln in feine Scheiben schneiden und trocken

tupfen. Eine ofenfeste Form mit dem Knoblauch ausreiben und großzügig ausfetten.
Die Kartoffeln hineinschichten, jede Schicht salzen und pfeffern. Die mit Sahne vermischte Milch darübergießen. Die Flüssigkeit sollte die oberste Schicht erreichen. Die Butter in Stückchen darübergeben, und bei milder Hitze 1 h 30 min. in den Ofen schieben.

BLÄTTERTEIGTASCHEN MIT BIRNEN

Rézules de poires / Savoyen

Vorbereitungszeit: 2 h 15 min.
Kochzeit: 6 - 15 min., einfach

Für 8 Personen:
2 kg Birnen
400 g Kristallzucker
1/2 Zimtstange
400 g Blätterteig
100 g Zuckerguß (wenn im Ofen gebacken)

Die Birnen schälen, entkernen und vierteln. Mit dem Kristallzucker, der Zimtstange und 40 cl Wasser in einen Topf geben.
Zugedeckt bei milder Hitze 2 h köcheln lassen. Dann den Deckel abnehmen und erkalten lassen. Das Birnenkompott soll sehr dickflüssig sein. Den Zimt herausnehmen. Den Teig 5 mm dick ausrollen, und Kreise von 10 cm ø ausstechen. Auf jeden Kreis etwas Birnenkompott geben, einen weiteren Kreis darauflegen, und die Ränder mit angefeuchteten Fingern zusammendrücken. Entweder man bäckt die Taschen nun 6 - 8 min. in heißem Fritierfett oder 15 min. im heißen Ofen. Wenn sie im Ofen waren, läßt man sie erkalten und bestreicht sie dann mit Zuckerguß.

SCHMALZNUDELN

Bugnes Lyonnaises
Lyonnais

Vorbereitungszeit: 30 min. + Ruhezeit des Teiges 3 h
Kochzeit: einige Minuten, einfach

Für 4 Personen:
250 g Mehl
1/2 Zitrone
3 Eier
50 g Puderzucker
50 g Butter
1 EL Rum
1 Beutel Vanillezucker
Salz, Fritierfett

Die Zitrone schälen, und die Schale 5 min. in kochendes Wasser geben. Herausnehmen und kleinhacken. In einer Schüssel vermischt man die weiche Butter, den Zucker, das Salz, die Schale, die Eier und den Rum. Dann das Mehl zufügen. Gut durcharbeiten. Wenn der Teig zu fest wird, etwas Milch zugeben.
Mit der Hand eine Kugel formen, und in ein sauberes Küchentuch schlagen. 3 h im Kühlschrank ruhen lassen.
Den Teig in 8 Teile schneiden, jeden so dünn wie möglich auf einer bemehlten Oberfläche ausrollen. Rechtecke von 15 x 7 cm ausschneiden, und mehrmals in ein sehr heißes Fritierbad geben, damit sie aufgehen. Auf Küchenkrepp abtropfen lassen und mit Vanillezucker bestreuen.

KRÄUTERQUARK*

Cervelle de Canut / Lyonnais

Vorbereitungszeit: 15 min.
Sehr einfach

Für 4 Personen:
400 g Quark
1 - 2 Schalotten, 1 Knoblauchzehe
4 - 5 Stengel Petersilie, Kerbel und einige Schnittlauchhalme
5 - 6 Blätter Estragon; alles fein gehackt, 10 cl Öl
10 cl Weißwein, 20 cl Crème fraîche

Den Quark in eine Schüssel geben, glattrühren, danach die gehackten Kräuter, dann das Öl und schließlich den Wein, Salz und Pfeffer unterrühren. Die Crème fraîche schlagen, dann ebenfalls zugeben. Kaltstellen und eiskalt servieren.

APFELPFANNKUCHEN

Matefaim / Lyonnais

Vorbereitungszeit: 15 min. + Ruhezeit des Teiges 3 h
Kochzeit: 30 min., einfach

Für 6 Personen:
200 g Mehl, 2 Eier
4 Renette-Äpfel (oder Cox Orange)
125 g Kristallzucker, 25 cl Milch
1 EL Erdnußöl, 1 Msp. Salz
1 EL Orangenblütenwasser

In einer Schüssel das Mehl, die Eier, zwei Drittel des Zuckers, 1 TL Öl und Salz sorgfältig verrühren, dann die kalte Milch und das Orangenblütenwasser hinzugeben. Rüh-ren, damit sich keine Klümpchen bilden. 3 h ruhen lassen. Die Äpfel schälen, entkernen und reiben.

Den restlichen Zucker dazugeben und umrühren. Nach der Ruhezeit in den Teig geben.
Das restliche Öl in der Pfanne erhitzen, und den Teig wie einen dicken Pfannkuchen hineingeben. 30 min. backen lassen, dabei alle 8 min. wenden.
Warm servieren. Man kann den Pfannkuchen mit Zucker bestreuen oder Crème fraîche bestreichen.

BRIOCHE MIT PRALINENFÜLLUNG

Brioche de Saint-Genix
Savoyen

Am Vortag beginnen
Vorbereitungszeit: 50 min.
Backzeit: 45 min., einfach

Für 6 Personen:
500 g Mehl, , 400 g Butter
6 Eier, 200 g Pralinen
30 g Zucker, 10 g Bäckerhefe
1 Msp. Salz

Am Vortag gibt man für den Teig das Mehl in eine Schüssel, macht eine Vertiefung und gießt die in warmem Wasser aufgelöste Hefe hinein. Den Zucker, das Salz und die Eier hinzugeben. Den Teig durcharbeiten, bis er glatt ist, dann die Butter in Stücken zugeben. Gut durchmischen. Die Schüssel zudecken, und an einen warmen Ort stellen.
Wenn der Teig aufgegangen ist, schlägt man ihn mit der flachen Hand, um das Volumen zu reduzieren und stellt ihn dann bis zum nächsten Tag mit einem Küchentuch zugedeckt an einen kühlen Ort.
Am nächsten Tag mischt man 3/4 der Pralinen unter den Teig und gibt diesen in eine ausgebutterte Brioche-Form. Mit den restlichen Pralinen verzieren. Weitere 30 min. ruhen lassen, dann bei mittlerer Hitze 45 min. backen.

SANDKUCHEN*

Gâteau de Savoie / Savoyen

Vorbereitungszeit: 15 min.
Kochzeit: 40 min., einfach

Für 6 Personen:
4 Eier, 100 g Grießzucker
50 g Mehl, 50 g Stärkemehl
1 Beutel Vanillezucker oder
1 ger. Zitronenschale
25 g Butter, 30 g Kristallzucker

In eine Schüssel gibt man die Eigelb, in eine andere die Eiweiß. Zu den Eigelb gibt man den Grieß- und den Vanillezucker. Mit einem Schneebesen schlagen, bis die Mischung glatt ist. Das Mehl hineinrieseln lassen, danach das Stärkemehl zugeben. Das steif geschlagene Eiweiß vorsichtig unterheben. Ein Biskuitform ausfetten, mit Kristallzucker ausstreuen und die Mischung hineingießen. Sie sollte max. 2/3 der Höhe erreichen. 40 min. bei milder Hitze backen. Erkalten lassen und mit Marmelade oder Sahne servieren.

HEFEKRÄNZE

Pogne de Romans / Dauphiné

Vorbereitungszeit: 15 min. +
Ruhezeit des Teiges 6 h
Kochzeit: 30 min.
Schwierig

Für 6 Personen:
500 g Mehl, 20 g Bäckerhefe
10 g Salz
100 g Grießzucker
1 EL Orangenblütenwasser
6 Eier
300 g Butter, 1 EL Mehl
1 EL Öl

In 8 cl warmem Wasser löst man das Salz, 20 g Zucker und die Bäckerhefe auf. 100 g Mehl hineingeben, um einen Hefeteig zu erhalten. Mit einem feuchten Küchentuch abdecken und gehen lassen bis der Teig doppelt so groß ist.
In einer Schüssel das restliche Mehl mit dem restlichen Zucker vermischen. In eine Vertiefung gibt man nach und nach das Orangenblütenwasser, die Eier, dann den Hefeteig, wobei man den Teig schlägt, damit er eindickt. Die weiche Butter zugeben und gut durchmischen.
Eine Kugel formen, in eine Schüssel legen und mit einem feuchten Küchentuch bedecken. 2 h gehen lassen. Danach den Teig mit bemehlten Händen gut durcharbeiten, um ihn wieder zusammenfallen zu lassen. Wieder eine Kugel formen, und zugedeckt 4 h gehen lassen.
Mit bemehlten Händen formt man aus dem Teig mehrere Kränze und legt sie auf ein leicht geöltes Backblech. 30 min. gehen lassen, dann ritzt man den Teig mit einem in Wasser getauchten Messer etwas ein. Bei mittlerer Hitze 30 min. backen lassen.
Die Garzeit kann mittels einer in den Teig gestochenen Stricknadel, die trocken herauskommen sollte, überprüft werden.

Zentral-massiv

Bourbonnais
Auvergne
Velay
Vivarais
Gévaudan
Rouergue
Limousin
Marche

Eingeschlossen in der Mitte Frankreichs und von den Verkehrswegen nur knapp berührt, ist das Zentralmassiv ein Mosaik alter Provinzen: Im Norden Bourbonnais; im Osten Velay und Vivarais; im Süden Gévaudan und Rouergue; im Westen Marche und Limousin; im Zentrum die Auvergne.
Diese Provinzen sind mit Ausnahme einiger privilegierter Gebiete arm. Ihre Küche ist davon gezeichnet, was nicht heißt, daß sie uninteressant ist. Einige Rezepte zeugen bei der Verwendung der Produkte aus diesem unfruchtbaren Boden von dem Einfallsreichtum der Frauen dieser Landstriche.

Vorherige Seiten: *Die fruchtbare Ebene von Limagne, von den Bergen der Auvergne begrenzt, ist ein Land mit vielfältigem Anbau, in dem vor allem der Weizen, aber auch Gerste und Mais einen wichtigen Platz einnehmen.*
Oben: *Die Türme des Château de Val aus dem 15. Jh. spiegeln sich in den Wassern des Stausees von Bort-les-Orgues.*

Die Reihe der Agrar-Produkte, die übrigens von exzellenter Qualität sind, ist schnell aufgezählt. Die zahlreichen Wasserläufe enthalten viele Fische in einer Region, die von den meisten Menschen verlassen wurde.
Auf den kräuterreichen Weiden der Plateaus von Aubrac und Millevaches und Rouergue und Gévaudan bringt die Rinderzucht Fleischprodukte erster Güte hervor, Ochsen von Limousin und Salers, Schafe von Larzac und Brioude. Diese Tiere werden für die Fleischwirtschaft gemästet, aber weil sie auch Milch geben, dienen sie den feinen Genüssen.

Oben: *Die Heuernte auf den westlichen Hängen des Zentralmassivs*
Links: *Nach dem Melken wird die Milch durch eine Gaze gefiltert und in einem tiefen und breiten Behälter aufgefangen. Für einen Cantal-Käse braucht man Milch von 30 Kühen.*

Sie liefern nämlich Käse, die sich unter den berühmtesten befinden: Saint-Nectaire, Murols, Fourmes d`Ambert, Fourmes de Montbrison, Bleu d`Auvergne, Bleu des Causses, Cantal, Laguiole und den unvergleichlichen und unnachahmlichen Roquefort aus Schafsmilch. Dazu kommen noch einige ausgezeichnete Ziegenkäse. Die Küche ist fast immer rustikal, angefangen bei der Kohlsuppe aus der Auvergne bis zu den Eintöpfen aus

allem, was das Land bietet. Im Bourbonnais gibt es den Hefekranz mit Grieben, eine Art Brötchen mit Speckresten. Genauso sind die Mehlklößchen oder die Kartoffelplätzchen mit Speck aus dem Limousin nicht gerade leicht verdauliche Gerichte.
Die ländliche Herkunft ist allen Gerichten anzumerken: die Maronensuppe aus dem Limousin, das Schweinefleisch mit grünen Linsen aus Velay, der Gemüse-Speckkuchen, die gefüllte Kalbsbrust aus der Auvergne, die Kartoffel-Käse-Mischung aus Rouergue, der gefüllte Schweinemagen und die Labmägen des Vivarais, die Lammköpfe von Gévaudan...
Viele weitere Gerichte, die ebenfalls vom ländlichen Charaker geprägt sind, überraschen durch ihren feinen Geschmack.
So z.B. die Innereien aus der Auvergne, die Gerichte mit Magenteilen des Schafs oder des Kalbs mit Fleisch und Kräutern gefüllt und manchmal von Schafsfüßen begleitet. Auch das Huhn mit Käse und die Hechte und Flußkrebse des Bourbonnais sind sehr delikat, die Hammelkeule aus der Auvergne, die mehrere Stunden köcheln muß, der Stockfisch-Topf aus Rouerge, ein ferner Verwandter dessen, wie er in Nizza gemacht wird, und vor allem das Meisterwerk dieser Region im Bourbonnais, der Hase und die Ente, die mit einer Essigsauce, mit Sahne oder mit Schalotten serviert wird.
Es wäre ungerecht, die Weine des Vivarais zu verschweigen (Cornas, Saint-Joseph, Saint-Péray) und die Nachspeisen all dieser Provinzen:

Kirschauflauf und Apfel- oder Birnenkuchen aus dem Limousin, die glasierten Maronen des Vivarais, die Gebäcke der Auvergne: Hörnchen, Sandkuchen, Knusperplätzchen und Brioches.
Ohne den saftigen Sahnekuchen mit Birnen und Johannisbeergelee zu vergessen, dessen Name von einem alten Spiel stammt, bei dem man auf den Händen läuft.

Wenn der Feinschmecker sich dann durch alle Köstlichkeiten dieser Region gekostet hat, kann er immer noch nach Vichy gehen, um eine Wasser-Kur zu machen.

Oben: *Große Touristenattraktion sind die Schluchten von Tarn, die einen beeindruckenden Canyon formen, den man per Straße, im Boot, im Kajak oder zu Fuß erkunden kann. An der engsten Stelle der Schlucht sind die Steilwände 100 m hoch.*
Links: *Auf den Händen des Puy de Laschamp im Süden des Puy de Dôme weiden Schafherden.*

GRÜNKOHLSUPPE*

Soupe aux choux / Auvergne

Am Vortag beginnen
Vorbereitungszeit: 25 min.
Kochzeit: 2 h 15 min., einfach

Für 6 Personen:
600 g Pökelfleisch (Schulter, Speck, Wammerl), 1 Landjäger, 1 roher Schinkenknochen, 600 g Kartoffeln
1 EL Schweineschmalz, 2 Grünkohl
300 g Karotten, 3 Lauch, 1 große Zwiebel, mit 1 Nelke gespickt
1 Bouquet garni, Salz, Pfeffer
einige Scheiben Roggenbrot

Am Vorabend legt man das Pökelfleisch zum Entsalzen in kaltes Wasser.

Am nächsten Tag gibt man das Fleisch, die Zwiebel und den Schinkenknochen in einen großen Topf und gibt viel kaltes Wasser dazu. Ohne zu salzen zum Kochen bringen, und zugedeckt 10 min. köcheln lassen.

Währenddessen den Kohl waschen, die äußeren Blätter und den Strunk entfernen, anschließend vierteln und 5 min. in kochendem Wasser blanchieren. Abtropfen lassen.

Wenn das Pökelfleisch 10 min. gekocht hat, abschäumen und den Kohl, die geschälten Karotten, das Bouquet und das Schweineschmalz dazugeben. 1 h leise köcheln lassen. Die Wurst, die geschälten Kartoffeln und die weißen Teile des Lauchs zufügen. Eine weitere Stunde köcheln lassen.
Man serviert zuerst die Brühe über den Brotscheiben, dann das Fleisch zusammen mit dem Gemüse.

KÄSESUPPE

Soupe au Cantal
Auvergne und Rouergue

Vorbereitungszeit: 15 min.
Kochzeit: 1 h 10 min.
Einfach

Für 6 Personen:
300 g frischer Cantal-Käse
200 g Roggenbrot
30 g Butter oder Schweineschmalz
6 Zwiebeln
Salz, Pfeffer

Die in feine Scheiben geschnittenen Zwiebeln in der Butter oder dem Schweineschmalz anbraten, dann mit 1,5 l kochender Brühe oder Salzwasser aufgießen, großzügig pfeffern. Zugedeckt 30 min. köcheln lassen. Während dieser Zeit das Brot und den Käse in feine Scheiben schneiden.
In einen Schmortopf legt man in aufeinanderfolgenden Schichten das Brot und den Käse. Darüber gibt man die Brühe und die Zwiebeln. Zugedeckt bei milder Hitze 30 min. in den Ofen schieben.

MARONENSUPPE

Soupe de Marrons
Limousin

Vorbereitungszeit: 10 min.
Kochzeit: 1 h 10 min.
Einfach

Für 6 Personen:
2 Dutzend geschälte Maronen
2 Lauch (nur die weißen Teile)
1 Zwiebel
20 g Butter, 20 cl Crème fraîche
1 l Fleischbrühe
1 Bouquet garni (Thymian, Sellerie)
4 Scheiben getoastetes Weißbrot
Salz, Pfeffer

Den Lauch und die Zwiebeln in feine Scheiben schneiden, und in der Butter bei milder Hitze 10 min. dünsten.
Die Maronen und das Bouquet zufügen, die Brühe darübergeben, salzen und pfeffern. 45 min. leise kochen lassen. Das Bouquet herausnehmen, die restlichen Zutaten durch eine Gemüsemühle geben. In einen Topf geben, die Crème fraîche langsam zugeben und 10 - 15 min. kochen lassen. Über den Brotscheiben servieren.

GRIEBENKRANZ

Pompe aux grattons
Bourbonnais

Vorbereitungszeit: 10 min.
Kochzeit: 1 h, einfach

Für 6 Personen:
500 g Grieben
400 g Mehl, 3 Eier
2 dl abgekochte Milch
50 g Butter, 1 Msp. Salz

Das Mehl in eine Schüssel geben, und die Eier nach und nach einarbeiten. Die weiche Butter und das Salz zufügen. Langsam die kalte Milch darübergießen und verrühren. Die Grieben zugeben, und mit der Hand den Teig gut durcharbeiten, dann in Kranzform auf ein Backblech legen. 1 h im heißen Ofen backen lassen.

OMELETT MIT KARTOFFELN

Omelette Brayaude
Auvergne

Vorbereitungszeit: 10 min.
Kochzeit: 30 min., einfach

Für 6 Personen:
200 g roher Schinken in Würfeln
250 g Kartoffeln in Würfeln
9 Eier, 3 EL Crème fraîche
125 g Cantal-Käse in Scheiben
2 EL Schweineschmalz
30 g Butter, Pfeffer

In der Pfanne brät man in dem heißen Schweineschmalz die trockengetupften Kartoffeln 5 min. kräftig an. Umrühren und zugedeckt 15 min. köcheln lassen, dabei von Zeit zu Zeit den Topf rütteln, damit die Kartoffeln nicht anbacken. Danach mischt man vorsichtig den Schinken darunter. Die Eier schlagen, pfeffern, die Butter stückchenweise zufügen und über die Kartoffeln geben. Wenn das Omelett auf einer Seite goldgelb ist, stürzt man es auf eine Servierplatte und gibt es zurück in die Pfanne, um es auf der anderen Seite zu backen. Zum Servieren die Crème fraîche darübergießen und mit Käse bestreuen.

OMELETT MIT ROQUEFORT*

Omelette au Roquefort
Rouergue

Vorbereitungszeit: 10 min.
Kochzeit: ca. 5 min.
Sehr einfach

Für 6 Personen:
30 g Butter
50 g Sahne
70 g Roquefort
9 Eier

Den Roquefort zusammen mit der Sahne ins Wasserbad geben, um ihn zu schmelzen.
Die Eier schlagen, und vorsichtig zu der zerlassenen Butter in die Pfanne gießen.
Wenn das Omelett stockt, gießt man die Käsecreme darauf, dabei leicht mit der Spitze einer Gabel rühren, damit die Flüssigkeit eindringen kann.
Wenn das Omelett fertig ist, klappt man es zusammen, den Käse dabei nach innen, und legt es auf eine Servierplatte.

ROQUEFORT-TASCHEN

Feuilleté au Roquefort
Rouergue

Vorbereitungszeit: 10 min.
Kochzeit: 30 min.
Einfach

Für 6 Personen:
Blätterteig aus 500 g Mehl und 500 g Butter
500 g Roquefort
1 Eigelb
1/2 Tasse Milch

Den Blätterteig ausrollen, und Rechtecke mit 12 mal 15 cm ausschneiden. Auf eine Hälfte jedes Rechtecks legt man in Stäbchen geschnittenen Roquefort und zerdrückt ihn etwas mit der Gabel. Zusammenklappen, um den Käse einzuschließen. Oben mit dem Messer einen kreuzförmigen Einschnitt machen. Mit einem in Milch verrührten Eigelb bestreichen, und auf ein bemehltes Backblech setzen. Zwischenraum lassen, damit sie aufgehen können. 30 min. bei mittlerer Hitze in den Ofen schieben.

BAUERNFRÜHSTÜCK

Farcidure
Limousin und Marche

Vorbereitungszeit: 20 min.
Kochzeit: 30 min.
Einfach

Für 6 Personen:
12 Kartoffeln
2 Eier
50 g geriebener Cantal-Käse
1 Knoblauchzehe
1 dicke Scheibe roher Schinken
3 EL Erdnußöl
Salz, Pfeffer

Die Kartoffeln über einem Küchentuch reiben, trocknen und in eine Schüssel geben. Salzen und pfeffern. Die Eier schlagen und über die Kartoffeln geben. Mit dem geriebenen Käse und dem zerdrückten Knoblauch vermischen. Den Schinken feinhacken und ebenfalls untermischen. Pfeffern. In einer Pfanne erhitzt man das Öl und gibt die Mischung hinein, um sie bei mittlerer Hitze anzubraten. Wenden und die andere Seite braten, servieren.

KÄSEKÜCHLEIN*

Rissoles de Saint-Flour
Auvergne

Vorbereitungszeit: 20 min. + Ruhezeit des Teiges 3 h 45 min.
Kochzeit: einige Minuten
Einfach

Für 6 Personen:
500 g Mehl, 300 g Butter
250 g Quark oder Schichtkäse
150 g Cantal-Käse
3 Eier
1 Bd. Kerbel, etwas Schnittlauch
Salz, Pfeffer

Das Mehl in eine Schüssel geben, eine Vertiefung machen. Die Butter in Stückchen und eine Prise Salz hineingeben. Vorsichtig etwas Wasser zugeben, alles langsam einarbeiten. Der Teig soll nicht elastisch werden. Eine Kugel formen, die nicht mehr an den Händen kleben bleibt.
In einer bemehlten Schüssel 3 h im Kühlschrank ruhen lassen. Den Cantal-Käse in feine Scheiben schneiden oder reiben. Den Kerbel und den Schnittlauch hacken. In einer Schüssel mischt man den Quark, den Cantal, die Eier und die Kräuter bis eine homogene Masse entsteht.
Den Teig 4 mm dick ausrollen, Kreise von 10 - 12 cm ø ausstechen.
Auf jeden dieser Kreise gibt man etwas Käsemischung und klappt sie dann zusammen.

Die Ränder fest zusammendrücken. 45 min. ruhen lassen, dann im sehr heißen Fritierfett herausbacken. Trocknen lassen und servieren.

STOCKFISCHTERRINE*

Estofinado
Rouergue

4 Tage vorher beginnen
Vorbereitungszeit: 30 min.
Kochzeit: 40 min.
Einfach

Für 6 Personen:
1 kg Stockfisch
1 Bouquet garni
1 kg Kartoffeln, 1 Bd. Petersilie
6 Knoblauchzehen
5 Eier, 10 cl Nußöl
20 cl Crème fraîche, Salz, Pfeffer

Wenn es sich um wirklichen Stockfisch handelt, legt man ihn 4 Tage unter fließendes Wasser, wenn es getrockneter Kabeljau ist reichen 36 h.
Dann den Stockfisch zusammen mit dem Bouquet in einen Topf mit kaltem Wasser geben, und bei milder Hitze zum Kochen bringen. Dann vom Feuer ziehen, und 20 min. zugedeckt stehen lassen.
Die Kartoffeln in der Schale kochen. 3 Eier hart kochen. Den Knoblauch und die Petersilie feinhacken. Die geschälten Kartoffeln im Wasserbad zerdrücken, den abgetropften Stockfisch ohne Haut und Gräten in Stücken hinzugeben. Durchmischen. Währenddessen in zwei verschiedenen kleinen Töpfen das Öl und die Crème fraîche erhitzen. Petersilie und Knoblauch sowie die beiden

restlichen geschlagenen Eier zu dem Stockfisch geben. Salzen und pfeffern. Nach und nach das Öl zugeben und durchmischen, danach genauso die Crème fraîche. Schließlich die geachtelten harten Eier daraufgeben, aber nicht untermischen.

PANSENTASCHEN

Tripous / Auvergne und Rouergue

Vorbereitungszeit: 30 min.
Kochzeit: 8 h, schwierig

Für 6 Personen:
1 Kalbspansen, 8 Schafsfüße, 1 kg Kalbsgekröse, 250 g frischer Bauchspeck, 200 g Schinken
250 g Halsgrat
Frische Speckschwarten
150 g Zwiebeln, 6 Knoblauchzehen
1 Bd. Petersilie, 1 Bouquet garni
2 Nelken
1/2 Fl. Weißwein
2 l entfettete Fleischbrühe
Salz, Pfeffer

Den Kalbspansen, die Schafsfüße und das Kalbsgekröse blanchieren. Den Pansen in 8 rechteckige Teile, ca. 6 auf 12 cm, schneiden. Auf drei Seiten nähen. Aus den Schafsfüßen die Knochen entfernen, und das Fleisch in Würfel schneiden.
Das Kalbsgekröse, den Halsgrat und den Bauchspeck ohne Schwarte und Knöchelchen, den Schinken, den restlichen Pansen, 100 g Zwiebeln, den Knoblauch und die Petersilie grob hacken. Mit den Schaffleischwürfeln mischen. Großzügig salzen und pfeffern. Das Gehackte in die Pansentaschen füllen, und die offene Seite zunähen.
Eine Reine oder einen Tontopf legt man mit Speckschwarten aus, die Fettseite zum Behälter zeigend, und legt die Pansentaschen nebeneinander darauf. Das Bouquet garni, die restlichen Zwiebeln geviertelt und mit den Nelken gespickt dazugeben. Den Wein angießen und mit Brühe bedecken. Den Deckel des Topfes mit feuchtem Mehl luftdicht verschließen, 8 h bei milder Hitze in den Ofen schieben.

GEFÜLLTE KALBSBRUST*

Falette / Auvergne

Vorbereitungszeit: 25 min. +
2 h Quellzeit für die Rosinen
Kochzeit: 2 h
Einfach

Für 6 Personen:
450 g Schweinehals
350 g Bauchspeck
2 kg Kalbsbrust am Stück ohne Knochen, 100 g Schweineschmalz
100 g Semmelbrösel in Milch eingeweicht, 3 Eier
200 g Rosinen, 2 Gläser Weißwein
2 Tassen Brühe
1 Bouquet garni, 50 g Petersilie
200 g Zwiebeln, 1 Knoblauchzehe
Salz, Pfeffer, 1 Msp. Muskat

Das Schweinefleisch zusammen mit der Petersilie und den ausgedrückten Semmelbröseln hacken. Die Eier und die abgetropften Rosinen, die man vorher für 2 h in warmem

Wasser eingeweicht hat, zugeben. Salzen, pfeffern, den Muskat zugeben. Die Kalbsbrust so aufschneiden, daß eine Tasche entsteht. Die Füllung hineingeben und zunähen. In eine ofenfeste Form gibt man 1 EL Schweineschmalz, legt die Kalbsbrust hinein und schiebt das Ganze für 45 min. bei mittlerer Hitze in den Ofen. Danach salzen.
In einem Schmortopf zerläßt man das restliche Schweineschmalz und dünstet darin die in feine Scheiben geschnittenen Zwiebeln und den zerdrückten Knoblauch an.
Wenn sie Farbe bekommen haben, gibt man sie über die Kalbsbrust und gießt den Wein und die Brühe zu. Das Bouquet garni zugeben und bei mittlerer Hitze zugedeckt 1 h 15 min. kochen lassen.
Vor dem Aufschneiden des Fadens 5 min. warten.

GEFÜLLTER GRÜNKOHL*

Chou farci / Auvergne

Vorbereitungszeit: 45 min.
Kochzeit: 1 h, schwierig

Für 6 Personen:
800 g gekochtes Suppenfleisch
450 g Schweinerückenspeck
1 mittlerer Grünkohl
250 g Zwiebeln, 3 Schalotten
1 Knoblauchzehe, 1 Bd. Petersilie
1 Zweig Thymian, 2 Eier
150 g Schweinenetz, Salz, Pfeffer
Für die Brühe: 2 dl Suppenbrühe
2 Karotten, 2 gr. Zwiebeln
40 g Butter

Die äußeren Blätter des Kohles entfernen. 15 - 20 min. in kochendem

Salzwasser blanchieren. Abtropfen lassen und abschrecken, dabei umdrehen. Für die Füllung gibt man das Fleisch, die Zwiebeln, die Schalotten, den Knoblauch und die Petersilie in den Mixer. Thymianblätter und Eier zufügen, salzen, pfeffern, und gut durchmischen. Die äußeren Kohlblätter vorsichtig auseinanderziehen, dann die inneren Blätter und das Herz am Boden herausschneiden. Eine Kugel aus der Füllung hineinsetzen, und die Blätter wieder anfügen, etwas von der Füllung zwischen die Blätter geben. Das Schweinenetz durchgespült auf einem Küchentuch ausbreiten. Den umgekehrten Kohl darauflegen und fest einwickeln. Dann das Küchentuch darüber schließen und festziehen. In einem Schmortopf zerläßt man die Butter und brät die in Scheiben geschnittenen Karotten und Zwiebeln darin an. Mit der Brühe aufgießen. Den Kohl daraufgeben, und zugedeckt 1 h in den vorgeheizten heißen Ofen schieben.

GEKOCHTES HUHN*

Mourtayrol
Auvergne und Rouergue

Vorbereitungszeit: 10 min.
Kochzeit: 2 h 30 min., sehr einfach

Für 6 Personen:
1 Huhn, 4 Lauch, 2 Karotten,
2 Zwiebeln, mit je 1 Nelke gespickt
1 weiße Rübe, einige Scheiben altbackenes Weißbrot
1 Prise Safran, Salz, Pfeffer

In einen großen Topf gibt man das Huhn (das gefüllt sein kann) und die geschälten Gemüse. Mit kaltem Wasser bedecken. Zum Kochen bringen, salzen und pfeffern. Abschäumen. 2 h 30 min. bei milder Hitze kochen lassen. Danach das Huhn und das Gemüse herausnehmen und die Brühe durch ein Sieb geben. Den Safran zugeben. Man serviert zunächst die Brühe über den Weißbrotscheiben und danach das Huhn mit dem Gemüse.

HAMMELKEULE

Gigot Brayaude / Auvergne

Vorbereitungszeit: 15 min.
Kochzeit: 4 h 15 min., einfach

Für 8 Personen:
1 Hammelkeule
3 Knoblauchzehen, 2 Karotten
2 Zwiebeln, 1 EL Schweineschmalz
1 Tasse Fleischbrühe, Salz, Pfeffer

Den Keulenknochen entfernen (den Metzger fragen). Mit zwei gestiftelten Knoblauchzehen spicken und zusammenbinden. In einem Schmortopf zerläßt man das Schweineschmalz und brät das Fleisch auf allen Seiten kräftig an. Dann die dritte ungeschälte Knoblauchzehe, die Zwiebeln und die Karotten jeweils geschält und in feine Scheiben geschnitten zufügen.
Wenn alles Farbe bekommen hat gießt man die erhitzte Brühe darüber. Zugedeckt 4 h 15 min. bei mäßiger Hitze im Ofen backen.

SCHINKEN IN WEISSWEINSOSSE

Jambon à l`Auvergnate
Auvergne

Vorbereitungszeit: 15 min. und evtl. 12 h, um den Schinken zu entsalzen
Kochzeit: 2 h 45 min., schwierig

Für 12 Personen:
1 Schinken von 4 kg, 3 dl Kalbsbrühe, 1,5 l trockener Weißwein
5 EL Puderzucker
2 Karotten, 2 Zwiebeln, davon eine mit 4 Nelken gespickt
2 Lauch (nur das Weiße)
1 Bouquet garni , Pfefferkörner

Wenn der Schinken geräuchert und gesalzen ist, 12 h in kaltes Wasser legen.
In einen großen Topf legt man den Schinken und bedeckt ihn mit kaltem Wasser. Zum Kochen bringen, den Schinken sofort herausnehmen und das Wasser weggießen. Den Schinken wieder hineingeben, 3 l Wasser und 1 l Wein daraufgeben, die Nelkenzwiebel, die andere Zwiebel und die Karotten, beide in Scheiben geschnitten, den Lauch und das Bouquet garni zufügen.
Zum Kochen bringen. Wenn es brausend kocht, zudecken und 2 h kochen lassen (die Hitze verringern). 30 min. vor dem Ende der Kochzeit gibt man einige Pfefferkörner zu. Dann den Schinken herausnehmen, und auf ein Brett legen. Die Schwarte und überschüssiges Fett entfernen (max. 1 cm Speckschicht belassen). Dann den Schinken in eine große ofenfeste Form geben, und 3 dl Wein und die Kalbsbrühe dazugeben. Mit der Hälfte des Puderzuckers bestreuen. In den heißen Ofen schieben, und 45 min. backen lassen. Dabei häufig mit dem Wein begießen. Nach ca. 20 min. den Schinken wenden und die neue Seite mit dem restlichen Puderzucker bestreuen. So karamelisieren beide Seiten. Zum Servieren schneidet man den Schinken in Scheiben und setzt ihn wieder zusammen. Den eingekochten Bratensaft serviert man in einer Sauciére.

HUHN MIT KÄSESAUCE

Poulet au fromage
Bourbonnais

Vorbereitungszeit: 15 min.
Kochzeit: 1h, einfach

Für 6 Personen:
1 Huhn von 1 kg
100 g Butter, 70 g Mehl, 75 cl Milch
150 g geriebener Gruyère
3 EL Sahne
2 Lauch (nur das Weiße)
2 Karotten, 50 g Zwiebeln, 2 Nelken
1 Bouquet garni , 1 Knoblauchzehe
1 l Fleischbrühe
Salz, Pfeffer, 1 Msp. Muskat

Den Lauch und die Karotten in feine Scheiben schneiden, die Zwiebel in Viertel, mit je einer Nelke gespickt. In einen großen Topf gibt man diese Zutaten, das Huhn, das Bouquet und die Knoblauchzehe. Mit Brühe knapp bedecken, salzen und pfeffern. 45 min. brausend kochen lassen. Mit Mehl und Butter eine Mehlschwitze bereiten, Milch hineingießen. Salz, Pfeffer und Muskat zufügen. Dreiviertel des Käses und die Sahne hineingeben, gut durchrühren. Das Huhn in 4 Teile schneiden, Flügel und Keulen extra. In eine ofenfeste Form etwas Sauce geben, das Huhn darauflegen und mit dem Rest der Sauce bedecken. Mit dem restlichen Käse bestreuen, und bei mittlerer Hitze 15 min. in den Ofen schieben.

MANGOLD-TORTE*

Pounti / Auvergne

Vorbereitungszeit: 20 min.
Kochzeit: 1 h, einfach

Für 4 Personen:
150 g roher Schinken
150 g gepökeltes Wammerl
5 - 6 Mangold-Blätter
1 Bd. Petersilie, 250 g Mehl
4 Eier, 1 Tasse Milch
Speckscheiben, Salz, Pfeffer

Das Wammerl blanchieren, abtropfen lassen, die Schwarte und die Knöchelchen entfernen. Den grünen Teil des Mangolds zusammen mit dem Wammerl, dem Schinken und der Petersilie hacken. Langsam das Mehl zufügen, dann die Eier und schließlich die Milch. Salzen und pfeffern. Eine feuerfeste Form mit Speckscheiben auslegen, die Mischung daraufgeben, und zugedeckt bei mittlerer Hitze 1 h in den Ofen schieben. Wenn die Oberfläche goldgelb ist, den Garzustand mit einer Stricknadel überprüfen, die man hineinsticht und die trocken herauskommen soll. Aus der Form stürzen und warm servieren.

KARTOFFELBREI MIT KÄSE*

Aligot / Rouergue

Vorbereitungszeit: 25 min.
Kochzeit: 40 min., einfach

Für 6 Personen:
600 g mehlige Kartoffeln
1 Knoblauchzehe
300 g frischer Cantal-Käse
60 g Butter, 1,5 dl Crème fraîche
Salz, Pfeffer

Die ungeschälten Kartoffeln in einen Topf mit kaltem Wasser geben, bei mittlerer Hitze 20 - 30 min. gar kochen.
Währenddessen den Käse in feine Scheiben schneiden. Wenn die Kartoffeln gar sind, schälen und durch eine Gemüsemühle drehen. Die Butter mit einem Spatel hineinrühren,

die Crème fraîche langsam zugeben. Umrühren und den zerdrückten Knoblauch zugeben, leicht salzen und großzügig pfeffern. Bei milder Hitze rührt man nun das Püree bis es sehr heiß ist. Dann die Käsescheiben hineingeben. Wenn das Püree Fäden zieht, servieren.

KARTOFFELKUCHEN

Pâté de pommes de terre
Bourbonnais

Vorbereitungszeit: 30 min.
Kochzeit: 40 min., einfach

Für 4 Personen:
500 g Gebäckteig
800 g feste Kartoffeln, 100 g Butter
10 cl Weißwein (Saint-Pourçain)
1 Ei, 20 cl Crème fraîche
Salz, Pfeffer, 1 Msp. Muskat

Die geschälten Kartoffeln 15 min. kochen (sie sollen nicht gar sein). In 2 cm dicke Scheiben schneiden und in eine Schüssel geben. 80 g Butter darauf verteilen, und einen Moment weich werden lassen. Den Weißwein, Salz, Pfeffer und Muskat zugeben. Die Scheiben vorsichtig wenden, ohne sie zu zerbrechen.
Den Gebäckteig 2 mm dick ausrollen. Mit 2/3 des Teiges legt man eine Tortenform aus, wobei 2 cm Rand überstehen sollen. Einige Male mit der Gabel einstechen. Die Kartoffelscheiben flach darauflegen. Mit dem letzten Drittel des Teiges einen Deckel machen, der ebenfalls etwa 2 cm größer als der Durchmesser der Form sein soll. Darauflegen und die zwei Teigränder zusammendrücken. Mit verquirltem Eigelb bestreichen und in die Mitte des Teiges einen Schornstein von 2 cm ø bauen. Bei mittlerer Hitze 25 min. in den Ofen schieben. Nach 20 min. gießt man die Crème fraîche in den Schornstein.

KIRSCHAUFLAUF*

Clafoutis / Limousin

Vorbereitungszeit: 10 min.
Kochzeit: 25 min., einfach

Für 6 Personen:
500 g schwarze Kirschen
8 Eier, 60 g dicke saure Sahne
180 g Zucker, 1 Beutel Vanillezucker, 1 kl. Glas Kirschwasser (nach Belieben), 75 g Butter

Eine feuerfeste Porzellanform ausbuttern, und die Kirschen ohne Stiele aber mit Kernen hineingeben.
Den Ofen auf starke Hitze vorheizen. Die Eier mit 140 g Zucker schlagen, und den Vanillezucker zufügen. Die Sahne und evtl. das Kirschwasser hineingeben. Das Ganze über die Kirschen geben.
20 min. bei starker Hitze backen, dann den Ofen auf Grill umstellen, den Zucker über die Kirschen streuen, und zum Karamelisieren kurz unter dem heißen Grill lassen.

FLOCKENKUCHEN

Flognarde / Limousin

Vorbereitungszeit: 15 min.
Kochzeit: 30 min., einfach

Für 4 Personen:
150 g Mehl, 50 g Grießzucker
4 Eier, 1 Prise Salz
25 cl abgekochte warme Milch
1 EL Rum, 50 g Butter
1 EL Vanillezucker
30 g Pflaumen oder Äpfel
(nach Belieben)

Eine Tortenform ausbuttern und kaltstellen, ebenso die Butter. Den Ofen auf mittlere Hitze vorheizen.
In einer Schüssel mischt man das Mehl (1 EL zurückbehalten), das Salz und den Zucker und macht eine Vertiefung. Dorthinein gibt man die Eier und rührt gut durch. Dann langsam den Rum und die Milch hineinarbeiten. Der Teig soll etwas flüssig sein.
Die Tortenform ausmehlen, umdrehen, damit das überschüssige Mehl herausfällt. Auf den Boden legt man, falls vorhanden, die Apfelscheiben oder Pflaumen. Dann gießt man den Teig hinein. Die sehr kalte Butter in Stücken darauf verteilen. Bei mittlerer Hitze 30 min. in den Ofen schieben.
Mit Vanillezucker bestreuen und servieren.

HÖRNCHEN

Cornets de Murat
Auvergne

Vorbereitungszeit: 25 min.
Kochzeit: ca. 5 min.
Einfach
Für 6 Personen:
200 g Mehl
200 g Puderzucker
6 Eier
2 Stücke Zucker
1 Prise Salz

In einer Schüssel mischt man den Puderzucker mit dem Mehl. Salz zufügen, und eine Vertiefung machen. Die geschlagenen Eier hineingeben und durcharbeiten. Ruhen lassen.
In einen kleinen Topf gibt man die Zuckerstücke mit etwas Wasser. Langsam erhitzen, um einen Sirup zu erhalten. Diesen in den Teig geben.
Ein Backblech einfetten, und den Teig in 24 taubeneigroßen Häufchen daraufsetzen. Mit einem Spatel flachdrücken, um Scheiben von 10 cm ø zu erhalten. 5 min. in den heißen Ofen schieben. Wenn die Ränder der Scheiben goldgelb werden, nimmt man sie aus dem Ofen, hebt sie mit einem Metallspatel ab und formt Hörnchen aus ihnen. Erkalten lassen. Man kann sie mit Schlagsahne füllen.

NUSSKUCHEN*

Gâteau aux noix
Auvergne

Vorbereitungszeit: 30 min.
Kochzeit: 30 min.
Einfach

Für 4 Personen:
100 g Walnußkerne
100 g Haselnußkerne
200 g Puderzucker
10 Eier
5 cl Rum
50 g Mehl
Konfitüre nach Belieben

Die Nüsse 10 min. im Ofen rösten, danach feinmahlen. In eine Schüssel gibt man die Eigelb, den Zucker, den Rum und die Nüsse.
Vermischen und den schnittfesten Eischnee aus 6 Eiweiß unterheben. Das Mehl unterrühren.
Eine Form ausbuttern und ausmehlen. Den Teig hineingeben, und 30 min. bei milder Hitze backen lassen. Den aus der Form gestürzten Teig waagerrecht durchschneiden und mit Konfitüre füllen.

Süden

Provence
Comté de Nice
Korsika
Languedoc
méditerranéen
Rousillon

Das südliche Frankreich erstreckt sich von Italien bis nach Spanien, und die Insel Korsika gehört dazu. Die Vegetation und die Architektur sind mehr oder weniger die gleichen. Früher haben die Römer dort eine Zivilsation aufgebaut, die heute noch besteht. Folgt die Küche auch einer einzigen Idee? Ja und nein.
Für die Menschen aus dem Norden ist der Süden, kulinarisch gesehen, eine Mischung aus Knoblauch, Olivenöl, Kräutern und Tomaten.
Das stimmt zwar, ist aber zu grob gesehen. Die südliche Küche Frankreichs hat genausoviele Ähnlichkeiten wie Unterschiede. Vor allem zwischen dem Herzogtum Venaissin, der ursprünglichen Heimat der Päpste von Avignon, reich an Früchten, Gemüsen und schwarzen Trüffeln; dem ärmeren Gebiet von Durance, wo die exzellenten Schafe von Sisteron weiden und der Lavendel wächst; der industriellen Zone von Marseille und Toulouse; der touristischen Côte d`Azur, der Languedoc als Weinanbaugebiet, dem Roussillon mit seinen Anchovis und Korsika mit dem Maquis.

Vorherige Seiten: *Von den Ruinen des Schlosses beherrscht, erhebt sich der berühmte Weinberg Châteauneuf-du-Pape mit kieselhaltigem Boden.*
Unten: *Die Fische, die am alten Hafen in Marseille verkauft werden, finden sich bald in einer Bouillabaisse wieder.*

Von all diesen Sonnenregionen sind die Küche des Comté de Nice und die Korsikas die typischsten. Die italienischen Vorfahren haben diese Provinzen tief geprägt, sowohl mit ihren Nudeln (Ravioli und Cannelloni), als auch mit Gnocchi und der Suppe mit Kräutersauce, die genauso wie die korsische Minestrone aus Gênes kommt. Man kennt die Kaldaunen und Seebarben â la Niçoise, das Ratatouille und den Nizza-Salat, aber weniger bekannt sind die Gerichte mit frischen Bohnen, Anchovis oder auch der Socca (Maismehl vermischt mit Öl und Wasser). Und in Korsika die Schweinsleberwurst, das Omelett mit Brocciu, einem Schafskäse, Eintopf aus Auberginen und Tomaten mit wildem Majoran, die

Kartoffeln und Macaroni. Genauso haben das französische Katalanien (Roussillon) und das spanische Katalanien gemeinsames Erbe. Man findet dort die Anchovis; die Schnecken, um die herum sie ein Fest namens Cargolade rankt, Tintenfische, Fische, Muscheln, Langusten, Zwiebeln, Tomaten, Knoblauch. Aber auch hier gibt es sehr originelle Rezepte.
Wie jede Küstenregion hat auch der Süden zweierlei Küchen, die des Meeres und die des Hinterlandes. Sowohl die Bouillabaisse wie die Fischplatte mit Knoblauchsauce hat ihre verschiedenen Variationen in den Regionen.

Oben: *Man hat die Märkte der Provence oft besungen, ihre Früchte, ihre Kräuter und Gemüse. Hier sieht man einen Gewürzstand voller verschiedener Farben und Aromen, die die typischen Gerichte unterstützen.*
Rechts: *Von Norden nach Süden ist das Stangenweißbrot ein Symbol für Frankreich und begleitet die meisten Rezepte.*

Fische, Krustentiere und Muscheln haben viele Rezepte beeinflußt. Überall an den Mittelmeerküsten regiert der Kabeljau. In Nizza bereitet man den Stockfisch zu und nennt ihn Stocaficada, in der Rouergue, die weit entfernt ist, nennt man ihn sprachlich verwandt Estofinado. Er wird lange entsalzen, mit Olivenöl, Tomaten, Kartoffeln, Pfefferschoten, Knoblauch, schwarzen Oliven und Kräutern zubereitet. Der Kabeljau wird in Nîmes püriert, mit Olivenöl und Sahne oder Milch zum Genuß, im Roussillon dagegen mit Olivenöl, Pfefferschoten und Tomaten.

Im Languedoc bereitet man die Lotte unter einem anderen Namen, im Roussillon serviert man die Languste in Hasenpfeffer. Im Hinterland ist die Schnecke der König des Languedoc und des Roussillon. Der Rezepte gibt es im Überfluß. Im Roussillon und in Korsika treibt man die bäuerliche Fleischwarenkunst auf die Spitze, in der Provence und

in Nizza übt man die Kunst der Suppen (mit Knoblauch und Öl, mit Kräuersauce) und der Gemüse (gefüllt, fritierte Zuchini, Zuchiniblüten, Artischocken und Auberginen).
In der Haute-Provence werden Lämmer gezüchtet, die zu den besten Frankreichs zählen, so wie sie sich von wilden Kräutern ernähren. Ihre Innereien dienen vielfältigen Spezialitäten.
Zu den verschiedenen Produkten des Südens gehört auch der Wein, vom seltenen Bellet aus Nizza bis zum Banyuls aus dem Roussillon, den Weinen aus der Provence, aus Lubéron und Aix, die exzellenten Johannisbeerliköre, die Weine des südlichen Côtes-du-Rhône, vor allem der Gigondas und die Auslesen des Châteauneuf-du-Pape und schließlich die Weinprodukte aus dem Languedoc, vor allem im Minervois und les Corbières.
Nur die Käse gehören nicht gerade zur Spitze der Küche. Man findet fast nur den Banon und den provenzalischen Picodon, den Pélardon aus dem Languedoc und den korsischen Niolo und Venaco.

Links: *Zusätzlich zu seinen kleinen geschützten Buchten, den schönen Stränden und den großartigen Landschaften ist Korsika auch wegen seiner Weine anziehend, deren berühmteste die von Ajaccio und von Patrimonio sind, und wegen seiner originellen Küche.*

Was die Süßigkeiten betrifft, sind die kandierten Früchte von Apt, die Plätzchen aus Carpentras, die Knusperplätzchen aus Montpellier, die Kekse aus Catelnaudary und, hervorgegangen aus der Vermählung zweier Produkte der Provence – dem Honig und den Mandeln – das Nougat von Montelimar.

Links: *In der Provence gehören Nougat, Trauben, Nüsse, Mandarinen und Orangen zu den 13 traditionellen Weihnachtsdesserts.*

Oben: *Die Obstbäume, und vor allem die Kirschbäume der Region, machen aus Apt die Hauptstadt der kandierten Früchte.*

KNOBLAUCHSUPPE

Aïgo boulido
Provence

Vorbereitungszeit: 5 min.
Kochzeit: 15 min.
Sehr einfach

Für 6 Personen:
6 Knoblauchzehen
2 EL Olivenöl
3 Salbeiblätter
1 Lorbeerblatt
Einige Scheiben altbackenes Weißbrot
Eier, geriebener Käse (nach Belieben)
Salz, Pfeffer

2 l Wasser mit Pfeffer, Salz und dem Olivenöl zum Kochen bringen. Den zerdrückten Knoblauch, den Salbei und das Lorbeerblatt hinzugeben. 15 min. kochen lassen.
Den Salbei und das Lorbeerblatt herausnehmen. Die Suppe über die Brotscheiben gießen.
Um die Suppe der Armen anzureichern, kann man geschlagene Eier in die Suppenterrine geben und die Brotscheiben mit Käse bestreuen.

FISCHSUPPE

Soupe de Pinaïou
Languedoc méditerranéen

Vorbereitungszeit: 30 min.
Kochzeit: 35 min.
Einfach

Für 6 Personen:
6 schöne Knurrhähne
5 Knoblauchzehen
1,2 kg Kartoffeln
1 Bouquet garni (Thymian, Lorbeerblatt)
6 EL Olivenöl
3 EL Weinessig
Salz, Pfeffer

Die geschälten Kartoffeln vierteln. Die Knurrhähne ausnehmen, und die harten Schwimmflossen abschneiden.
In einem Kochtopf bringt man 2,5 l Wasser zum Kochen. Das Bouquet garni, Salz und Pfeffer zugeben, und 5 min. kochen lassen. Die Kartoffeln zugeben und zugedeckt 15 min. bei starker Hitze kochen lassen.
Den Topf vom Feuer ziehen, und den Fisch hineingeben. 15 min. bei gemäßigter Hitze kochen lassen.
Die Kartoffeln in eine Servierplatte legen, und nun die Fische vorsichtig herausnehmen und darauf anrichten. Warmstellen. Eine Vinaigrette aus Olivenöl und Weinessig machen, 3 EL Kochsaft zufügen, durchmischen und die Fische damit beträufeln. Sofort servieren.

GEMÜSESUPPE

Minestra / Korsika

Evtl. am Vortag beginnen
Vorbereitungszeit: 15 min.
Kochzeit: 1 h 30 min.
Sehr einfach

Für 6 Personen:
250 g frische weiße Bohnen (od. 125 g getrocknete)
250 g frische rote Bohnen (od. 125 g getrocknete),
1 Krauskohl, 2 Kartoffeln
1 Zwiebel, 2 Knoblauchzehen
150 g geräucherter Schinkenspeck
150 g Reis oder Nudeln
2 EL Olivenöl

Wenn die Bohnen getrocknet sind, legt man sie am Vortag zum Quellen in Wasser.
Die äußeren Blätter des Kohls sowie den Strunk entfernen.
Einen großen Kochtopf füllt man zu zwei Drittel mit Salzwasser und gibt die Bohnen, die in feine Scheiben geschnittene Zwiebel, eine Knoblauchzehe und die Hälfte des Schinkenspecks dazu. Zum Kochen bringen, dann 1 h 30 min. köcheln lassen. 20 min. vor dem Ende der Kochzeit gibt man den kleingeschnittenen Kohl und den Reis oder die Nudeln hinein. Währenddessen brät man in einer Pfanne den restlichen Schinkenspeck und eine gehackte Knoblauchzehe in etwas Öl an.
5 min. vor dem Servieren in die Suppe geben.

SUPPE MIT KRÄUTERSAUCE*

Soupe au Pistou
Provence und Comté de Nice

Vorbereitungszeit: 40 min.
Kochzeit: 2 h
Einfach

Für 6 Personen:
5 kleine Zucchini, 5 Karotten
5 weiße Rüben oder eine kleine Sellerieknolle, 2 mittlere Lauchstangen, 2 große Zwiebeln
2 schöne feste Tomaten
200 g grüne Bohnen
100 g frische weiße Bohnen in Schoten, 100 g frische rote Bohnen in Schoten, 1 Bouquet garni
100 g große Maronen (nach Belieben), Salz, Pfeffer

Für die Kräutersauce:
1 Bd. Basilikum, 3 Knoblauchzehen
6 EL Olivenöl, 100 g geriebener Gruyère oder Parmesan (nach Belieben)

Die gewaschenen Gemüse kleinschneiden. Ohne die Tomaten in einen Kochtopf geben, mit Wasser bedecken, und das Bouquet zugeben. Zum Kochen bringen, und 2 h leise köcheln lassen. 10 min. vor dem Servieren die Tomaten zugeben. Für die Kräutersauce stampft man in einem Mörser den Knoblauch, Basilikum, Olivenöl und Käse. Die Sauce wird ungekocht in einer Sauciere serviert, und jeder mischt ein wenig in die Suppe.

RAVIOLI*

Ravioli
Comté de Nice und Korsika

Vorbereitungszeit: 30 min.
und 1 h Ruhezeit des Teiges
Kochzeit: ca 12 min., schwierig

Für 6 Personen:
Für den Teig:
700 g Mehl, 5 Eier
2 EL Olivenöl, 25 g Salz
Für die Füllung:
500 g Reste von geschmortem Rindfleisch, 1 kg Mangold
1 Knoblauchzehe, 1 Zwiebel
1 Zweig Thymian, 1 Prise Muskat
2 Eier, 200 g ger. Parmesan
Salz, Pfeffer

Für den Teig gibt man das Mehl in eine Schüssel, macht eine Vertiefung und gibt die Eier, das Öl und das Salz hinein. Mit der Hand durcharbeiten, bis der Teig eine Kugel bildet. Diese Kugel 10 min. kneten. Wenn sie glänzend und elastisch geworden ist, gibt man sie in eine Schüssel, deckt ein Küchentuch darüber und läßt sie 1 h ruhen. Danach papierdünn ausrollen. Für die Füllung hackt man das Rindfleisch, die blanchierten Mangoldblätter, die Eier, die Thymianblätter, den Muskat, die Knoblauchzehe und die Zwiebel. Wenn die Füllung zu trocken ist, mit etwas Schmorbratensaft verdünnen. Auf einen Teigstreifen setzt man im Abstand von 2 cm kleine Häufchen von ca. 2 cm Umfang. Dann legt man vorsichtig den zweiten Teigstreifen darauf und drückt beide Streifen zwischen den Häufchen vorsichtig zusammen. Dann mit einem Backrädchen Vierecke ausrädeln. Einmehlen und auf ein Küchentuch legen. 10 min. in kochendes Wasser legen, dann sehr heiß servieren, mit einem Butterstückchen und geriebenem Parmesan bestreut.

GNOCCHI

Gnocchi
Comté de Nice und Korsika

Vorbereitungszeit: 50 min. und 30 min. Ruhezeit des Teiges
Kochzeit: einige Minuten
Einfach

Für 6 Personen:
1 kg mehlige Kartoffeln
250 g Mehl, 1 Ei
100 g ger. Parmesan
50 g Butter, Salz

Die geschälten Kartoffeln in Salzwasser gar kochen. Durch eine feine Gemüsemühle drehen, und noch warm mit dem Mehl, der Butter und dem Ei verrühren. Diesen Teig 30 min. ruhen lassen. Zwischen den Händen auf einem bemehlten Brett rollt man Teigstücke in der Größe eines Hühnereies fingerdick aus und schneidet sie mit einem Messer in 3 cm lange Stücke.
Mit einem Finger die Mitte jedes Gnocchis etwas flachdrücken, und in einen großen Topf mit kochendem Wasser geben. Sie sind gar, wenn sie an die Oberfläche kommen. Abtropfen lassen, und mit Butter und Parmesan servieren.

NIZZA-SALAT*

Salade Niçoise
Comté de Nice

Vorbereitungszeit: 35 min.
Sehr einfach

Für 6 Personen:
10 mittlere Tomaten, 1 große Salatgurke, 200 g frische Bohnen
2 kleine Pfefferartischocken
2 grüne Pfefferschoten
6 kleine weiße Zwiebeln
1 Bd. Basilikum, 1 Knoblauchzehe
3 harte Eier, 12 Anchovis
100 g schwarze Oliven
6 EL Olivenöl, Salz, Pfeffer

Die Tomaten vierteln und salzen, damit sie ihr Wasser verlieren. Auf ein Küchenkrepp legen. Die Eier vierteln, die Anchovis wässern, die großen Gräten entfernen und in 3 - 4 Teile schneiden. Die Gurke hobeln, die Pfefferschoten in Ringe schneiden, genauso wie die Zwiebeln. Die Bohnen entschoten, und die zweite Haut entfernen. Die Artischocken in Scheiben schneiden. Mit der Knoblauchzehe eine Salatschüssel ausreiben, und alle Zutaten hineingeben. Die trockenen Tomaten nochmals salzen. Aus dem Olivenöl, dem feingehackten Basilikum, dem Pfeffer und dem Salz eine Sauce machen, und über den Salat geben.

SCHNECKEN MIT SCHINKEN

Escargots à la Languedocienne
Languedoc méditerranéen

Vorbereitungszeit: 25 min.
Kochzeit: 30 min., einfach

Für 4 Personen:
4 Dutzend Schnecken aus der Dose
200 g roher Schinken
1 große Zwiebel, 2 Knoblauchzehen
2 Tomaten, 1 kleine Pfefferschote
2 EL Olivenöl, 20 cl Brühe
1 kl. Bund Petersilie
1/2 Glas trockener Weißwein

Die Schnecken 1 h vor dem Servieren abtropfen lassen. Die Zwiebel und den Knoblauch feinhacken, den Schinken in 2-3 cm große Würfel schneiden. In einer Pfanne das Öl erhitzen, und den Schinken kurz anbraten. Dann herausnehmen, und auf Küchenkrepp abtropfen lassen. Stattdessen nun die Zwiebeln und den Knoblauch in das Öl geben und goldgelb dünsten. Dann den Schinken wieder hineingeben. Die geschälten, entkernten und kleingeschnittenen Tomaten, die Pfefferschote und die Schnecken zufügen. Mit der Brühe und dem Weißwein aufgießen, und zugedeckt 30 min. köcheln lassen. Abschmecken und mit Petersilie bestreut servieren.

ZWIEBELKUCHEN MIT ANCHOVIS*

Pissaladière
Comté de Nice

Vorbereitungszeit: 45 min.
Kochzeit: 15 min.
Einfach

Für 10 Personen:
500 g Weißbrotteig (beim Bäcker bestellen)
3 kg Zwiebeln
2 Knoblauchzehen
50 g schwarze Oliven
1 Bouquet garni
10 Anchovis
6 EL Olivenöl, Salz, Pfeffer

Die Zwiebeln in feine Scheiben schneiden, salzen und in einem großen Topf zusammen mit dem zerdrückten Knoblauch, dem Bouquet garni und 1 EL Olivenöl glasig dünsten.
Den Teig auf einem Blech 1,5 cm dick ausrollen. Einen Kreis von 25 cm Umfang bilden. In eine Tortenform legen, und an einem warmen Ort gehen lassen.
Wenn sich das Volumen verdoppelt hat, trocknet man ihn im sehr heißen Ofen.
Das Bouquet garni herausnehmen, und die Zwiebeln auf den trockenen Teig legen. Die Oliven und die Anchovis darauf verteilen, und mit Olivenöl beträufeln.
Bei starker Hitze 15 min. in den Ofen schieben.
Danach pfeffern.

FLEISCHPASTETCHEN

Petits pâtés de Pézenas
Languedoc méditerranéen

Am Vortag beginnen
Vorbereitungszeit: 30 min.

Kochzeit: 30 min.
Schwierig

Für 6 Personen:
600 g Mehl
300 g Schweineschmalz
300 g Lammfilet
150 g Kalbsnierenfett
150 g Schafsnierenfett
500 g Rohzucker
2 Zitronen
1 Ei, Salz

Am Vorabend den Teig bereiten. In einer Schüssel mischt man das Mehl, das Schweineschmalz und eine Prise Salz, dann nach und nach etwas Wasser zugeben. Mit der Hand durcharbeiten, bis sich eine feste Kugel formen läßt, die nicht mehr an den Fingern klebt. Kühlstellen.
Das Lammfleisch kleinschneiden, und mit dem feingehackten Nierenfett vermischen. Die geriebene Zitronenschale und den Rohzucker dazugeben und durchmischen.
Den Teig 7 mm dick ausrollen. 24 Kreise von 4 - 5 cm ø ausstechen. Den restlichen Teig zusammendrücken, und zu Bändern ausrollen, die um die Böden der 12 Pasteten gelegt werden. Etwas Füllung hineingeben, und mit einem Kreis als Deckel schließen. Die Ränder zudrücken, und mit einem Eigelb bestreichen. Im heißen Ofen 30 min. backen. Heiß servieren.

OLIVENPASTE MIT KAPERN*

Tapenade / Provence

Einlegezeit für die Oliven : 2 h
Vorbereitungszeit: 10 min.
Sehr einfach

Für 4 Personen:
250 g schwarze Oliven
150 g Kapern
100 g Anchovis
2 dl Olivenöl
Saft einer Zitrone
Pfeffer

Die Anchovis unter fließendem Wasser entsalzen. Die Oliven entsteinen, und 2 h in das Öl legen. In einem Mörser Kapern, Anchovis und die gut abgetropften Oliven zerstoßen. Olivenöl und Zitronensaft hinzufügen. Abschmecken.

Diese Olivenpaste ißt man auf gerösteten Weißbrotscheiben.

GRÜNE KRÄUTERBUTTER

Beurre de Montpellier
Languedoc méditerranéen

Vorbereitungszeit: 25 min.
Einfach

Für 6 Personen:
100 g Kresse

100 g Pimpernelle
50 g Spinat, 50 g Petersilie
50 g Kerbel, 10 g Estragon
2 Knoblauchzehen, 1 Schalotte
1 Zweig Thymian
2 Essiggurken
1 EL Kapern
5 Anchovis
300 g Butter
2 EL Olivenöl

Diese Butter ißt man zu kaltem Fisch oder Fleisch. 2 l Wasser zum Kochen bringen und dann den Topf vom Feuer ziehen. Die Kresse, die Pimpernelle, den Spinat, die Petersilie, den Kerbel und den Estragon hineingeben, und zugedeckt 2 min. ziehen lassen. Die Kräuter abtropfen lassen, und in einem Küchentuch ausdrücken, um sie ganz trocken zu machen.
Die Schalotte und den Knoblauch zusammen mit den Thymianblättern, den Gewürzgurken, den Kapern und den Anchovis kleinhacken und gut durchmischen. Die Butter hinzugeben und rühren, bis sich eine homogene Masse ergibt. Das Olivenöl untermischen.

GEFÜLLTE EIER

Berlingueto
Provence

Vorbereitungszeit: 15 min.
Kochzeit: 10 min.
Einfach

Für 2 Personen:
4 harte Eier
1 rohes Eigelb
1/2 Tasse Knödelbrot
6 in Öl eingelegte Anchovis
1 Knoblauchzehe, 2 Petersilienstengel, 10 Basilikumblätter
4 EL süße Sahne
4 TL Semmelbrösel
1 EL Olivenöl
Salz, Pfeffer

Die harten Eier der Länge nach durchschneiden, die Eigelb in eine kleine Schüssel geben. Das Eiweiß unten abflachen, indem man etwas abschneidet. Das Knödelbrot in die Sahne geben. Die Anchovis aus dem Öl nehmen, abtropfen lassen, entgräten und mit einem Messer kleinhacken, und zusammen mit der kleingezupften Petersilie und Basilikum zu den Eigelb geben. Den zerdrückten Knoblauch, die Semmelbrösel, Salz und Pfeffer zugeben, und mit einer Gabel eine glatte Mischung herstellen. Eine ofenfeste Form einölen, die Eiweißhälften hineinsetzen und aus der Mischung kleine Berge hineinfüllen. Mit Semmelbröseln bestreuen, mit der restlichen Sahne beträufeln und bei mittlerer Hitze 10 min. überbacken.

FISCHSUPPE*

Bouillabaisse
Provence

Vorbereitungszeit: 30 min.
Kochzeit: 1 h 30 min.
Schwierig

Für 6 Personen:
Für die Suppe:
2 kg kleine Fische (Meerjunker, kleine Meereber und Seeaale)
25 cl Olivenöl
1/2 Sellerieknolle, 2 Tomaten
1 Knolle Knoblauch, 1 Lauch
2 Zwiebeln, 1 Bouquet garni
1 kleine Pfefferschote
2 g Safranfäden
2,5 l Wasser
Salz, Pfeffer
Für die Fische:
4 kg St.-Petersfisch, Knurrhahn Meereber, Lotte
Für die Sauce:
4 Eigelb
6 Knoblauchzehen
1 kleine Pfefferschote
1 g Safranfäden
25 cl Olivenöl
Salz, Pfeffer
Als Beilage:
1 kg Kartoffeln
1 Baguette

Für die Suppe schält und hackt man den Knoblauch, die Zwiebeln und die diversen Gemüse. Die Suppenfische abschuppen, ausnehmen und putzen. In einem großen Schmortopf dünstet man das Gemüse in Olivenöl an. Die Fische zugeben, salzen und pfeffern.
10 min. bei starker Hitze anbraten, dabei ständig umrühren, bis man eine Art Paste erhält. Das Bouquet garni und die Pfefferschote dazugeben, und 2,5 l kochendes Wasser dazugießen. Unter Rühren zum Kochen bringen, und 40 min. köcheln lassen. Danach alles durch ein Sieb in einen anderen Topf passieren. Den Safran zufügen.
Die Kartoffeln schälen und in dicke Scheiben schneiden, bei milder Hitze in etwas Suppe 30 min. garkochen.
Für die Sauce zerdrückt man den Knoblauch zusammen mit der Pfefferschote und dem Safran in einem Mörser. Salzen, pfeffern, die Eigelb zugeben und unter Schlagen tropfenweise das Öl dazugießen (wie eine Mayonnaise).
Die großen Fische abschuppen, ausnehmen und putzen. 10 min. in der Suppe pochieren.

Währenddessen das Baguette in Scheiben schneiden, mit Knoblauch abreiben und rösten.
Die Suppe in einer Suppenterrine servieren, die Fische (ganz oder filetiert) auf einer Platte mit den Kartoffeln, die Sauce und das Weißbrot extra.

STOCKFISCH AUS DEM OFEN

Tian de Merlussa
Comté de Nice

36 h vorher beginnen
Vorbereitungszeit: 20 min.
Kochzeit: 30 min.
Einfach

Für 4 Personen:
600 g Stockfisch
4 Tomaten, 4 Zwiebeln
2 Knoblauchzehen, einige Mangoldblätter, 3 Selleriestangen
1 kl. Petersilie und Pfefferminze
3 EL Olivenöl
Salz, Pfeffer

Den Stockfisch 36 h unter fließendem Wasser entsalzen, abtropfen lassen. Die in feine Scheiben geschnittenen Zwiebeln und den zerdrückten Knoblauch in dem heißen Öl 10 min. anbraten.
Währenddessen die Tomaten schälen und entkernen. In Scheiben schneiden und auf Küchenkrepp legen. Den Sellerie in 3 cm lange Stücke schneiden.
Den Stockfisch zusammen mit dem angebratenen Knoblauch 5 min. in brausendem Wasser pochieren. Abtropfen lassen, und den Knoblauch beiseite legen. Den Sellerie und danach auch den Mangold je 1 min. blanchieren, abtropfen lassen. Den Ofen auf starke Hitze vorheizen.
Die Zwiebeln mit einem Schaumlöffel herausnehmen, und eine ofenfeste Form damit auslegen. (Das Öl behalten.) Den Knoblauch hacken und darüberstreuen.
Den Stockfisch zerpflücken, zusammen mit den Tomaten, den Zwiebeln, dem Sellerie und dem Mangold in Längsreihen in die Form legen. Mit Petersilie und Minze bestreuen, und mit dem Öl beträufeln. Wenig salzen, großzügig pfeffern. Mit Aluminiumfolie abdecken, und 10 min. in den Ofen schieben.

FISCHPLATTE MIT KNOBLAUCHSAUCE*

Aïoli
Provence et Comté de Nice

Zwei Tage früher beginnen
Vorbereitungszeit: 1 h
Kochzeit: 1 h und 1 h für die getrockneten Bohnen
Schwierig oder einfach, je nach Zusammenstellung

Für 10 Personen:
1,5 kg Stockfisch
2 Dutzend Meeresschnecken
10 kleine Pfeffer-Artischocken,
12 Karotten
500 g grüne Bohnen
500 g getrocknete Bohnen oder Kichererbsen
20 kleine Kartoffeln
1 Bouquet garni (Thymian, Lorbeerblatt, Petersilie, Fenchel)
6 Eier
2 EL Olivenöl
1 Glas Weißwein
Salz, Pfeffer

Für die Knoblauchsauce:
20 Knoblauchzehen
3 Eigelb
1 Zitrone
75 cl Olivenöl
1 Prise Salz, Pfeffer

Den Stockfisch 2 Tage unter fließendem Wasser entsalzen. Am Vorabend weicht man die getrockneten Bohnen oder die Kichererbsen in kaltem Wasser ein. Die frischen Meeresschnecken mit 3 - 4 Handvoll grobem Salz in einen Behälter geben.
Am Tag der Zubereitung wäscht man die Schnecken mehrmals gründlich und kocht sie mit Salz, Pfeffer und dem Bouquet garni. Die getrockneten Bohnen oder Kichererbsen abtropfen lassen, abspülen und in gepfeffertem Wasser 2 h leise kochen, erst 10 min. vor dem Ende der Kochzeit salzen.
Die Gemüse getrennt kochen, je nach ihrer Garzeit, und zugedeckt warmstellen. Den Stockfisch abtropfen lassen, die Haut und die Gräten entfernen. Trockentupfen und in 5-6 cm große Stücke schneiden. 2 l Wasser mit dem Bouquet garni zum Kochen bringen, den Stockfisch hineingeben, und 15 min. köcheln lassen.
Die Schnecken währenddessen aus ihren Schalen ziehen, den schwarzen Teil entfernen, und in erhitztem Öl anbraten. Den Weißwein und etwas gehackte Petersilie zugeben. 20 min. köcheln lassen.
Inzwischen die Eier hart kochen, erkalten lassen und schälen. Die in der Schale gekochten Kartoffeln schälen. Währenddessen hat man die Knoblauchsauce angemacht. Den Knoblauch schälen, den Keim entfernen. In einem Mörser zerstoßen, die Eigelb, Salz, Pfeffer und

1 TL kaltes Wasser zufügen und vermengen. Dann mit einem Holzlöffel tropfenweise das Öl darunterschlagen. Wenn 3/4 des Öles verbraucht sind, gibt man den Zitronensaft zu und setzt den Arbeitsgang dann fort. Wenn die Mischung zu fest wird, gibt man noch 1 TL kaltes Wasser zu.
Alle Zutaten auf einer Servierplatte anrichten, die Sauce in einer Sauciere servieren.

LANGUSTEN IN WEINSOSSE

Civet de langouste à la Catalane
Roussillon

Vorbereitungszeit: 30 min.
Kochzeit: 30 min.
Schwierig

Für 4 Personen:
2 Langusten à je 700 g
10 cl Olivenöl
1 kl. Glas Weinbrand
1/2 Flasche Wein aus Banyuls-Rancio
100 g Zwiebeln, 100 g Schalotten, 4 Knoblauchzehen, 4 Tomaten,
1 Bouquet garni (Thymian, Lorbeerblatt, Petersilie)
100 g Butter
1 Msp. Cayenne
Salz, Pfeffer

Die Langusten lebend auf einer tiefen Platte zerlegen, um die Flüssigkeit aufzufangen. Die Pfoten und die Fühler entfernen, dann die Köpfe und die Schwänze abtrennen und in einzelne Glieder zerlegen. Die Eier beiseitestellen.
Die Glieder und die Pfoten auf mittlerer Hitze anbraten. Gut schütteln, damit alle Teile rot werden. Beiseitestellen. Die Köpfe öffnen, den Rogen und die Eier sowie die cremigen Partien herausnehmen und beiseitestellen. Danach die Köpfe ebenfalls anbraten. Beiseitestellen.
Dann dünstet man im gleichen Topf bei milder Hitze die gehackten Zwiebeln und Schalotten an. Den gehackten Knoblauch, die geschälten und entkernten und kleingeschnittenen Tomaten zufügen. 10 min. kochen lassen. Die Langustenteile wieder in den Topf geben, mit dem Weinbrand begießen und flambieren. Mit dem Wein aufgießen und das Bouquet garni zugeben. Salzen, pfeffern und 10 min. köcheln lassen.
Die Langustenteile auf einer Servierplatte anrichten und warmstellen. In den Topf gibt man den Rogen, die cremigen Teile, evtl. die Eier und die Tranchierflüssigkeit. 5 min. andünsten, dann durch ein Sieb in einen Topf passieren. Die Butter und den Cayenne zufügen und durchschlagen.
Über die Langustenteile gießen und servieren.

BLÄTTERTEIG MIT ANCHOVIS

Feuilleté aux anchovis
Roussillon

Vorbereitungszeit: 25 min. (ohne den Teig)
Kochzeit: 20 min.
Einfach

Für 4 Personen:
300 g Blätterteig
3 EL Olivenöl
5 Eier, 2 Dutzend in Öl eingelegte Anchovis
1 kg Tomaten
1 TL Zucker
50 g entkernte grüne oder schwarze Oliven
Salz, Pfeffer, Cayenne

Den Blätterteig ca. 2 mm dick ausrollen, und eine geölte Tortenform damit auslegen. Mit einem geschlagenen Ei bestreichen.
Die Anchovis abtropfen lassen. 4 Eier hart kochen. 2 feste Tomaten beiseitelegen, den Rest schälen, entkernen und kleinschneiden. Mit dem restlichen Öl, dem Salz, dem Pfeffer, dem Zucker und dem Cayenne in einen Topf geben. Bei milder Hitze rühren bis das Wasser verdampft ist. Abkühlen lassen und auf dem Teig verstreichen, die in Scheiben geschnittenen harten Eier und die restlichen geschälten, entkernten, abgetropften und in Scheiben geschnittenen Tomaten sowie die Anchovis und die Oliven darauflegen.
20 min. bei mittlerer Hitze in den Ofen schieben.

LOTTE MIT KNOBLAUCHSAUCE*

Bourride à la Setoise
Languedoc méditerranéen

Vorbereitungszeit: 15 min.
Kochzeit: 30 min.
Einfach

Für 4 Personen:
4 Scheiben Lotte à je 250 g
Einige Muscheln (nach Belieben)
1 Karotte, 10 Sellerieblätter
1 großes Mangoldblatt
2 Lauch (nur das Weiße)
4 EL Olivenöl
Salz, Pfeffer
Für die Knoblauchsauce:
2 Knoblauchzehen
2 Eigelb
1/2 TL scharfer Senf
1 dl Olivenöl

Die Gemüse fein hacken, und mit dem Öl auf kleiner Flamme 10 min. erhitzen. Die Lotte zugeben, salzen, pfeffern, und 10 min. zugedeckt köcheln lassen. Dann den Fisch wenden, und weitere 10 min. köcheln lassen. Währenddessen die Knoblauchsauce zubereiten. Den

Knoblauch in einem Mörser zerstoßen, die Eigelb und den Senf unterrühren. 1 min. ruhen lassen, dann mit einem Holzlöffel das Öl tropfenweise unterschlagen.
Den Fisch aus dem Topf nehmen, und auf einer Servierplatte warmstellen. Die Knoblauchsauce in den Topf geben, mit dem Kochsaft vermischen, und den Fisch damit überziehen.

THUNFISCH MIT TOMATEN

Thon à la Catalane
Roussillon

Vorbereitungszeit: 10 min.
Kochzeit: 20 min.
Einfach

Für 4 Personen:
1 Scheibe frischer Thunfisch von ca. 800 g
800 g Tomaten
100 g Essiggurken
100 g kleine Essigzwiebeln
1 EL Tomatenmark
1 Tasse Olivenöl
Etwas Petersilie und frischer Koriander
Salz
Cayenne

Die Tomaten schälen, entkernen und vierteln. In einen Schmortopf gibt man die Hälfte des Öles, die Tomaten und legt den Thunfisch darauf. Mit Salz und Cayenne würzen.
Das restliche Öl mit dem Tomatenmark vermischen, und über den Thunfisch geben. Zugedeckt bei milder Hitze 20 min. köcheln lassen, nach 10 min. den Fisch wenden.
5 min. vor Kochende gibt man die in Scheiben geschnittenen Gewürzgurken und die Kräuter hinein.
Erkalten lassen, die Kräuter, die Haut und die Gräten des Thunfischs entfernen und servieren.

STOCKFISCH MIT TOMATEN UND KARTOFFELN

Stocaficada
Comté de Nice

36 h vorher beginnen
Vorbereitungszeit: 15 min.
Kochzeit: 2 h
Einfach

Für 10 Personen:
1,5 kg Stockfisch
150 g Stockfischinnereien
3 dl Olivenöl
1 große Zwiebel
1 Lauch (nur das Weiße)
200 g entkernte Oliven
1 Bouquet garni (Thymian, Lorbeerblatt, Petersilie, Fenchel)
4 Knoblauchzehen
1 kg neue Kartoffeln
2,5 kg geschälte, entkernte und kleingeschnittene Tomaten

Den Stockfisch zusammen mit den Innereien 36 h unter fließendem Wasser entsalzen. Die Haut und die Gräten entfernen, und den Fisch zerpflücken.
In einem Schmortopf das Öl erhitzen, und die in Scheiben geschnittenen Zwiebeln und Lauch anbraten. Die Hitze verringern, das Bouquet garni, den feingehackten Knoblauch und die Tomaten zufügen. Den Fisch samt Innereien darauflegen, und bei milder Hitze köcheln lassen. Nach 1,5 h abschmecken, die schwarzen Oliven und die in dicke Scheiben geschnittenen Kartoffeln zugeben. Weitere 30 min. kochen lassen.

SEEBARBE MIT ANCHOVIS

Rougets à la Niçoise
Comté de Nice

Vorbereitungszeit: 20 min.
Kochzeit: 25 min.
Einfach

Für 6 Personen:
12 Fels-Seebarben
12 Anchovis
1 kg Tomaten
20 schwarze Oliven
1 EL Kapern
5 Zitronen
1 Tasse Mehl
60 g Butter
1 Bd. Petersilie
1 gr. Tasse Olivenöl
Salz, Pfeffer

Die Seebarben vorsichtig abschuppen, um die zarte Haut nicht zu zerreißen. Ohne sie auszunehmen, schneidet man die Seiten dreimal leicht ein. In einer Mischung aus Salz und Pfeffer, danach im Mehl wälzen.
In einer Pfanne ausreichend Öl erhitzen, und die Fische darin anbraten. Dabei immer wieder mit Öl begießen und einmal wenden, sie sollen in dem sehr heißen Fett backen.
Die Fische herausnehmen, und in eine ofenfeste Form legen. Mit geschälten, entkernten, abgetropften und kleingeschnittenen Tomaten belegen. Auf jeden Fisch zwei Scheiben einer geschälten Zitrone und ein Anchovisfilet legen. Die Oliven und die Kapern dazugeben. Mit Zitronensaft beträufeln und mit gehackter Petersilie bestreuen. Bei milder Hitze 20 min. in den Ofen schieben. Währenddessen läßt man die Butter zergehen und begießt die Fische damit kurz vor dem Servieren.

SEEBARBE IM OFEN GESCHMORT

Rougets à la Bonifacienne
Korsika

Vorbereitungszeit: 20 min.
Kochzeit: 30 min.
Einfach

Für 6 Personen:
1 kg mittelgroße Seebarben
2 EL Olivenöl
6 Anchovis, 4 Knoblauchzehen
1 EL Tomatenmark
1 Bd. Petersilie, 3 EL Semmelbrösel
Salz, Pfeffer

Die Seebarben vorsichtig abschuppen und putzen. Ausnehmen und die Leber aufheben. Die Anchovis unter fließendem Wasser entsalzen und entgräten. Mit dem Tomatenmark, dem feingehackten Knoblauch, der Petersilie und 1 EL Olivenöl in einem Mörser zerstampfen. Pfeffern und vorsichtig salzen. Die pürierten Lebern unterrühren.
Eine ofenfeste Form einölen, die Mischung hineingeben. Die Seebarben darauflegen, mit Semmelbröseln bestreuen. 30 min. in den heißen Ofen schieben.

FISCHTOPF MIT GERÖSTETEM WEISSBROT*

Bourride / Provence

Vorbereitungszeit: 30 min.
Kochzeit: 20 min., schwierig

Für 8 Personen:
2,5 kg weiße Fische (Lotte, Merlan, Seewolf, St.-Petersfisch)
1 Zwiebel, 1 Lauch, 1 Karotte
6 Knoblauchzehen, 1 Tomate
1 Bouquet garni (Thymian, Lorbeerblatt, Fenchel)
1 Schale einer unbehandelten Orange, 50 cl Weißwein aus der Provence, 75 cl Olivenöl
8 Eier, einige Scheiben altbackenes Weißbrot, Salz, Pfeffer

Die Fische abschuppen, ausnehmen, putzen und in Stücke schneiden. Zwiebel, Lauch (weißer Teil) und die Karotte in feine Scheiben schneiden. In einen großen Topf gibt man den Fisch, das Gemüse, die geschälte, entkernte und geviertelte Tomate, das Bouquet garni und eine Viertel-Orangenschale. Salzen, pfeffern, und mit dem Weißwein und 2 EL Öl begießen. Mit heißem Wasser bedecken. Bei starker Hitze zum Kochen bringen, und 10 min. sprudelnd kochen lassen. Währenddessen bereitet man eine Knoblauchsauce (siehe Rezept S. 192) zu.

Die Fischstücke herausnehmen und warmstellen. Den restlichen Topfinhalt passieren und beiseitestellen. Von der Knoblauchsauce behält man 1 EL zurück, den Rest gibt man in einen Topf und mischt nach und nach 8 Eigelb darunter, ohne zu erhitzen.
Man stellt diesen Topf auf eine sehr kleine Flamme und gießt die durchpassierte Brühe unter ständigem Rühren langsam hinein. Die Mischung soll nicht kochen. Die Mischung eindicken lassen, dann vom Feuer ziehen.

Die Weißbrotscheiben legt man in tiefe Teller und gibt die Mischung darüber. Der Fisch wird zusammen mit der restlichen Knoblauchsauce extra serviert.

STOCKFISCH NACH NIMER ART

Brandade Nîmoise
Languedoc méditerranéen

Am Vortag beginnen
Vorbereitungszeit: 20 min.
Kochzeit: 20 min.
Schwierig

Für 4 Personen:
1 kg Stockfisch
40 cl Olivenöl
40 cl Milch
Knoblauch, Muskat (nach Belieben)
Salz, Pfeffer

Den Stockfisch 24 h unter fließendem Wasser entsalzen. 10 min. in brausendem Wasser pochieren. Abtropfen lassen und zerpflückt in einen Behälter, der weder aus Aluminium noch aus Gußeisen bestehen sollte, geben.
Bei milder Hitze und unter langsamer Zugabe des Öls mit einem Spatel zerdrücken. Wenn man 1/3 des Öls verbraucht hat, gibt man dieselbe Menge abgekochter warmer Milch unter Umrühren langsam hinzu.
So fortfahren, bis Öl und Milch verbraucht sind. Pfeffern und vorsichtig salzen. Mit gerösteten Weißbrotscheiben servieren.

GEFÜLLTER SEEWOLF

Loup farci
Provence und Comté de Nice

Vorbereitungszeit: 20 min.
Kochzeit: 45 min.
Einfach

Für 8 Personen:
1 Seewolf von 1,5 kg
200 g roher Schinken
1 große Zwiebel, 500 g Tomaten
300 g Champignons
100 g entkernte Oliven
100 g Kapern, 2-3 Fenchelstengel
2 Knoblauchzehen, 1 Bd. Petersilie
1 l trockener Weißwein aus der Provence
1/2 Tasse Olivenöl
Salz, Pfeffer

Den Fisch ausnehmen, putzen und trockentupfen. Außen und innen salzen und pfeffern, mit Fenchel spicken.
Den Schinken, die Kapern, die Champignons, die Oliven, die Zwiebel, die Petersilie und den Knoblauch fein hacken.
In einem Schmortopf erhitzt man 6 EL Öl und gibt das Gehackte in das rauchheiße Fett. Gut umrühren, dann die geschälten, entkernten, abgetropften und zerkleinerten Tomaten zufügen. Den Wein angießen, und bei milder Hitze um 2/3 reduzieren.
In eine eingeölte ofenfeste Form legt man den Fisch und schiebt ihn 30 min. bei milder Hitze in den Ofen.
Die Form aus dem Ofen nehmen, den Fenchel entfernen, der Länge nach teilen, die Gräten herausnehmen, und eine Hälfte mit der Sauce begießen. Die zweite Hälfte wieder daraufsetzen, sehr heiß servieren.

TAUBEN NACH KATALONISCHER ART

Pigeons à la Catalane
Roussillon

Vorbereitungszeit: 30 min.
Kochzeit: 40 min.
Einfach

Für 4 Personen:
2 kochfertige Tauben
2 Speckscheiben
80 g magerer roher Schinken
12 Knoblauchzehen
50 g Butter, 2 EL Olivenöl
20 cl Weißwein
20 cl Geflügelbrühe
2 Bitterorangen
1 EL Mehl
2 EL Weinessig, Salz, Pfeffer

Den Knoblauch schälen und 10 min. in kochendes Wasser legen. Die Tauben innen und außen salzen und in je eine Speckscheibe einwickeln. Den Schinken fein würfeln. Die Bitterorangen schälen und in Scheiben schneiden.
Das Öl und die Butter in einen Schmortopf geben. Die Tauben darin bei milder Hitze anbraten. Dann die Schinkenwürfel, den zerdrückten Knoblauch und die Orangenscheiben ohne Kerne zufügen. Mit dem Wein und der Brühe angießen. Pfeffern und vorsichtig salzen, und zugedeckt 30 min. köcheln lassen. Nach 15 min. die Tauben wenden. Danach die Tauben und die Orangenscheiben herausnehmen. Das in dem Essig aufgelöste Mehl mit einem Holzlöffel hineinrühren.
Den Speck von den Tauben entfernen und sie halbieren. Auf einer Servierplatte anrichten, und mit der passierten Sauce überziehen. Mit den Orangenscheiben umlegen.

GEFÜLLTER WIRSING*

Chou farci / Korsika

Vorbereitungszeit: 40 min.
Kochzeit: 3 h, einfach

Für 4 Personen:
1 Wirsing, 100 g Bauchspeck
200 g Figatellu (geräucherte Leberwurst), 3 Zwiebeln, 4 Knoblauchzehen, 1 kl. Bd. Petersilie, 2 Eier
100 g Knödelbrot, in Milch eingeweicht, Salz, Pfeffer
Für die Brühe:
2 l Fleischbrühe, 2 Karotten, 2 Lauch
2 EL Olivenöl, 1 Schweinenetz

Die äußeren Blätter und den Strunk entfernen. In kochendem Salzwasser 10 min. blanchieren. Abtropfen lassen und abschrecken. Die Blätter auseinanderziehen. Das Herz herausschneiden. Für die Füllung mischt man den gehackten Speck mit dem Wurstinhalt. Die Herzblätter, den Knoblauch, die Petersilie und die Zwiebeln sehr fein hacken, und zusammen mit dem ausgedrückten Knödelbrot zu dem Speck geben. Mit Eiern und Öl binden, etwas salzen und pfeffern.

Wenn die Masse homogen ist, füllt man den offenen Kohl damit und drückt die Blätter zusammen, so daß er seine ursprüngliche Form einnimmt. In das Schweinenetz einwickeln und zusammenbinden. Den Kohl in einen Topf zusammen mit den geschälten Karotten und dem Lauch geben, mit der Fleischbrühe bedecken, und 3 h köcheln lassen.
Zum Servieren entfernt man den Faden und schneidet den Kohl wie einen Kuchen.

RINDFLEISCHTOPF

Daube de boeuf
Provence, Comté de Nice, Korsika

Vorbereitungszeit: 35 min.
Kochzeit: 7 h, einfach

Für 8 Personen:
2 kg Rinderschmorfleisch (Oberschale)
100 g frisches Wammerl
200 g Speck, 1 Kalbsfuß der Länge nach gespalten
1 EL Schweineschmalz
1 EL Olivenöl
4 Zwiebeln, 2 davon mit 2 Nelken gespickt, 4 Karotten
1 Bouquet garni
2 Knoblauchzehen
3 Tomaten
4 Schalotten
1 kl. Selleriestange
1 l Rotwein aus der Provence oder Côtes du Rhône
1/4 Orangenschale, Salz, Pfeffer

Das Fleisch in 5 cm große Würfel schneiden. Die Hälfte des Specks in kleine Stifte schneiden, und in feingehacktem Knoblauch und Petersilie wälzen. Anschließend je einen Fleischwürfel mit einem Speckstift spicken.
Den restlichen Speck und das Wammerl ohne Schwarte und Knöchelchen würfeln. In einen Schmortopf gibt man das Schweineschmalz, das Öl und die Speckwürfel. Bei milder Hitze andünsten, nach 5 min. das Wammerl zugeben. Wenn sie goldbraun sind, gibt man das Rindfleisch, die Zwiebeln und die geviertelten Karotten hinzu. Wenn das Fleisch eine schöne braune Farbe bekommen hat, fügt man den Kalbsfuß und das Bouquet garni hinzu. Umrühren. Nach 5 min. die geviertelten Tomaten, die Schalotten, den Knoblauch, die Orangenschale und den Sellerie hineingeben. Den Wein angießen, salzen, pfeffern, umrühren und zum Kochen bringen. Dann bei sehr milder Hitze in den Ofen stellen und 6 h köcheln lassen. Evtl. etwas warmes Wasser nachgießen.

RINDSKALDAUNEN*

Tripes à la Niçoise
Comté de Nice

Vorbereitungszeit: 25 min.
Kochzeit: 10 h, schwierig

Für 6 Personen:
2,5 kg gewaschene und blanchierte Kaldaunen
500 g Kalbshaxe oder einen Rindsfuß, in 2 Teile gespalten
4 große Zwiebeln, 12 Karotten
5 Stangen Sellerie
6 Knoblauchzehen, 10 Tomaten
1 Bouquet garni , 1 Msp. Origano
6 unbehandelte Zitronen
1 kl. Glas Weinbrand
6 EL Parmesan
Salz, Pfeffer

Die Kaldaunen mit Zitrone abreiben, und in Streifen von 2 cm Breite und 5 cm Länge schneiden. Salzen und pfeffern.

In einen großen Topf (am besten aus Ton) stellt man einen umgekehrten Teller. Die Kalbshaxe und eine Mischung aus den Kaldaunen und dem Gemüse (die Zwiebeln und Karotten in Scheiben, den Sellerie in Stücken, die Knoblauchzehen, die geschälten und entkernten Tomaten) daraufgeben. Das Bouquet garni, den Origano und den Weinbrand zugeben, und mit Wasser bedecken. Den Topf luftdicht verschließen, und 10 h bei milder Hitze in den Ofen stellen.
Am Ende der Garzeit füllt man eine ofenfeste Form mit den Kaldaunen, dem Gemüse und der Kalbshaxe, von der man den Knochen entfernt hat. Das Fleisch kleinschneiden und unter den Rest mischen.
Großzügig mit Parmesan bestreuen und im Ofen überbacken.

GEFÜLLTES HUHN

Poule farcie provençale
Provence

Vorbereitungszeit: 30 min.
Kochzeit: 4 h 20 min.
Schwierig

Für 6 Personen:
1 Huhn von 2,5 kg mit Leber und Magen
1 Kalbshaxe
3 Eier, 100 g Knödelbrot
1 Tasse Milch
250 g gek. Schinken
1/2 Tasse Erdnußöl
3 Zwiebeln, 2 Knoblauchzehen
150 g Mangold, 1 gr. Bd. Petersilie
6 Karotten, 6 Lauch (nur das Weiße), 6 weiße Rüben
6 mittlere weiße Zwiebeln
Salz, Pfeffer
Für die Brühe:
1 kg Rindfleisch (Oberschale oder Hochrippe)
1 Karotte, 1 Zwiebel, mit 1 Nelke gespickt, 1 Bouquet garni
Für die Vinaigrette:
2 EL Weinessig
1 TL starker Senf
6 EL Olivenöl
1 Bd. zerrupfte Petersilie
1 gehacktes hartes Ei
Salz, Pfeffer

Für die Brühe gibt man das Rindfleisch und die restlichen Zutaten in einen Topf mit 2,5 l kaltem Wasser. 2 h kochen lassen, abschäumen und durch ein Sieb geben.
Währenddessen weicht man das Knödelbrot in der Milch ein. Die Zwiebeln hacken, und in etwas Erdnußöl andünsten, die Leber und den Magen, beides feingehackt, zugeben und 2 min. anbraten. Den Mangold 1 min. blanchieren, abtropfen lassen, abschrecken, abtropfen lassen. Den Knoblauch, den Schinken, die Petersilie, den Mangold, die Zwiebeln, das ausgedrückte Knödelbrot und die 3 Eier kleinhacken. Salzen und pfeffern.
Diese Mischung in das Huhn geben und gut zunähen. Das Huhn mit Öl bestreichen, und im sehr heißen vorgeheizten Ofen für 20 min. anbräunen. In die heiße Brühe geben. Bei milder Hitze zum Kochen bringen. Eine Stunde später die Kalbshaxe und die Gemüse zugeben. Eine weitere Stunde köcheln lassen.
Die Vinaigrette zubereiten. Das Huhn zerlegen, und mit der in Scheiben geschnittenen Füllung auf einer Servierplatte anrichten, mit dem Gemüse umlegen. Die Vinaigrette in einer Sauciere servieren.

GESCHMORTES LAMM

Carbonade d`agneau
Provence

Vorbereitungszeit: 40 min.
Kochzeit: 2 h 20 min.
Einfach

Für 6 Personen:
1 Lammschulter ohne Knochen von ca. 1,5 kg
125 g frisches Wammerl
5 junge Karotten
5 junge weiße Rüben, 1 Sellerieherz
12 Frühlingszwiebeln,
15 - 20 kleine neue Kartoffeln
3 Tomaten, 1 Bouquet garni
1 kl. Bd. Basilikum
1/2 Tasse Tomatenpüree
2 EL Olivenöl, Salz, Pfeffer
3/4 Flasche Weißwein aus der Provence oder Côtes du Rhône

Das Wammerl ohne Schwarte und Knöchelchen in Streifen schneiden. Die Lammschulter in 5 cm große Würfel schneiden.
Die Karotten, die weißen Rüben und das Sellerieherz in Stücke schneiden, die Kartoffeln abbürsten, die Zwiebeln schälen, dabei die Hälfte des Grünen behalten.
Die geschälten, entkernten und geviertelten Tomaten zusammen mit 1 EL Olivenöl, Salz und Pfeffer zu einem Püree machen. In einem Schmortopf dünstet man die Speckstreifen 5 min. in etwas Öl an. Herausnehmen. An ihrer Stelle die Lammfleischwürfel von allen Seiten 5 min. anbraten. Herausnehmen.
Die Frühlingszwiebeln und 2 min. später das restliche Gemüse (bis auf die Kartoffeln) hineingeben, und 5 min. umrühren. Die Speckstreifen, das Lammfleisch wieder

hineingeben, das Bouquet garni zufügen. Den Wein angießen. Zugedeckt bei milder Hitze 1 h 30 min. köcheln lassen. Danach das Bouquet herausnehmen, die Kartoffeln hineingeben und großzügig pfeffern.
Etwas Wasser zugeben, damit die Kartoffeln kochen können. Das Tomatenpüree hinzugeben und weitere 30 min. köcheln lassen. Mit gehacktem Basilikum bestreut servieren.

SCHMORTOPF*

Stufatu / Korsika

Vorbereitungszeit: 30 min.
Kochzeit: 3 h 30 min., einfach

Für 6 Personen:
750 g Rindfleisch zum Schmoren
300 g roher geräucherter Schinken
500 g Hammelschulter, 200 g Speck
2 Gläser Weißwein
3 EL Schweineschmalz
6 Knoblauchzehen, 3 Zwiebeln
1 EL Tomatenpüree, 2 Nelken
2 Wacholderbeeren, 1 Bd. Kräuter (Thymian, Lorbeerblatt, Salbei, Rosmarin, Krause Minze, Bohnenkraut), Salz, Pfeffer

Das Fleisch in 5 cm große Würfel schneiden. Den Schinken in Stifte schneiden, und die Fleischwürfel damit spicken. Die Knoblauchzehen in ganz feine Stifte schneiden, und mit einer Messerspitze ebenfalls in die Fleischwürfel praktizieren. Die Fleischwürfel dann in Salz und Pfeffer wälzen.
In einem Schmortopf brät man 2 in feine Scheiben geschnittene Zwiebeln in zerlassenem Schweineschmalz an, fügt die Fleischwürfel dazu und rührt um, damit sie von allen Seiten Farbe bekommen.
Das Tomatenpüree und den Wein zugeben. Umrühren und die Kräuter sowie die letze Zwiebel mit 2 Nelken gespickt hinzufügen. Zugedeckt 20 min. köcheln lassen.
Anschließend mit Wasser bedecken. Den restlichen Schinken würfeln, den Speck und die restlichen Knoblauchzehen feinhacken, und alles in den Schmortopf geben. Umrühren und zugedeckt 3 h köcheln lassen.

HACKFLEISCHBÄLLCHEN*

Boles de Picoulat / Roussillon

Vorbereitungszeit: 25 min.
Kochzeit: 1 h, einfach

Für 4 Personen:
200 g gehacktes Rindfleisch aus der Oberschale
500 g gehackter Schweinerücken
6 Knoblauchzehen, 1 Bd. Petersilie
2 Eier
Salz, Pfeffer

Für die Sauce:
100 g frisches Wammerl
50 g roher Schinken
200 g entkernte grüne Oliven
1 Zwiebel, 1 kleine Pfefferschote
1 Msp. Muskat
1 geschälte, entkernte und kleingeschnittene Tomate, 3 EL Olivenöl
2 EL Mehl, Salz, Pfeffer

Die Petersilie und den zerdrückten Knoblauch feinhacken, und zu dem Fleisch in eine Schüssel geben. Die Eier schlagen, und zu dem Hackfleisch geben. Mit der Hand Kugeln in Eigröße formen, in Mehl wälzen und auf ein Blech legen.
In einer großen Pfanne erhitzt man das Öl und brät die Bällchen darin an. Währenddessen schneidet man das Wammerl und den rohen Schinken in Würfel und hackt die Zwiebel fein. Wenn die Bällchen goldbraun sind, nimmt man sie heraus und legt sie auf Küchenkrepp. Zudecken und warmstellen. Im Bratenfett brät man die Wammerlwürfel an. Wenn das Mehl in der Pfanne nicht ausreicht, gibt man noch eine Prise dazu, fügt

dann die gehackte Zwiebel hinzu. Wenn sie Farbe bekommen hat, gießt man mit 2 Tassen warmem Wasser auf. Zum Kochen bringen, salzen, pfeffern, die Tomate, die Pfefferschote, eine Msp. Muskat, die Oliven, die Schinkenwürfel und schließlich auch die Bällchen hineingeben, die in der Sauce schwimmen sollten, notfalls etwas Wasser zufügen. Bei milder Hitze 45 min. köcheln, nach 20 min. die Bällchen wenden.

RINDFLEISCH IN ROTWEIN

Estouffade de boeuf provençale
Provence

Vorbereitungszeit: 15 min.
Kochzeit: 2 h 20 min., einfach

Für 6 Personen:
1,5 kg Zwischenrippenstück, in Stücke à 150 g geschnitten
8 Anchovis, 1 Zwiebel
2 Fl. Wein von den Rhône-Ufern (Châteauneuf-du-pape oder Gigondas), 1 dl Weinessig
1 EL Tomatenmark
1 TL Kapern, 1 Gewürzgurke
2 Knoblauchzehen
1 Bouquet garni, 2 EL Olivenöl
Salz, Pfeffer

Die Anchovis unter fließendem Wasser entsalzen und entgräten.
Das Öl in einer Pfanne erhitzen, und die Fleischstücke auf allen Seiten anbraten. Herausnehmen, auf Küchenkrepp legen, und dann in einen Schmortopf schichten.
Die Pfanne mit dem Essig ablöschen, das Tomatenmark, die in feine Scheiben geschnittene Zwiebel, das Bouquet garni, die Kapern, den Knoblauch und die Gewürzgurke feingehackt zugeben. Den Rotwein angießen, und 15 min. bei mittlerer Hitze köcheln lassen. In den Schmortopf geben, die Anchovis zufügen. Zugedeckt bei milder Hitze 2 h köcheln lassen.

RATATOUILLE*

Ratatouille / Comté de Nice

Vorbereitungszeit: 1 h 15 min.
Kochzeit: 35 min., einfach

Für 8 Personen:
1,2 kg kleine Auberginen
2 Sellerieherzen, 1 große Zwiebel
500 g Tomaten, 1 dl Weinessig
1 EL Puderzucker
2 EL Kapern, 150 g entkernte schwarze Oliven, 6 EL Olivenöl
2 EL gehacktes Basilikum
2 EL grobes Salz, Pfeffer

Die Auberginen in Scheiben schneiden, in ein Sieb legen, mit grobem Salz bestreuen. Einen Teller darauflegen und beschweren.
Nach 1 h abspülen und trockentupfen. Die Zwiebel in feine Scheiben schneiden. Die Sellerieherzen in Scheiben schneiden. Die Tomaten schälen, entkernen und grob hacken. In einer Pfanne erhitzt man das Öl und brät die Auberginen darin an.
Herausnehmen, die Zwiebel und den Sellerie hineingeben, und 3 min. bei milder Hitze andünsten. Die Tomaten zugeben, umrühren, den Essig, den Zucker und das Salz hinzufügen.
15 min. köcheln lassen, dabei ab und zu umrühren. Die Auberginen wieder hineingeben, zum Kochen bringen, die Kapern und die Oliven zufügen. 10 min. köcheln lassen, dann vom Feuer ziehen.
Wenn kalt serviert wird, bestreut man das Ratatouille mit Basilikum.

GEMÜSEEINTOPF

Barbouillade de légumes
Provence

Vorbereitungszeit: 40 min.
Kochzeit: 25 min., einfach

Für 4 Personen:
12 kleine Pfeffer-Artischocken
1 kg Bohnen, 12 Frühlingszwiebeln
8 grüne Spargel, 1 große Zwiebel
150 g frisches Wammerl
1 Zitrone
2 EL Olivenöl, Salz, Pfeffer

Das Wammerl ohne Schwarte und Knöchelchen in feine Streifen schneiden. Die Bohnen entschoten, und die Häutchen entfernen. Das Grün der Frühlingszwiebeln bis auf 5 cm abschneiden. Die Spargel schälen, die Spitzen behalten, und 10 cm der Stiele in 1 cm breite Scheiben schneiden. Die Artischocken vierteln, nachdem man die äußeren Blätter entfernt und die Spitze bis auf 2 - 3 cm abgeschnitten hat. Die große Zwiebel feinhacken. Das Öl in einer Pfanne erhitzen, die Speckstreifen darin auf allen Seiten 5 min. anbraten. Die Zwiebel hineingeben, und 2 min. umrühren. Die Artischocken und die Frühlingszwiebeln zugeben, und nach 3 min. auch die Bohnen und die Spargelabschnitte. 10 min. bei milder Hitze unter Rühren dünsten. Zum Schluß die Spargelspitzen, den Zitronensaft, das Salz und den Pfeffer zugeben.

GEFÜLLTE AUBERGINEN*

Aubergine à la Biterroise
Languedoc méditerranéen

Vorbereitungszeit: 35 min.
Kochzeit: 1 h 10 min., schwierig

Für 6 Personen:
6 große Auberginen
500 g Wurstbrät
150 g roher Schinken
150 g trockener Speck
200 g altbackenes Weißbrot
4 EL Milch, 2 Eier
1 Msp. Nelkenpuder, 4 EL Mehl
1 Thymianzweig, 1 Lorbeerblatt
2 Schalotten, 1 Zwiebel
2 Knoblauchzehen
1/2 Tasse Olivenöl
3 Tassen Tomatenpüre mit Knoblauch gekocht und mit Basilikum gewürzt, Salz, Pfeffer

Die Auberginen waschen, und den Stiel entfernen. Das runde Ende der Auberginen als Deckel abschneiden, mit einem Messer die Aubergine vorsichtig aushöhlen, ca. die Hälfte des Fruchtfleisches entlang der Ränder stehenlassen. Den Schinken, den Speck, die Zwiebel, den Knoblauch, die Schalotten feinhacken. Das altbackene Brot in warmer Milch einweichen und ausdrücken. In einer Schüssel mischt man das Gehackte mit dem Wurstbrät, den Eiern, dem altbackenen Brot, Salz, Pfeffer, Nelkenpuder, den Thymianblättern und dem zerbröselten Lorbeerblatt. Die Auberginen mit dieser homogenen Masse füllen, und den Deckel daraufsetzen. Mit der restlichen Füllung Bällchen formen, in Mehl wälzen und in der Hälfte des Öls anbraten. Abtropfen lassen und beiseitestellen.
In einen Topf gibt man das restliche Öl, stellt die Auberginen hinein und brät sie 10 min. bei starker Hitze an. Die Tomatensauce ohne das Basilikum dazugeben, und zugedeckt 30 min. köcheln lassen. Die Fleischbällchen hinzugeben, die Auberginen etwas bewegen, und weitere 30 min. zugedeckt köcheln lassen.

PFEFFER-ARTISCHOCKEN*

Artichauts à la Barigoule
Provence

Vorbereitungszeit: 20 min.
Kochzeit: 2 h 30 min., einfach

Für 6 Personen:
18 violette sehr junge Pfeffer-Artischocken, 2 Zwiebeln
2 Knoblauchzehen
2 Karotten, 1 Tasse Olivenöl
1 Glas Weißwein aus der Provence
Salz, Pfeffer

Die äußeren Blätter der Artischocken entfernen. Andere Blätter

mit einer Schere einschneiden. Böden mit einem Messer begradigen. In kaltes Wasser geben, waschen, die Blätter dabei auseinanderziehen. Umdrehen und trocknen.
In einen Schmortopf gibt man 3/4 des Öles und breitet auf dem Boden die kleingewürfelten Zwiebeln und Karotten aus. Die Artischocken mit dem Boden nach unten daraufsetzen. Salzen und pfeffern, mit dem Rest des Öls beträufeln. Bei milder Hitze zugedeckt 15 min. köcheln lassen, ab und zu am Topf rütteln. Den Wein zugießen, die Hitze verstärken, und die Flüssigkeit um 1/3 reduzieren. Den zerdrückten Knoblauch und 1 Glas Wasser zugeben. Zugedeckt 2 h bei milder Hitze köcheln lassen. Ab und zu abdecken und am Topf rütteln.

GEMÜSEDIPS

Bagna cauda oder Anchoïade
Provence und Comté de Nice

Vorbereitungszeit und Kochzeit:
ca. 30 min.
Sehr einfach

Für 4 Personen:
Rohes Gemüse nach Saison (Pfeffer-Artischocken, Paprika, Selleriestangen, junge Karotten, frische Bohnen, Fenchel, Radieschen, Rettich, Blumenkohl, Tomaten, Champignons)
Für die Sauce:
25 cl Olivenöl, 2 Knoblauchzehen
100 g salzig eingelegte Anchovis
1 TL Weinessig, Pfeffer

Die Gemüse waschen und in einen Korb legen.
Für die Sauce entsalzt man die Anchovis unter fließendem Wasser, entfernt die großen Gräten. Den Knoblauch hacken, und zusammen mit den Anchovis in einem Mixer oder Mörser zerkleinern.
Man erhitzt langsam die Knoblauchmischung, gibt Pfeffer und den Essig zu und nach und nach das Öl. Mit einem Schneebesen schlagen, bis die Masse homogen ist.
Die Sauce auf einem Rechaud servieren. Jeder kann dann sein Gemüse in die Sauce tauchen.

ÜBERBACKENE AUBERGINEN

Gratin d`aubergines
Provence und Comté de Nice

Vorbereitungszeit: 20 min.
Kochzeit: 30 min., einfach

Für 4 Personen:
4 Auberginen
5 Tomaten
3 Zwiebeln
1 Knoblauchzehe
1 Bouquet garni (Thymian, Lorbeerblatt, Petersilie)
25 cl Olivenöl, Salz, Pfeffer

Die Auberginen schälen und der Länge nach in feine Scheiben schneiden. Die Scheiben in eine tiefe Platte schichten, jede Schicht salzen. Die Tomaten schälen, entkernen und kleinschneiden. Die Zwiebeln hacken, den Knoblauch zerdrücken.
Die Tomaten, die Zwiebeln, den Knoblauch und das Bouquet garni zusammen mit 2 EL Öl in einen Topf geben, salzen und pfeffern. 20 min. bei milder Hitze zugedeckt köcheln lassen. Während dieser Zeit nimmt man die Auberginen aus der Platte und drückt sie fest mit den Händen, um das Wasser herauszupressen. Den Ofen stark vorheizen.
In einer Pfanne erhitzt man das Öl und brät die Auberginenscheiben darin an. Wenn sie goldbraun sind, legt man sie auf Küchenkrepp.
Schließlich gibt man sie in eine ofenfeste Form und gießt die Tomatensauce darüber und schiebt das Ganze für 10 min. in den Ofen.

GEBACKENE KÄSECREME

Fiadone / Korsika

Vorbereitungszeit: 30 min.
Kochzeit: 30 min.
Einfach

Für 8 Personen:
500 g frischer Brocciu-Käse
150 g Zucker, 6 Eier
1 Zitrone, 1 TL Öl

Die dünn abgeschnittene Zitronenschale in kochendes Wasser geben. Nach 3 min. herausnehmen und abtropfen lassen, dann fein hacken. Die Eier trennen. Den Zucker und die Eigelb kräftig schlagen, bis eine cremige Mischung entsteht.
Die Zitronenschale und den Brocciu zufügen, und gut durchrühren. Schließlich das steif geschlagene Eiweiß unterheben.
Den Teig in eine eingeölte Form mit hohen Rändern geben. Bei mittlerer Hitze 30 min. backen. Erkalten lassen, und aus der Form stürzen.

ZUCKERPLÄTZCHEN

Biscotins d`Aix / Provence

Vorbereitungszeit: 20 min.
Kochzeit: 15 min., einfach

Für 6 Personen:
375 g Mehl, 250 g Zucker
2 TL Orangenblütenwasser
25 g Butter

Den Zucker mit 1 Glas Wasser in einen Kochtopf geben. Solange erhitzen, bis sich ein klarer Sirup bildet. 5 min. abkühlen lassen.
Auf ein Backbrett gibt man das Mehl, macht eine Vertiefung und gibt den Zuckersirup hinein und das Orangenblütenwasser. Durcharbeiten, bis ein fester Teig entsteht.
Aus dem Teig nußgroße Kugeln formen, und im Abstand von 3 cm auf ein gefettetes Backblech legen. Mit etwas Wasser bespritzen, und

15 min. in den sehr heißen Ofen schieben. Dann die Plätzchen sofort vom Blech nehmen und abkühlen lassen.

MANDELPLÄTZCHEN*

Biscotins du Fenouillède
Roussillon

Vorbereitungszeit: 10 min.
und 1 h Ruhezeit des Teiges
Kochzeit: 15 min., einfach

Für 6 Personen:
250 g Mehl, 250 g Puderzucker
3 Eier, 150 g gem. Mandeln
1 unbehandelte Zitronenschale
3 EL Puderzucker zum Bestreuen
50 g Butter, Salz

Das Mehl, die Eier und den Zucker verrühren, die Mandeln, die geriebene Zitronenschale, 1 Msp. Salz dazugeben. Einen glatten Teig herstellen, und 1 h kühlstellen. Auf einem bemehlten Brett rollt man den Teig 2 cm dick aus. Stäbchen von 10 cm Länge und 2 cm Breite ausschneiden.
Auf ein gefettetes Backblech im Abstand von 3 cm legen, und bei mittlerer Hitze 15 min. backen. Nach dem Herausnehmen mit dem Puderzucker überstreuen.

WEIHNACHTSKUCHEN

Gâteau aptésien de Noël
Provence

Vorbereitungszeit: 25 min.
Kochzeit: 1 h 20 min., einfach

Für 8 Personen:
300 g Mehl, 200 g Butter
175 g Olivenöl, 6 Eier
200 g Rohzucker, 1 Prise Salz
1 TL Vanillepuder
1 kg gemischte kandierte Früchte
4 Tassen gehackte Mandeln
1 fein gehackte Zitronenschale
1 kl. Glas Weinbrand, 1 Prise Zimt
1 Beutel Trockenhefe

Die kandierten Früchte hacken und mit den Mandeln mischen, in 2 EL Mehl wälzen. In einer Schüssel

mischt man die Butter, das Olivenöl und den Rohzucker. Die Eigelb und unter Rühren das Mehl, das steifgeschlagene Eiweiß, den Zimt, die Vanille, die Hefe, das Salz, die Zitronenschale, den Weinbrand und schließlich die gemehlten kandierten Früchte zugeben.
Eine Backform großzügig einfetten, und den gut durchgearbeiteten Teig hineingeben. Im vorgeheizten heißen Ofen 20 min. backen, dann 1 h weiterbacken bei mittlerer Hitze. Mit einer Stricknadel die Garzeit überprüfen. Sie sollte trocken herauskommen.

ORANGENBLÜTENTORTE*

Tarte à la fleur d'oranger
Provence

Vorbereitungszeit: 10 min. + 1 h für den Teig
Kochzeit: 30 min.
Einfach

Für 6 Personen:
250 g Mehl
10 g Bäckerhefe
100 g Butter
6 Tropfen Orangenblütenwasser
4 EL Rohzucker
2 Eier
4 EL Kristallzucker
4 EL Crème fraîche
4 EL Milch
1 Prise Salz

In einer Schüssel mischt man die Hefe mit warmer Milch, fügt dann 2 EL Zucker, das Mehl, 75 g Butter, die Eier, das Salz und das Orangenblütenwasser dazu und rührt erst mit einem Holzlöffel um, dann mit der Hand kneten. Die Teigkugel in etwas Mehl wälzen. In eine gebutterte ofenfeste Form geben und mit einem Küchentuch bedeckt 1 h an einem warmen Ort gehen lassen. Dann den Rohzucker daraufstreuen, und 15 min. bei gemäßigter Hitze in den vorgeheizten Ofen stellen.
Dann aus dem Ofen nehmen, 3 EL Crème fraîche darübergeben, und 5 min. in den Ofen stellen. Wieder aus dem Ofen nehmen, die restliche Crème fraîche und den restlichen Kristallzucker darübergeben, und noch einmal für 10 min. in den Ofen schieben.

MARONENKUCHEN

Bras de Vénus
Languedoc méditerranéen und Roussillon

Vorbereitungszeit: 25 min.
Kochzeit: 10 min.
Schwierig

Für 6 Personen:
3 EL Mehl
3 EL Zucker
3 Eier
100 g Butter
1/4 Beutel Trockenhefe
1 Glas Maronenmus mit Vanille
Salz

In einer Schüssel mischt man mit einem Holzspatel den Zucker mit den Eigelb bis man eine weiße glatte Creme erhält.
Die Eiweiß sehr steif schlagen und halbieren. Auf die eine Hälfte gießt man langsam die Eigelbmischung und läßt dann die Hälfte des Mehls hineinrieseln.
Dann die andere Hälfte Eiweiß und Mehl langsam zugeben und vermischen.
Die Butter im Wasserbad schmelzen, erkalten lassen, dann gleichzeitig mit der Hefe in den Teig rühren. Ein geöltes Papier auf ein Backblech legen, und den Teig darauf mit einem Messer glattstreichen. 10 min. bei starker Hitze backen.
Auf ein feuchtes Küchentuch stürzen, das Papier abziehen. Die Maronencreme darauf streichen, und mit Hilfe des Küchentuchs einrollen (wie eine Biskuitrolle).
Erkalten lassen.

Pyrenäen

Gascogne
Languedoc
toulousain
Béarn
Baskenland
Comté de Foix
Albigeois

Wenn der Süden das Land des Olivenöls ist, ist das der Pyrenäen sicherlich das des tierischen Fettes, vor allem Schweineschmalz und Gänseschmalz. Denn die Gans und mehr und mehr die Ente regieren das Land vom Périgord bis zum Baskenland, vom Atlantik bis zu den Alpen.
Die Gans war und ist heute noch manchmal die Sache der Frauen: Sie hüten die Herden und mästen sie, sie verkaufen sie auf den Märkten, lebend oder gerupft, meist um ihre Leber erleichtert.
Die Gans und die Ente finden sich in vielen Rezepten dieser Gebiete, die arm an reichhaltiger Küche sind. Alles an diesen Geflügeln ist gut, allem voran die Leber, die auf

Vorhergehende Seiten: *In der Nähe der spanischen Grenze liegt das kleine pyrenäische Dorf Arragnouet mit seinen schiefergedeckten Häusern am Fuße der Berge.*
Oben: *Mit den jährlich frisch gekalkten Häusern mit grünem oder rotem Fachwerk ist Aïnhoa ein typisch baskisches Dorf.*
Links: *Toulouse am Ufer der Garonne verdankt der Farbe seiner Ziegelsteine den Spitznamen »rosafarbene Stadt«.*
Rechts: *Mitten in einer fruchtbaren Ebene, in der Getreide, Tabak, Wein und Obst angebaut werden, liegt Albi am Ufer der Tarn, Heimat von Toulouse-Lautrec.*

hunderterlei Weise zubereitet wird, Natur, halbgekocht, mit oder ohne Portwein gekocht, mit oder ohne Armagnac, mit Knoblauch, mit Kapern, mit Trauben etc.
Die eingelegten Geflügel dienen zu vielem, wie auch der Kohlsuppe.
Die Gans ißt man geschmort, mit Kastanien, die Keulen gegrillt, der Hals gefüllt.
Im traditionellen Gericht dieser großen Region triumphiert die Gans auf ganzer Linie: es handelt sich um den Bohnentopf, in dem die eingelegte Gans neben Schweine- oder Hammelfleisch und Bohnen ihren Platz hat. Dieser Bohnentopf ist seit langem Streitgegenstand dreier Städte: Toulouse, Castelnaudary und Carcassonne.
Jede dieser Städte behauptet natürlich von sich, ihn erfunden zu haben.
Es ist wohl am besten, sich aus dem Streit herauszuhalten und mit dem großen Küchenchef Prosper Montagné der Meinung zu sein: »Gottvater ist der Bohnentopf von Castelnaudary, Gottsohn ist der von Carcassonne und der Heilige Geist der von Toulouse.«
Das Baskenland und Béarn verwenden aber mehr andere Fleischwaren, wie z.B. den Schinken aus Bayonne.
Dieses Land hat sich außerdem ein so lebendiges Andenken an Henri IV bewahrt, der das Huhn im Topf zu einer Institution machte, indem er es jeden Sonntag verspeiste.
Diese Poularde wird heute gefüllt.
Im Albigeois sind vor allem die Schinken und Würste berühmt, die einstmals aus Wildschweinfleisch waren.
Im äußersten Südwesten dieser Region haben die Basken als

Links oben: *Am Fuße des Roncevaux hat Saint-Jean-Pied-de-Port seine alte Brücke über die Nive und die alten Bauten behalten.*
Links unten: *Die Pferdezucht hat in den Pyrenäen Tradition.*
Oben: *Im Hafen von Saint-Jean-de-Luz ankerten schon die Fischer, die noch auf Kabeljau-Fang gingen. Heute fangen sie Thunfisch.*

Fischer für deutliche Abwechslung der Küche gesorgt.
Der Fischtopf, aus einer simplen Stockfischkopf-Suppe entstanden, ist heute schon fast eine Bouillabaisse, die mit Tinte gefüllten Tintenfische auf spanische Art und der Marmitako, ein Eintopf aus Thunfisch, Kartoffeln und Peperoni.
Aber auch als Bauern haben die Basken ihre eigenen Rezepte: die Rühreier mit Tomaten, milden Peperonis und Schinken, das Huhn nach baskischer Art, die Kalbskaldaunen oder die Schafskaldaunenwürste.
Die Regionen Gascogne, Béarn und Baskenland produzieren schmackhafte Schafskäse. Es gibt auch Weine dort. Das Baskenland hat nur den Irouléguy, der nicht zu den großen Weinen gehört. Besser sind der Tursan, der Pacherenc und der Madiran. Schließlich ist der Jurançon ein Wein, der manche Spitze erreicht und auf den die Einwohner von Béarn zu Recht stolz sind: mit einem Tropfen dieses Nektars und mit einer Knoblauchzehe wurde Henri de Navarre, der zukünftige Henri IV getauft.
Zum Schluß darf man nicht vergessen, daß es den beiden Départments Landes und Gers vorbehalten ist, einen der berühmtesten Weinbrände der Welt zu destillieren, den Armagnac.

GRÜNKOHLSUPPE MIT SCHINKEN

Garbure Béarnaise
Béarn

Vorbereitungszeit: 30 min.
Kochzeit: 2 h 30 min.
Einfach

Für 6 Personen:
1 Grünkohl, 400 g Kartoffeln
400 g Karotten, 100 g frische Bohnen in Schoten, 300 g Zwiebeln
2 Knoblauchzehen, 1 Bouquet garni (Thymian, Lorbeerblatt, Petersilie)
200 g Landschinken
400 g Pökelfleisch (nach Belieben)
2 Gänse- oder Entenhälse (nach Belieben)
2 Gänse- oder 3 Entenkeulen (gegartes Fleisch + Fett ohne Knochen)
Salz, Pfeffer

Die Bohnen enthülsen, die äußeren Blätter und den Strunk des Kohls entfernen. In feine Streifen schneiden, und 5 min. in kochendem Salzwasser blanchieren. Kalt abschrecken und abtropfen lassen.
In einem großen Topf gibt man die Geflügelhälse (falls vorhanden) in das zerlassene Gänsefett (ohne Fleisch) und brät sie goldbraun an. Zwiebeln und Knoblauch fein gehackt zugeben, und mit 2 l Wasser bedecken. Pfeffern, das Bouquet garni und das Fleisch (außer den Keulen) zugeben.
Zum Kochen bringen, abschäumen. Zudecken und 2 h bei milder Hitze köcheln lassen. Danach den Kohl, die Bohnen, die geschälten Kartoffeln und Karotten zufügen. Abschmecken, und weitere 30 min. kochen lassen. 10 min. vor dem Servieren das gegarte Gänse- oder Entenfleisch zugeben.

EIERSTICH

Ouilat
Gascogne

Vorbereitungszeit: 15 min.
Kochzeit: 40 min.
Sehr einfach

Für 4 Personen:
2 große Zwiebeln
2 Knoblauchzehen, 2 Tomaten
1 Bouquet garni
2 EL Gänseschmalz od. Olivenöl
4 Scheiben Landbrot
1,5 l Gemüsebrühe
2 Eigelb
1 EL Weinessig
Salz, Pfeffer

In einem Tonpfännchen brät man die in feine Scheiben geschnittenen Zwiebeln in Gänseschmalz goldbraun an. Dann fügt man den zerdrückten Knoblauch, das Bouquet garni und die entkernten, geschälten und kleingeschnittenen Tomaten zu. 30 min. zugedeckt köcheln lassen. Die Brühe zugeben, salzen und pfeffern. Zum Kochen bringen, und einige Minuten kochen lassen. Die Brotscheiben in die Teller legen. Kurz vor dem Servieren gibt man die mit Essig verrührten Eigelb in die Suppe.

FISCHTOPF*

Ttoro
Pays basque

Vorbereitungszeit: 30 min.
Kochzeit: 1 h 10 min.
Einfach

Für 8 Personen:
500 g Seeaal (mit Kopf)
1 Knurrhahn, 500 g Lotte
8 Langusten, 1 kg Muscheln
1 Seehechtkopf
2 Zwiebeln, 2 Knoblauchzehen
1 Bouquet garni, 1 Selleriestange
2 Tomaten, 1 rote Paprikaschote
1 Peperoni, 1 Bd. Petersilie
50 cl trockener Weißwein
3 EL Olivenöl, 1 Tasse Mehl, Salz

1 EL Öl in einem Schmortopf erhitzen, und die halbierten Fischköpfe darin anbraten. Die gehackten Zwiebeln und Knoblauch zufügen. Mit dem Weißwein und 1 l Wasser angießen. Das Bouquet, den Sellerie, die gewaschene, entkernte und in feine Streifen geschnittene Paprikaschote, die Peperoni, die geschälten, entkernten und kleingeschnittenen Tomaten hineingeben. Salzen, und zugedeckt 1 h köcheln lassen.
In einer Pfanne brät man die in Stücke geschnittenen und leicht bemehlten Fische auf allen Seiten an. Salzen und vom Feuer ziehen.
In einen Schmortopf legt man die Fischstücke und die sauberen Muscheln. Mit der passierten Brühe angießen, und 8 min. kochen lassen. Nach 6 min. die Langusten ebenfalls zufügen.

KNOBLAUCHSUPPE MIT KÄSE

Tourain Toulousain
Languedoc toulousain

Vorbereitungszeit: 20 min.
Kochzeit: 30 min.
Einfach

Für 6 Personen:
100 g Gänseschmalz
100 g ger. Gruyère

3 Eier
10 Knoblauchzehen
1 Bouquet garni
Einige Weißbrotscheiben
Salz, Pfeffer

Den Knoblauch feinhacken, bei milder Hitze in dem Gänsefett andünsten. Mit 2 l kochendem Wasser ablöschen, das Bouquet zugeben, salzen und pfeffern. Zum Kochen bringen, und 20 min. zugedeckt kochen lassen.

Inzwischen das Brot rösten, den Käse reiben und die Eier trennen.

Die Brühe vom Feuer ziehen, das Bouquet herausnehmen. Das Eiweiß hineingeben, und bei milder Hitze stocken lassen. Das Eigelb in einer Schüssel mit 4 - 5 EL langsam zugegebener Brühe verrühren, dann in die Brühe geben. Abschmecken, kräftig pfeffern.

Das gestockte Eiweiß kleinschneiden.

Die Brotscheiben in die Suppenterrine legen, mit Käse bestreuen, und die Suppe darübergeben.

3 min. später servieren.

PAPRIKAGEMÜSE MIT SCHINKEN*

Pipérade
Pays Basque

Vorbereitungszeit: 40 min.
Kochzeit: 20 min.
Einfach

Für 6 Personen:
4 gr. Paprikaschoten
1 kl. Peperoni
4 mittlere Zwiebeln
2 Knoblauchzehen
1 kg feste Tomaten
1 Bouquet garni
1/2 Tasse Olivenöl
6 Eier
6 Scheiben Bayonner Schinken (nach Belieben)
Salz

Die Paprikaschoten rösten, um die bittere Haut, die sich bei Hitze ablöst, abzuziehen. Halbieren und Stiel, Kerne und Häutchen entfernen, in 1 cm breite Streifen schneiden. Diese Streifen auf mittlerer Hitze in das Olivenöl legen, einige Male umrühren. Zwiebeln, Peperoni in Scheiben, den gehackten Knoblauch, die geschälten, entkernten und kleingeschnittenen Tomaten und das Bouquet zugeben. Salzen (falls man keinen Schinken verwendet), und 10 min. bei milder Hitze dünsten. In eine Pfanne gibt man etwas Öl, gibt die geschlagenen Eier hinein und läßt sie ca. 2 min. stocken. Dann das Gemüse zugeben und umrühren.
Den Schinken in einer Pfanne kurz anbraten und dazugeben.

SAUCE BEARNAISE

Sauce Béarnaise
Béarn

Vorbereitungszeit + Kochzeit: 25 min., schwierig

Für 8 Personen:
1 dl Weinessig, 50 g Schalotten
2 EL gehackter Estragon
1 TL gehackter Kerbel
5 g grober Pfeffer
5 Eigelb, 300 g weiche Butter
Salz

In einen Topf mit dickem Boden gibt man die in feine Scheiben geschnittenen Schalotten, die Kräuter, den Pfeffer und den Essig. Auf ein Viertel einkochen, und abkühlen lassen. Die Eigelb zufügen und bei milder Hitze kräftig mit einem Schneebesen durchschlagen. Die Hitzezufuhr verstärken und weiterschlagen. Wenn der Topfboden sichtbar wird, gibt man die Butter unter weiterem Rühren stückweise zu. Salzen und zugedeckt warmstellen.

PFANNENBROT

Rousolo / Comté de Foix

Vorbereitungszeit: 5 min.
Kochzeit: 20 min.
Sehr einfach

Für 4 Personen:
150 g gehackter Speck
150 g gehackter roher Schinken
1 gr. Tasse Knödelbrot, 3 Eier
2 EL Gänsefett od. Schweineschmalz
2 zerdrückte Knoblauchzehen

In einer Schüssel mischt man alle Zutaten (außer Schmalz), vorsichtig salzen und pfeffern, und einen Fladen formen. In einer Pfanne zerläßt man das Fett und bäckt den Fladen auf beiden Seiten, ohne zu bräunen.

THUNFISCH MIT PAPRIKAGEMÜSE

Thon Basquaise
Pays Basque

Vorbereitungszeit: 5 min.
Kochzeit: ca. 15 min.
Einfach

Für 4 Personen:
Paprikagemüse, ohne Eier und Schinken (s.S. 220)
2 Scheiben Thunfisch à je 400 g
2 Knoblauchzehen
2 EL Mehl
3 EL Olivenöl
Salz

Den Knoblauch schälen, den Keim herausschneiden und vierteln. Den Thunfisch damit spicken, dann salzen und leicht bemehlen. In einer großen Pfanne erhitzt man das Öl und brät den Thunfisch auf beiden Seiten je 5 min. an. Das Paprikagemüse zugeben. Zugedeckt 2 min. erhitzen (8 min. falls das Gemüse kalt war) und servieren.

TINTENFISCHE AUF AMERIKANISCHE ART*

Chipirons à l`Américaine
Pays Basque

Vorbereitungszeit: 20 min.
Kochzeit: 50 min.
Einfach

Für 6 Personen:
12 Tintenfische (Kalmare)
1/2 Tasse Olivenöl
2 Gläser Weißwein
2 EL Tomatenmark
1 EL Mehl
1 EL Armagnac
2 Zwiebeln, 4 Knoblauchzehen
4 milde Peperoni
2 kl. scharfe Peperoni
1 Bouquet garni, Salz

Die Köpfe und Tentakeln der Tintenfische abschneiden, die Knorpel aus den Köpfen entfernen und ausnehmen. Waschen und kleinschneiden. In einer Pfanne das Öl langsam erhitzen, und den Tintenfisch darin 15 min. erhitzen. Häufig umrühren.
Den Tintenfisch herausnehmen, abtropfen lassen und beiseitestellen. Stattdessen die in feine Scheiben geschnittenen Zwiebeln und den zerdrückten Knoblauch hineingeben. Wenn sie goldbraun sind, mit Mehl bestreuen, etwas anrösten und umrühren.
Mit dem Wein, dem Armagnac und 1/2 Glas Wasser ablöschen, und das Bouquet zugeben. Unter Weiterrühren zum Kochen bringen, das Tomatenmark und die in feine Streifen geschnittenen Peperoni zugeben.

Zugedeckt 15 min. köcheln lassen. Die Tintenfische in diese Sauce geben, und 15 min. darin ziehen lassen. Sehr heiß servieren.

MARINIERTE GANS

Oie en Daube
Languedoc toulousain

12 h vorher beginnen
Vorbereitungszeit: 25 min.
Kochzeit: 3 h 15 min.
Schwierig

Für 8 Personen:
1 Gans von 3 kg in Stücken
100 g gepökelter Speck
1 Fl. Rotwein
200 g Mehl
100 g Zwiebeln, 3 Knoblauchzehen
2 Zweige Thymian, 1 Lorbeerblatt
2 Nelken, 1 Bd. Petersilie
Salz, Pfeffer

Mit der Hand das Fett aus der Gans entfernen. In einem Schmortopf

mit 1 Glas Wasser zerlassen. Wenn kein Wasser mehr verdampft, alles bis auf 2 EL herausnehmen, und in einem Töpfchen für andere Gelegenheiten aufbewahren. Auf einem Teller mischt man die Thymianblätter, den Pfeffer, das zerbröselte Lorbeerblatt und die zerdrückten Nelken. Vom Speck entfernt man die Schwarte und die Knöchelchen und schneidet ihn in Stifte. Diese wälzt man in den Gewürzen und spickt die Gans damit.
Für die Marinade gibt man in eine große Schüssel die Thymianstengel, die Hälfte der Zwiebeln, eine Knoblauchzehe, die gehackte Petersilie und den Rotwein. Dann legt man die gespickte Gans hinein. Der Wein sollte die Gans bedecken, notfalls etwas mehr zugeben.
12 h kühlstellen. Dann die Gans herausnehmen, abtropfen lassen, abtupfen und in Mehl wälzen. In dem Schmortopf, wo sich das Gänsefett befindet, brät man die Teile auf allen Seiten an.
Aus dem Schmortopf nehmen, und alles Fett bis auf 2 EL entnehmen. Die restlichen Zwiebeln und den gehackten Knoblauch darin 5 min. andünsten. Die Gänseteile und den restlichen Thymian wieder hineingeben sowie die passierte Marinade. Salzen.
Den Schmortopf zudecken. Das Mehl mit etwas Wasser vermischen, und damit den Topfrand bestreichen, um ihn luftdicht zu verschließen. Bei milder Hitze 3 h in den Ofen schieben.
Zum Servieren legt man die Gänseteile auf eine Servierplatte und stellt sie warm. Man läßt die Sauce 5 min. abkühlen und schöpft das sich an der Oberfläche sammelnde Fett ab. Abschmecken und über die Gänseteile geben.

GESCHMORTE TAUBEN

Salmis de palombes
Gasconge, Béarn, Pays basque

Vorbereitungszeit: 15 min.
Kochzeit: 1 h 10 min.
Einfach

Für 4 Personen:
4 bratfertige Tauben
1 dicke große Scheibe Bayonner Schinken
2 Zwiebeln, 1 Thymianzweig
300 g Champignons
1 Fl. Rotwein (Madiran, Côtes des Buzet, Bordeaux)
1 Stück Bitterschokolade
1 EL Butter
1 EL Ednußöl
1 Prise Muskat
Salz, Pfeffer

Den Schinken in feine Würfel, die Champignons in Viertel und die Zwiebeln in feine Scheiben schneiden. In einem Schmortopf erhitzt man die Butter und das Öl und brät den Schinken, die Champignons und die Zwiebeln 3 - 4 min. darin an. Dann nimmt man alles wieder heraus und legt stattdessen die halbierten Tauben hinein. Auf jeder Seite 5 min. anbraten. Wenn sie eine goldbraune Farbe bekommen haben, löscht man mit dem Rotwein ab und gibt die Zwiebeln, den Schinken und die Champignons wieder hinein. Umrühren und mit Thymian, Salz, Pfeffer und Muskat abschmecken. Den Topf zudecken, und alles bei milder Hitze 1 h köcheln lassen. Kurz vor dem Ende der Garzeit die geriebene Schokolade zugeben. Zum Servieren richtet man die Tauben auf einer Servierplatte an und überzieht sie mit der Sauce.

BOHNENTOPF MIT SCHINKEN*

Cassoulet toulousain
Languedoc toulousain

12 h vorher beginnen
Vorbereitungszeit: 25 min.
Kochzeit: 4 h
Schwierig

Für 8 Personen:
750 g getrocknete Bohnen
1 halb-gesalzener Schinken (Cambayou)
350 g durchwachsener Speck (Coustelou)
200 g frische Speckschwarten
1 Kochwurst (Speck- oder Knoblauch)
400 g Würste aus Toulouse
50 g Semmelbrösel
3 gegarte Enten- oder
2 Gänsekeulen (Fleisch u. Fett o. Knochen)
1 Thymianzweig
1 Zwiebel, mit einer Nelke gespickt
1 Karotte
1 Knoblauchzehe
1 feste Tomate, Salz, Pfeffer

Die Bohnen 12 h in Wasser quellen lassen. Den Schinken und den Speck blanchieren. In einen großen Topf gibt man die abgetropften Bohnen, den Schinken und den Speck, die Kochwurst, die gespickte Zwiebel, die Thymianblätter, die längsgeviertelte Karotte und bedeckt alles mit kaltem Wasser. Nicht salzen, 1 h leise köcheln lassen.
In einen großen Keramiktopf, den man mit Knoblauch ausgerieben hat, legt man die Schwarten, Fettseite zum Topf. Die Hälfte der Bohnen darauf ausbreiten, den Schinken und den durchwachsenen

Speck in Scheiben und ohne Knochen, die Kochwurst ohne Haut in Scheiben. Pfeffern, vorsichtig salzen, mit den restlichen Bohnen bedecken, und einen Schöpfer Brühe darübergeben.

Bei milder Hitze 3 h im Ofen backen. Alle 20 min. umrühren, um den sich bildenden Film zu zerstören.

Beim letzten Mal legt man das gegarte Enten- oder Gänsefleisch sowie die gegrillte Wurst aus Toulouse zwischen die Bohnen. Mit gerösteten Semmelbröseln bestreuen, das geschmolzene Gänsefett darübergießen, und ein letztes Mal in den Ofen schieben.

GEFÜLLTES HUHN

Poule au Pot farcie
Béarn

Vorbereitungszeit: 25 min.
Kochzeit: 3 h
Schwierig

Für 6 Personen:
1 Huhn von 1,5 kg
Für die Füllung:
1 Ei + 1 Eigelb
125 g Semmelbrösel
50 g gehackter Bayonner Schinken
100 g gehackter gekochter Schinken
Gehackte Hühnerleber
25 g gehackte Petersilie
1 zerdrückte Knoblauchzehe
Salz, Pfeffer, Cayenne
Für die Brühe:
2,5 l Wasser
1 Bouquet garni, 1 Selleriestange
1 Lauch (nur das Grüne)
1 gr. Zwiebel ,mit 1 Nelke gespickt
1 1/2 EL grobes Salz
1 EL Pfefferkörner
Für das Gemüse:
6 gr. Karotten, 6 Lauch, 3 Sellerieherzen (halbiert), 6 weiße Rüben
Für die Sauce:
2 Eier, 2 TL Senf
1 dl Erdnußöl
1 unbehandelte Zitrone
2 EL gehackter Estragon
Kerbel und Schnittlauch

Für die Füllung schlägt man das Ei mit dem Eigelb, fügt die Kräuter, die Semmelbrösel, die Petersilie, beide Schinken, Salz, Pfeffer und Cayenne dazu. Durchmischen, dann die Leber dazugeben. Noch einmal durchmischen, das Huhn damit füllen und luftdicht zunähen.
Das Huhn in einen großen Topf geben, und mit Wasser bedecken. Das Bouquet, die Gewürze und den Hals, die Flügel und den Magen des Huhns zufügen. Auf milder Hitze zum Kochen bringen, dann abschäumen, und 2 h leise köcheln lassen. Den Topf vom Feuer ziehen, den Inhalt herausnehmen, entfetten, und die Gemüse in die Brühe geben.
1 h köcheln lassen. 30 min. vor dem Ende der Garzeit die Sauce bereiten: die Eier 3 1/2 min. kochen, erkalten lassen. Mit einem Löffel aus den Schalen in eine kleine Schüssel kratzen, und mit dem Senf vermischen. Nach 5 min. langsam das Öl hineinschlagen. Zum Schluß den Zitronensaft und die Kräuter zufügen.

HUHN MIT SPINAT

Poule verte
Languedoc toulousain

Vorbereitungszeit: 50 min.
Kochzeit: 1 h 30 min.
Einfach

Für 4 Personen:
1 Huhn von 1 kg und Hals, Flügel, Leber u. Magen
200 g Kalbshackfleisch (Schulter)
1 Putenbrust
1 TL Gänse- oder Schweineschmalz
1/2 Glas Milch
100 g Semmelbrösel
250 g Blattspinat, 2 Zwiebeln
1 Bd. Petersilie, 1 Bd. Kerbel
4 Karotten, 4 weiße Rüben
4 Lauch, 1 Selleriestange, 1 Zwiebel, mit 1 Nelke gespickt
1 Bouquet garni
Salz, Pfeffer, Muskat

Die Leber 5 min. in zerlassenem Gänseschmalz anbraten. Abtropfen lassen, und zusammen mit dem rohen Magen hacken.
Für die Füllung hackt man den entstielten Spinat und die Zwiebeln. Letztere in dem Gänseschmalz anbraten, dann den Spinat zufügen und beiseitestellen.
In einer Schüssel mischt man die in Milch eingeweichten und ausgedrückten Semmelbrösel, die Leber, den Magen, das Kalbfleisch, die gewürfelte Putenbrust, das Salz, den Pfeffer, eine Prise Muskat und schließlich die gehackten Zwiebeln, Petersilie und Kerbel.
Das Huhn mit dieser Farce füllen und sorgfältig zunähen.
Die Karotten, die weißen Rüben, den Lauch und die Selleriestange zusammen mit dem Bouquet, der gespickten Zwiebel, dem Hals und den Flügeln des Huhnes in einen großen Kochtopf geben. Das Huhn darauflegen, mit Wasser aufgießen (bis 5 cm darüber). Bei milder Hitze 1 h 30 min. köcheln. Falls Füllung übrig bleibt, formt man kleine Bällchen, wickelt sie in Salat- oder Kohlblätter und kocht sie mit dem Huhn.

ENTENLEBERPASTETE

Foie gras
Gasconge, Languedoc toulousain,
Béarn

3 - 4 Tage früher zubereiten
Vorbereitungszeit: 20 min.
Kochzeit: 40 min.
Schwierig

Für 6 Personen:
2 Entenlebern à je 400 - 450 g
1 TL Salz
1/2 TL Puderzucker
1 Msp. weißer Pfeffer

Vorsichtig die Blutgefäße, die Fettstellen und die die Gallenblase umgebenden Stellen entfernen.
Salz, Zucker und Pfeffer mischen, und die Lebern damit einreiben. In eine Terrine gibt man die Lebern, drückt sie mit der Hand zusammen und bedeckt sie mit Aluminiumfolie.
In einen bei geringer Hitze vorgeheizten Ofen stellt man die Terrine für 40 min. ins Wasserbad.
Die Terrine aus dem Ofen nehmen, ein Brett in die Öffnung hineinlegen, und mit einem Gewicht (150 - 200 g) beschweren, um das Fett herauszupressen. Erkalten lassen, danach 3 - 4 Tage in den Kühlschrank stellen.

KANINCHENEINTOPF*

Capilotade de lapin
Languedoc toulousain

12 h früher beginnen
Vorbereitungszeit: 20 min.
Kochzeit: 2 h
Einfach

Für 6 Personen:
1 Kaninchen von 2 kg
1 Kalbsfuß in zwei Hälften gespalten
1 kg Kalbsknochen
150 g Schinkenspeck (ohne Schwarte u. Knöchelchen)
40 g Butter
3 Karotten, 2 Knoblauchzehen
2 Schalotten, 2 Nelken
1 Bouquet garni
50 cl Weißwein
1 kl. Glas Cognac, Salz, Pfeffer

Den Kalbsfuß und die Kalbsknochen in kaltes Wasser legen, zum Kochen bringen, und nach 5 min. herausnehmen. Abtropfen lassen.
Die Butter in einem Schmortopf zerlassen, und das zerlegte Kaninchen und die Speckstreifen darin anbraten. Danach die gehackten Schalotten, die in Scheiben geschnittenen Karotten, den Knoblauch, die Nelken, das Bouquet, den Kalbsfuß und den Kalbsknochen zufügen.
Den Weißwein aufgießen, Cognac und genug Wasser zugeben, um das Kaninchen knapp zu bedecken. Salzen und pfeffern. 2 h bei milder Hitze köcheln lassen. Danach legt man die Kaninchenteile in eine Tonschüssel und begießt sie mit dem passierten Kochsaft. Erkalten lassen, dann 12 h in den Kühlschrank stellen, damit es fest wird.

EINGELEGTE ENTE

Confit de Canard
Gascogne, Languedoc toulousain, Béarn

24 h vorher beginnen
Vorbereitungszeit: 1 h
Kochzeit: 1 h 20 min.
Schwierig

Für 8 Personen:
2 fette Enten
2 kg Enten- oder Gänsefett
200 g grobes Meersalz

Die Ente ausnehmen, die Innereien (Achtung: bei der Leber nicht die Gallenblase zerreißen) bis auf das weiße Fett werden nicht benötigt. Das Fleisch der Ente von den Knochen lösen. Die Flügel und die Keulen trennen. Die Flügelspitzen und die Hautpartien, die kein Fleisch bedecken, abschneiden.

Die Keulen und die Flügel beidseitig mit grobem Salz einreiben, und 24 h in einer Schüssel kaltstellen. Das Fett ebenfalls kalt stellen. Am nächsten Tag gibt man in einen Behälter mit dicken Rändern das Fett und die Haut. Bei milder Hitze schmelzen, und durch ein Sieb zu den 2 kg Gänsefett geben. Die Ententeile sorgfältig säubern, damit kein Salz mehr daran ist. Dann in das erhitzte Gänsefett geben, und bei milder Hitze 1 h 15 min. kochen lassen. Wenn der Knochen am Keulen- bzw. Flügelansatz sichtbar wird, läßt man alles auskühlen. Die Ententeile in sehr saubere Gefäße legen, und mit flüssigem Fett bedecken. Darauf achten, keine Luftblasen einzuschließen (rütteln). Die Gefäße verschließen, die man 2 - 3 Monate an einem kühlen Ort aufbewahren kann.

KALBSSCHULTER MIT KNOBLAUCH

Aillade de veau à la Gasconne
Gascogne

Vorbereitungszeit: 10 min.
Kochzeit: 3 h 15 min.
Sehr einfach

Für 6 Personen:
1 kg Kalbsschulter
3 EL Schweineschmalz
5 Knoblauchzehen, 1 Zwiebel
1 Bouquet garni, 3 Tomaten
2 Tassen Brühe
4 EL Semmelbrösel
1 Prise Zucker, Salz, Pfeffer

Vom Fleisch entfernt man Häutchen und Sehnen – soweit vorhanden – und schneidet es dann in 4 cm große Würfel.

In einem Schmortopf zerläßt man bei milder Hitze das Schweineschmalz und brät die Fleischwürfel darin auf allen Seiten langsam an. Dann gibt man den gehackten Knoblauch hinzu und dünstet ihn 5 min. zusammen mit dem Fleisch. Die Zwiebelscheiben und das Bouquet zufügen, salzen und pfeffern. Weitere 5 min. andünsten, dabei häufig umrühren.

Die Tomaten schälen, in Scheiben schneiden und entkernen. Zusammen mit der Brühe zu dem Fleisch geben.

Langsam zum Kochen bringen, abschmecken, 1 Prise Zucker zufügen, und zugedeckt bei milder Hitze 3 h köcheln lassen.

Vor dem Servieren gibt man alles in eine feuerfeste Form und bestreut das Fleisch mit den Semmelbröseln. Danach zum überbacken für 5 min. in den heißen Ofen oder unter den Grill stellen.

HÜHNERPFANNE*

Poulet basquaise
Pays basque

Vorbereitungszeit: 30 min.
Kochzeit: 55 min.
Einfach

Für 6 Personen:
1 Huhn von 1,2 kg
50 g Gänseschmalz
250 g Bayonner Schinken
6 baskische Würste (nach Belieben)
4 Tomaten
6 grüne Pfefferschoten
1 Zwiebel
2 Knoblauchzehen
1 Bd. Petersilie
100 g Champignons (nach Belieben)
1 dl Weißwein
Salz, Pfeffer

Das Huhn ausnehmen, die Innereien, vor allem den Magen gründlich säubern. Das Huhn in Stücke zerlegen.

In einem Schmortopf zerläßt man das Gänseschmalz und brät darin das Huhn und die Innereien an. Dann nimmt man alles wieder heraus und stellt es auf einer Platte warm.

Die in feine Scheiben geschnittene Zwiebel, den zerdrückten Knoblauch, die in Scheiben geschnittenen Pfefferschoten, die geschälten, entkernten und kleingeschnittenen Tomaten und evtl. die gewürfelten Champignons in den Schmortopf geben. Erhitzen, salzen, pfeffern, und das Ganze 10 min. einkochen lassen.

Den Weißwein angießen, zum Kochen bringen, und zugedeckt 30 min. köcheln lassen.

Die Huhnteile wieder in die Sauce geben, und bei milder Hitze 10 min. ziehen lassen. Inzwischen schneidet man den Schinken in kleine Würfel und – falls vorhanden – die Würstchen in dicke Scheiben. Beides in einer Pfanne anbraten, und zu dem Huhn in die Sauce geben. Sofort servieren. Als Beilage kann man gekochten Reis oder frisches Weißbrot reichen.

ENTENLEBERPASTETE MIT TRAUBEN*

Foie gras aux raisins
Gascogne

Am Vortag beginnen
Vorbereitungszeit: 1 h
Ruhezeit: 1 Nacht
Kochzeit: 1 h 30 min.
Schwierig

Für 8 Personen:
2 frische Entenlebern zu je 500 g
oder 2 frische Gänselebern zu je 600 g
20 cl Weißwein
1 kl. Glas Armagnac
20 cl Geflügelbrühe
20 g Gänseschmalz
1 Prise Zucker
1,2 kg weiße Trauben
3 Karotten
2 Zwiebeln, Salz, Pfeffer

Die Beeren entstielen, schälen und mit einer Nadel entkernen. Mit dem Wein und dem Armagnac in eine Schüssel geben. Zugedeckt eine Nacht kühl stellen.
Die Leber wie in dem Rezept für Entenleberpastete beschrieben vorbereiten. Dann in einer Mischung aus Salz, Pfeffer und Zucker wälzen. In ein Küchentuch wickeln, und eine Nacht kühl stellen.
Die Karotten und die Zwiebeln in sehr feine Scheiben schneiden, und mit dem Fett in einen Schmortopf mit dickem Boden legen.
Die Leber darauflegen, und mit einem eingefetteten geschwefelten Blatt bedecken. Zugedeckt bei mittlerer Hitze 25 - 30 min. in den Ofen stellen.
Die Leber herausnehmen und warmstellen. Das Fett aus dem Schmortopf entfernen, und mit der Brühe und der Marinade der Trauben ersetzen. Bei mittlerer Hitze auf die Hälfte reduzieren, dann durch ein Sieb passieren. Wieder in den Schmortopf geben, die Traubenkerne hineingeben und 4 min. erhitzen. Abschmecken.
Vor dem Servieren die Lebern in 3 Scheiben schneiden. Mit der Sauce und den Trauben garnieren.

HAMMELSCHULTER MIT BOHNEN*

Pistache de Saint-Gaudens
Languedoc toulousain

Vorbereitungszeit: 30 min. und 8 h Quellzeit für die Bohnen
Kochzeit: 3 h 30 min.
Schwierig

Für 6 Personen:
1 Hammelschulter von 1,2 kg
150 g Speckschwarten
150 g Gänseschmalz
25 cl trockener Weißwein

1 Tasse Semmelbrösel
300 g Tomaten
500 g weiße getrocknete Bohnen (oder 1,2 kg frische in Schoten)
6 Knoblauchzehen
3 Zwiebeln, davon 1 mit 1 Nelke gespickt, 3 Karotten
1 Bouquet garni, Salz, Pfeffer

Wenn die Bohnen getrocknet sind, 8 h zum Quellen in Wasser legen. In einen großen Topf gibt man die Bohnen und bedeckt sie mit kaltem Wasser. Die Schwarten blanchieren, zusammenrollen und -binden. Diese dann zusammen mit der gespickten Zwiebel, dem Bouquet und den in Scheiben geschnittenen Karotten zu den Bohnen geben. 1 h bei sehr milder Hitze zugedeckt köcheln lassen. Die Schulter in 4 cm große Würfel schneiden, und in dem Gänseschmalz anbraten. Dann die geviertelten Zwiebeln zugeben, und unter Umrühren anbraten. Die zerdrückten Knoblauchzehen und die geschälten, entkernten und kleingeschnittenen Tomaten zufügen. Erhitzen, dabei die Tomaten und den Knoblauch zerdrücken. Den Wein angießen. Die Bohnen herausnehmen, abtropfen lassen, den Kochsaft zu dem Fleisch geben. Bei sehr milder Hitze zugedeckt 1 h köcheln lassen. Abschmecken. Danach eine ofenfeste Form mit Knoblauch ausreiben und einfetten. Die Hälfte der Bohnen hineingeben, mit einem Schöpfer Kochsaft begießen, das Fleisch darauflegen und mit den restlichen Bohnen bedecken. Einen weiteren Schöpfer des bei starker Hitze eingekochten Kochsaftes darübergießen. Mit Semmelbröseln bestreuen, etwas flüssiges Gänseschmalz darübergeben, und bei sehr milder Hitze 1 h 30 min. im Ofen backen.

FETTDARM MIT SCHINKEN

Gras-Double albigeois
Languedoc toulousain

Vorbereitungszeit: 15 min.
Kochzeit: 10 h 40 min., schwierig

Für 8 Personen:
1,5 kg gesäuberter und blanchierter Fettdarm
Schinken-, Hammel-, Kalbsknochen
300 g Landschinken
30 g Schweineschmalz
1 EL Mehl, 300 g Karotten
150 g Zwiebeln, 3 Nelken, 1 Knolle Knoblauch, 1 Bouquet garni
1 TL Pfefferkörner, 2 EL Kapern
2 g Safran, Salz, Pfeffer

In einen großen Tontopf gibt man den Fettdarm, die Knochen, die in feine Scheiben geschnittenen Karotten, die geviertelten Zwiebeln, mit den Nelken gespickt, die Knolle Knoblauch, von der man nur die äußere Haut entfernt hat, das Bouquet und die Pfefferkörner. Mit Wasser bedecken. Den Deckel mit feuchtem Mehl luftdicht machen. Bei sehr milder Hitze 10 h in den Ofen stellen. 20 min. vor dem Ende der Kochzeit den Topf abdecken.
Den gewürfelten Schinken mit dem Schweineschmalz in einer Pfanne 5 min. anbraten. Mit Mehl bestreuen, 3 min. umrühren, dann mit 75 cl Kochsaft aufgießen. Weitere 3 min. rühren. Aus dem Tontopf den Knoblauch entfernen und über dem Schinken ausdrücken. Den Safran zufügen. Den Fettdarm abtropfen lassen, und in 4 - 5 cm große Vierecke schneiden. Den Fettdarm zum Schinken geben, und 30 min. köcheln lassen. Vor dem Servieren die Kapern untermischen.

GÄNSEKLEIN MIT GEMÜSE*

Alycuit ou Alycot à la Béarnaise
Béarn

Vorbereitungszeit: 25 min.
Kochzeit: 1 h 15 - 45 min.
Einfach

Für 4 Personen:
Abfälle einer fetten Gans (Hals, Magen, Herz, Flügel) oder von 4 Hühnern (zusätzlich die Lebern)
150 g roher Schinken
50 g Gänsefett, 1 EL Mehl
2 Gläser Weißwein (Jurançon oder Tursan)
4 Karotten, 2 Zwiebeln, 2 Tomaten
1 Bouquet garni, 2 Nelken
4 Knoblauchzehen
Salz, Pfeffer, 1 Prise Muskat

Die Abfälle kochfertig machen, den Schinken würfeln. Die Karotten und die Zwiebeln in feine Scheiben schneiden, die Tomaten schälen und entkernen.
In einem Schmortopf zerläßt man das Gänsefett und brät die Gänseteile darin an. Die Karotten, die Schinkenwürfel, die nelkengespickten Zwiebeln, die Tomaten, das Bouquet und den zerdrückten Knoblauch zufügen. Mit Salz, Pfeffer und Muskat würzen.
Wenn alles angebraten ist, das Mehl darübergeben und anbräunen. Mit dem Wein und 1 Glas Wasser ablöschen. Zum Kochen bringen.
Währenddessen hackt man die Leber (so man sie hat) und gibt sie in den Schmortopf. Wenn die Flüssigkeit kocht, stellt man den Topf zugedeckt 1 h (bei Gänseteilen: 1 h 30 min.) bei gemäßigter Hitze in den Ofen.

SÜSSE KRÄNZCHEN

Gimblettes d`Albi
Languedoc toulousain

Vorbereitungszeit: 20 min. + Ruhezeit des Teiges: 30 min.
Kochzeit: 30 min.
Einfach

Für 6 Personen:
400 g Mehl
50 g Puderzucker
1 Zitronenschale
75 g Zitronat
1 TL Orangenblütenwasser
1 Päckchen Hefe
6 Eier
10 g Salz
50 g Butter

In einer Schüssel mischt man das Mehl mit der Hefe. Eine Vertiefung machen und 10 cl Wasser, die geschmolzene Butter, den Zucker, das Salz und 2 Eier hineingeben. Gut vermischen, bis man einen leichten und weichen Teig erhält. 30 min. ruhen lassen.
Die Zitronenschale reiben, und zusammen mit dem Zitronat, den anderen Eiern und dem Orangenblütenwasser zu dem Teig mischen. Eine Kugel formen.
Mit der Hand Stränge von 1 cm Dicke ausrollen. Aus diesen Strängen Kränze formen.
Diese Kränze sticht man einige Male mit einer Messerspitze ein und gibt sie in kochendes Wasser. Wenn sie nach oben kommen, läßt man sie weitere 5 min. darin, damit sie aufgehen. Herausnehmen und auf Küchenkrepp auslegen.
Die erkalteten Kränze auf ein gebuttertes Backblech legen, und 20 min. bei normaler Hitze in den Ofen schieben.

BASKISCHER KUCHEN

Gâteau basque
Pays basque

Vorbereitungszeit: 25 min.
Kochzeit: 45 min.
Schwierig

Für 8 Personen:
300 g Mehl
180 g Butter
200 g Zucker
25 cl Milch
1 Vanillestange
5 Eier
1/2 Btl. Trockenhefe
2 EL Rum

Zuerst die Creme zubereiten. Die Milch mit der Vanillestange kochen. In einer Schüssel 2 Eier und 50 g Zucker kräftig schlagen. Wenn die Masse cremig wird, 30 g Mehl hineinrieseln lassen. Die Milch ohne die Vanillestange hineingießen. Alles in den Kochtopf geben, und unter ständigem Rühren erhitzen. Wenn sich erste Blasen zeigen, vom Feuer ziehen, und 10 g Butter in kleinen Stücken unterrühren.
Für den Teig schlägt man 150 g Butter weich und schlägt dann den restlichen Zucker hinein. Dann 2 Eier, das Mehl und die Butter unterrühren.
Eine Form mit gewellten Rändern ausbuttern und ausmehlen. Die Form mit 2/3 des Teiges belegen, auch die Ränder. In die Creme den Rum schlagen und auf den Teig geben, nicht über Teighöhe einfüllen! Mit dem restlichen Teig belegen, diesen mit geschlagenen Ei bestreichen und bei mittlerer Hitze 45 min. backen lassen.

MAISPUDDING*

Millas Landais
Gascogne

Vorbereitungszeit: 20 min.
Kochzeit: 30 min.
Einfach

Für 6 Personen:
1 l Milch
5 Eier
5 EL Maismehl
5 EL Zucker
1 EL Orangenblütenwasser
1 unbehandelte Zitronenschale

Die Milch bis auf 1/2 Glas in einen Topf geben, und zum Kochen bringen. Den Zucker hineingeben, und unter ständigem Umrühren darin auflösen, dann das Orangenblütenwasser zugeben.
In einem hohen Gefäß schlägt man die Eiweiß mit einer Prise Salz sehr steif und stellt sie dann beiseite.
In einer Schüssel mischt man das Maismehl mit den Eigelb und fügt die geriebene Zitronenschale dazu. Gut umrühren, und unter weiterem Rühren die Milch langsam zugeben. Darauf achten, daß sich keine Klümpchen bilden.
Schließlich vorsichtig das steife Eiweiß unterheben.
Die Mischung in eine ausgebutterte Tortenform geben. Diese Tortenform stellt man in eine größere ofenfeste Form oder in ein tiefes Blech, das man mit Wasser gefüllt hat. Im sehr heißen Ofen für 30 min. in diesem Wasserbad backen lassen.
Herausnehmen, auskühlen lassen und aus der Form stürzen. Dazu kann man Honig oder ein Obstkompott servieren.

Frankreichs Weinberge und Weine

Jeder Wein ist dazu bestimmt, zusammen mit einem Gericht genossen zu werden, dessen Geschmack und Geruch er unterstützen kann.
Davon abgesehen ist es offensichtlich notwendig, zu betonen, daß sich die Tafelfreuden, bei denen sich Weine und Speisen begegnen, nur in einer vergnüglichen Atmosphäre entwickeln können. Die Handlung des Essens ist weit mehr als bloße Nahrungsaufnahme: es fördert vielmehr die Kontakte der Menschen und kultiviert die Kunst des Zusammenlebens.
Es lohnt sich daher, die Charakteristika zu kennen, also ob ein Wein eine starke Färbung, einen feurigen Charakter, lebendig, kräftig, fröhlich oder streng ist, ob er sich uns mit einem nördlichen, kontinentalen, südlichen oder westlichen Akzent nähert, ob er ganz neu ist, heranwachsend oder noch unsicher oder im Gegenteil nach einigen Jahren der Reifung in der Flasche ausgereift. All dies Wissen wird uns dabei helfen, ihn so einzusetzen, daß er seine Antwort auf die Gerichte der französischen Provinzen einbringen kann. Wählen wir also eine Atmosphäre, in denen sich Speisen und Weine gut verstehen können, denken wir an die Kostbarkeit dieses Moments, sonst essen und trinken wir umsonst! Sich dem Genuß hinzugeben, sollte jedermannes Ziel sein. Der Wein wird sich von den Speisen herausfordern lassen und in einer lebhaften und positiven Weise antworten.
Was gibt es traurigeres als eine Mahlzeit, die sich ohne Dynamik abspult, bei der man ißt und sich unterhält und sich keine Gedanken über die Speisen und Weine macht, die mit Talent und Liebe kreiert wurden. Der Wein mit seiner Herkunft und seinem Alter fördert unsere Phantasie. Er verbindet uns mit einer Region, mit einer Erinnerung. Es ist der Wein, der mit den Speisen spielt, damit der Moment zum richtigen wird und man sich gut versteht. Ob es sich um ein Geschäftsessen, ein Mittag- oder Abendessen unter Freunden handelt, sich im eleganten oder vertrauten Rahmen abspielt.
Zu wissen, woher ein Wein kommt, trägt ebenfalls dazu bei. Trinkt man z.B. einen Châteauneuf-du-Pape mit der dominierenden Wärme, ruft das in uns sofort einen Weinberg in Gedächtnis, der mit Kieselsteinen bedeckt ist, die nachts ihre gespeicherte Wärme abgeben.
Der lebendige, fließende und salzige Ausdruck des Muscadet ist nicht erstaunlich, wenn man seinen leichten und kieselhaltigen Boden kennt.
Die Runde der Burgunderweine ist mit ihren kalkhaltigen Böden verbunden, die steinigen Hügel des Médoc bringen Feinheit und Kraft, die feuchte Luft in Sauternes, Vouvray oder den Ufern des Layon fördert die Entwicklung der edlen Fäule, die diese Weine so groß macht.
Ja, alles findet sich im Weinglas wieder, die Landschaft, das Klima, die Traube und die Arbeit des Menschen. Es ist daher wichtig, sich mit dem Namen vertraut zu machen, den der Eigentümer seinem Wein gibt. Dieser Name, die Bezeichnung (A.O.C.: Appellation d'Origine Contrôlée; V.D.Q.S.: Vin Délimité de Qualité Supérieure) ist ein Informationsangebot an den Verbraucher: unter allen Lebensmitteln wird praktisch nur der Wein mit so weitreichender Transparenz angeboten. Wein trinken bedeutet, dem Gebiet, wo sich die Traube entwickelt, zu lauschen und in ihm das ähnlichste Abbild zu finden, das der Mensch zeichnen kann.
Wenn man hinzufügt, daß das Klima jedes Jahr anders ist, versteht man noch besser, warum es wichtig ist, die Jahrgänge zu kennen und zu wissen, wie lange ihre Lebensdauer ist. Wenn der Wein frühzeitig blüht und der Sommer sonnig und es zur Erntezeit trocken ist, sind alle Voraussetzungen vorhanden, um dem Wein ein langes Leben zu geben. Wenn dagegen wenig Sonne scheint und der Sommer feucht ist, wird der Wein süffiger und lebendiger mit einer kürzeren Lebenserwartung.
Man kann also lernen, die Weine entsprechend ihrer Herkunft, aber auch nach der Form, die sie durch das Wetter bekommen haben, einzusetzen. Vergessen wir nicht, daß es besser ist, einen großen Wein eines kleinen Jahrgangs in seinem vollen Ausdruck zu genießen, als einen zu jungen Wein eines berühmten Jahrgangs.

Jacques Puisais

Der Südwesten

Die Weinberge dieser großen Region um Bordeaux bringen Rebsorten und Weincharaktere hervor, die einander ziemlich ähnlich sind. Das Gebiet ist dem atlantischen Wetter unterworfen, was den Weinen einen einzigartigen Stil gibt. Man erkennt einen roten Bordeaux vor allem an seiner edlen Gerbsäure.
Es ist eine Region, in der man den Wein gerne entwickelt und dies auch beherrscht. Der Genießer entdeckt hier die Entwicklung des Weines, der von neuem jung wird, erwachsen und schließlich altert. Im Departement de la Gironde sind die weißen, roten, trockenen, vollen, leichten, kräftigen und die Weine mit feiner Säure versammelt. Im Norden findet man die Weinberge des Bergerac; vom Tal der Garonne bis auf die Höhe von Toulouse die Weine von Cahors und Gaillac, den leicht moussierenden Wein von Limoux und schließlich, wenn man den Wald des Landes überquert hat und sich zu den Pyrenäen wendet, die Weine von Béarn, die schon von Henri IV gefeiert wurden.
Dieses große Gebiet von Aquitanien entspricht ungefähr der alten Provinz Guyenne und Gascogne.

Barsac (weiß)
Béarn (weiß, rot, rosé)
Bergerac (rot)
Bergerac Sec (weiß)
Blanquette de Limoux (weiß)
Blaye (Blayais) (weiß, rot)
Bordeaux (rosé, clairet)
Bordeaux-Côtes-de-Francs (rot, weiß)
Bordeaux-Haut-Benauge (weiß)
Bordeaux Mousseux (weiß, rosé)
Bordeaux Supérieur (weiß, rot)
Bourg (Côtes-de Bourg oder Bourgeais) (rot, weiß)

Cadillac (weiß)
Cahors (rot)
Canaon-Fronsac (rot)
Cérons (weiß)
Cotes-de-Bergerac (rot)
Côtes-de-Bergerac Moelleux (weiß)
Côtes-de-Bergerac-Côtes-de-Saussignac (weiß)
Côtes-de-Blaye (weiß)
Côtes-de-Bordeaux-Saint-Macaire (weiß)
Côtes-de-Buzet (weiß, rot, rosé)
Côtes-de-Dura (weiß, rot)
Côtes-du-Frontonnais (Fronton) (rot)
Côtes-du-Frontonnais-Vilaudric (rot)
Côtes-du-Marmandais (rot, weiß)
Entre-Deux-Mers (weiß)
Entre-Deux-Mers-Haut-Benauge (weiß)

Fronsac (rot)

Gaillac (rot, weiß)
Gaillac Mousseux (weiß)
Graves (rot, weiß)
Graves-de-Vayres (weiß)

Haut-Médoc (rot)

Irouléguy (rosé)

Jurançon Sec (weiß)

Lalande-de-Pomerol (rosé)
Listrac Médoc (rot)
Loupiac (weiß)
Lussac-Saint-Emilion (rot)

Madiran (rot)
Margaux (rot)
Médoc (rot)
Monbazillac (weiß)
Montagne-Saint-Emilion (rosé)
Montravel (weiß)
Moulis (Moulis-en-Médoc) (rot)

Néac (rot)

Pacherenc-du-Vic-Bilh (weiß)
Parsac-Saint-Emilion (rot)
Pauillac (rot)
Pécharmant (rot)
Premières Côtes-de-Bordeaux (rot, weiß)
Premières Côtes-de-Blaye (weiß, rot)
Puisseguin-Saint-Emilion (rot)

Rosette (weiß)

Sainte-Croix-du-Mont (weiß)
Saint-Emilion (rot)
Saint-Estèphe (rot)
Sainte-Foy-Bordeaux (weiß, rot)
Saint-Georges-Saint-Emilion (rot)
Saint-Julien (rot)
Sauternes (weiß)

Tursan (weiß, rot, rosé)

Weine aus Entraygues und aus Fel (weiß, rosé, rot)
Weine aus Estaing (weiß, rosé, rot)
Weine aus Lavilledieu (weiß, rot)
Weine aus Marcillac (rot, rosé)

Côtes-de-Castillon (rot)
Pomerol (rot)

Das Land der Loire

Ein Himmel in rauchigem pastellblau, ein gerader Horizont und unterschiedliche Böden an den Rändern der Täler – das ist die Landschaft in der die vielfältigen Weinberge dieser langgestreckten

Region liegen. Der erste Weinberg liegt an der Mündung der Loire. Er bringt einen Typ trockenen Weißweins hervor: den Muscadet A.O.C., daneben einen V.D.Q.S., den Gros-plant. Diese Weinberge gehören zum Gebiet der Bretagne und liegen auf beiden Ufern der Loire.
Flußaufwärts kommt man zum Anjou, einem Wein, der sowohl an Ufern der Loire, aber auch an denen des Layon und der Aubance wächst. Die kräftigen Weißweine sind berühmt. Die lieblichen Roséweine sind ebenfalls bekannt. In der Gegend von Saumur, die für ihre moussierenden Weine bekannt ist, gibt es einen »roten Fleck« mit den Champigny-Weinen. Von Anjou kommend, trifft man auf die Touraine, die wie das Saumurois gekennzeichnet ist von einem Weinbau auf Kalkstein, in dessen Höhlen die Weine lange Jahre altern können. Hier schlafen die hundertjährigen Weine, sowohl rote, wie in Bourgueil und Chinon, als auch weiße, wie in Vouvray und Montlouis. Etwas weitergehend findet man die V.D.Q.S. Weinberge des Haut-Poitou, von Valencay, von Orléanais, sodann erreicht man die Weinberge des Nivernais, wo der Sauvignon König ist, die Loire aber die Verbindung zwischen den Weinbergen dieser großen Region ist. Eine Verbindung, weil die 4 Zonen durch 4 verschiedene Klimas bestimmt werden.
So gibt es in Muscadet mit dem atlantischen Klima nur eine einzige Rebe, die Muscadet-Rebe, einen trockenen und süffigen Weißwein. In Sancerre und Pouilly mit einem Kontinentalklima wird aus der Sauvignon-Rebe ein trockener, aber kräftigerer Wein gewonnen. Im Anjou entsprechen die zarten bis kräftigen Weine dem Klima der Nähe des Atlantiks, genauso wie in der Touraine, die an einem Übergang vom atlantischen zum Kontinentalklima liegt und die dem Jahresklima entsprechend Weißweine mit mehr Struktur bietet.
Vergessen wir nicht die säurehaltigen Rotweine von Bourgueil und Chinon und aus Tours, die aus der Gamay-Rebe hergestellten gerbsäurefreien Rotweine.

Anjou Mousseux
Anjou (weiß, rot, rosé)
Anjou-Coteaux-de-la-Loire (weiß)

Bonnezeaux (weiß)
Bourgueil (rot, rosé)

Cabenret d`Anjou (rosé)
Châteaumeilant (rot, gris)
Cheverny (weiß, rot, rosé)
Chinon (weiß, rot, rosé)
Coteaux-d`Ancenis (weiß, rot, rosé)
Coteaux-de-l`Aubance (weiß, rot, rosé)
Coteaux-du-Giennois (weiß, rot)
Coteaux-du-Layon (weiß)
Coteaux-du-Loir (weiß, rot, rosé, gris)
Coteaux-du-Vendomois (weiß, rot, rosé)
Côtes-d`Auvergne (weiß, rot, rosé)
Crémant de Loire (weiß, rot)
Côtes-de-Provence (weiß, rot, rosé)
Côtes Roannaises (rot)
Côtes-du-Forez (rot, rosé)

Gros-Plant du Pays Nantais (weiß)

Jasnières (weiß)
Jurançon (weiß)
Menetou-Salon (weiß, rot, rosé)
Mercurey (weiß, rot)
Montlouis (rosé)
Montlouis Mousseux (weiß)
Muscadet (weiß)
Muscadet de Sèvre-et-Maine (weiß)
Muscadet des Coteaux de la Loire (weiß)
Pouilly Fumé (weiß)
Pouilly-sur-Loire (weiß)

Quarts-de-Chaume (weiß)
Quincy (weiß)

Reuilly (weiß, rot, rosé)
Rosé de Loire (rosé)

Saint-Nicolas-de-Bourgueil (rot, rosé)
Saint-Pourçain-sue-Sioule (weiß, rot, rosé, gris)
Sancerre (rot, rosé, weiß)
Saumur (weiß, rot)
Saumur-Champigny (rot)
Saumur Mousseux (weiß, rosé)
Saumur Pétillant (weiß, rosé)
Savennières (weiß)

Thouarsais (weiß, rot, rosé)
Touraine (weiß, rot, rosé)
Touraine-Amboise (weiß, rot, rosé)
Touraine-Azay-le-Rideau (weiß, rosé)
Touraine-Mesland (weiß, rot, rosé)
Touraine-Mousseux (weiß, rot, rosé)

Valençay (weiß, rot, rosé)
Vouvray (weiß)
Vouvray Mousseux (weiß)
Vouvray Pétillant (weiß)

Weine aus Haut-Poitou (weiß, rot, rosé)
Weine aus Orléanais (weiß, rot, rosé)

Elsaß, die Weinberge des Ostens und der Champagne

Dieser Teil des französischen Weinanbaugebietes ist sehr alt. Er umfaßt die Weinberge an der Mosel und von Toul, deren Ernte bescheiden ist, aber nicht vergessen werden darf, und das methodische Elsaß mit seinen grundsätzlich trockenen Weißweinen, die durch die verschiedenen Rebsorten gefärbt sind. Ihre Auswahl und Herkunft bestimmt sich durch die unterschiedlichen Böden der Hügel am Fuße der Vogesen (Kalk, Granit, Gneis).
Das kontinentale Klima der Ebene des Elsaß im Schutze der Vogesen erlaubt den Trauben eine lange Reifezeit und eine unleugbare Fähigkeit zu langer Lagerung. Die Höhe von 200 - 400 m ü.N. des 12 000 Hektar großen Gebietes gibt diesem Wein einen schwungvollen Stil, der durch die charakteristischen Gerüche der Reben gut strukturiert und gekennzeichnet ist. Als ob man die Rezepte für den Wein machte, bietet das Elsaß auch eine Fülle von Gerichten, die ebenso wertvoll und voller Genüsse sind.
Im nordöstlichen Teil Frankreichs liegt auch das bekannteste Weinanbaugebiet der Welt, die Champagne. Der Wein zum Anstoßen schlechthin, der Champagner, ist in den glücklichen Momenten des Lebens zur Stelle. Es ist ein großes Gebiet, das dank seiner großen Kalksteinhöhlen existiert, in denen der Wein gerne ruht. Drei Rebsorten sind für den Ausdruck dieses Gebietes verantwortlich: der dominierende Pinot meunier, der Pinot noir und der Chardonnay. Die Weinbearbeitungsvorschriften sind genau, vor allem die der Pressung: diese »méthode champenoise« ist ein Modell und hat der Technik zu einigem Fortschritt verholfen.

Alsace Grand Cru (weiß)

Champagne
Coteaux Champenois (rot, rosé, weiß)
Côtes-de-Toul (weiß, rot, gris)
Crémant d`Alsace (weiß)

Rosé de Riceys (rosé)

Weine des Elsaß (weiß, rot, rosé)
Weine der Mosel (weiß, rot, rosé)

Die Weinberge im Mittel-Osten

In diesem Weinanbaugebiet faßt man die Weine des Franche-Comté, wo der Château-chalon dominiert, die aus Savoyen und von Ain mit ihren fröhlichen und bergigen Verhaltensweisen und schließlich die Weine des Burgund zusammen, die sich wiederum in 5 Unterregionen gliedern:
- das niedere Burgund mit dem Chablis,
- die Côte-d`Or, wo die Vorliebe sich an zwei Hügeln spalten kann, dem der Nuits und dem von Beaune,
- die Côte chalonnaise am Übergang zum Mâconnais,
- dem Mâconnais und
- schließlich der Beaujolais, der die Fröhlichkeit so gerne fördert, und dessen Primeur in aller Welt berühmt ist.
Mit sehr wenigen Ausnahmen erlauben diese Weinberge den Genuß von Weinen aus einer einzigen Rebsorte. Für die Rotweine Pinot noir und Gamay für die Weißweine Chardonnay.
Tatsächlich hat in allen traditionellen Weinbaugebieten der Mensch jahrelang daran gearbeitet, den Ausdruck der Weine zu verfeinern. Im Burgund gibt es nur eine Rebsorte, den Pinot noir, ein ziemlich gleichmäßiges kontinentales Klima, aber viele verschiedene Bodenarten. So ist der Ausdruck der Rebsorten so unterschiedlich, daß es eine lange Liste von Auslesen gibt, von denen einige vom jeweils benachbarten Hektar stammen. Außerdem gibt es innerhalb der gleichen Bezeichnung verschiedene Klimazonen, die sich im dazugehörigen Wein niederschlagen und die Einzigartigkeit der Côte-d`Or ausmachen. Hier kann man lernen, wie sehr der Boden den Wein formt.
Dieser Reichtum und diese Vielfältigkeit finden sich in der Küche wieder, und die Mahlzeiten spielen sich in einer herzlich-warmen Umgebung ab.

Auxey-Duresses (rot)
Aloxe-Corton (rot)
Arbois (rot, rosé, weiß)
Arbois-Vin Jaune (weiß)
Arbois-Vin de Paille (weiß)

Bâtard-Montrachet (weiß)
Beaune (rot)
Beaujolais (rot, weiß)
Beaujolais-Villages (rot, rosé)
Bienvenues-Bâtard-Montrachet (weiß)
Blagny (rot)
Nonnes-Mares (rot)
Bourgogne (rot, weiß)
Bourgogne Aligoté (weiß)
Bourgogne Ordinaire (Grand Ordi-

naire) (weiß, rot)
Bourgogne Passe-Tout-Grains (rot)
Brouilly (rot)

Chablis (weiß)
Chambertin (rot)
Chambertin-Clos-de-Bèze (rot)
Champolle-Musigny (rot)
Chapelle-Chambertin (rot)
Charmes-Chambertin und Mazoyères-Chambertin (rot)
Chassagne-Montrachet (rot, weiß)
Château-Chalon (weiß)
Cheilly-lès-Maranges (rot)
Chevalier-Montrachet (weiß)
Chenas (rot)
Chiroubles (rot)
Chorey-lès-Beaune (rot)
Clos-Saint-Denis (rot)
Clos-de-Tart (rot)
Clos-de-Vougeot (rot)
Clos-de-la-Roche (rot)
Crémant de Bourgonge (weiß)
Criots-Bâtard-Montrachet (weiß)
Crépy (weiß)
Corton (weiß, rot)
Corton-Charlemagne (weiß)
Côte-de-Brouilly (rot)
Coteaux-de-Languedoç
Coteaux-du-Lyonnais (rot)
Côte-de-Nuits-Villages (rot)
Côte-du-Jura (rot, rosé, weiß)
Côte-du-Jura-Vin de Paille (weiß)
Côte-du-Jura-Vins Jaunes (weiß)

Dezize-lès-Maranges (weiß)

Echezaux (rot)

Fixin (rot)
Fleurie (rot)

Gevrey-Chambertin (rot)
Givry (weiß, rot)
Grands-Echezaux (rot)
Griottes-Chambertin (rot)

Juliénas (rot)

La Romanée (rot)
La Tâche (rot)
ladoix (rot)
Latricières-Chambertin (rot)
L'Etoile (weiß)

Mâcon, Mâcon supérieur (weiß) und Mâcon-Villages (Pinot chardonnay Mâcon)
Mâcon und Mâcon supérieur (rot, rosé)
Mazis-Chambertin (rot)
Meursault (weiß, rot)
Mercurey (rot, weiß)
Montagny (weiß)
Mothélie (rot)
Montrachet (weiß)
Morey-Saint-Denis (weiß, rot)
Morgon (rot)
Moulin-à-Vent (rot)
Musigny (rot)

Nuits-Saint-Georges (weiß)
Nuits-Saint-Georges (Nuits) (rot)

Pernand-Vergelesses (weiß, rot)
Petit Chablis (weiß)
Puligny-Montrachet (rot, weiß)
Pouilly-Vinzelles (weiß)
Pouilly-Fuissé (weiß)
Pouilly-Loché (weiß)
Pommard (rot)

Richebourg (rot)
Régnié (rot)
Romanée-Conti (rot)
Romanée-Saint-Vivant (rot)
Ruchottes-Chambertin (rot)
Rully (weiß, rot)

Saint-Amour (rot)
Saint-Aubin (weiß, rot)
Saint-Romain (weiß, rot)
Saint-Véran (weiß)
Saintenay (rot)
Sampigny-lès-Maranges (rot)
Seyssel (weiß)
Sauvignon de Saint-Bris (weiß)
Savigny-lès-Beaune (rot)

Vosne-Romanée (rot)
Vougeot (weiß, rot)
Volnay (Volnay-Santenots) (rot)

Weine aus Bugey (weiß, rot, rosé)
Weine aus Savoyen (rot, rosé)
Weine aus Savoyen-Roussette de Savoyen (weiß)

Die Weingebiete des Südens

Dieses große Gebiet wird vom Mittelmeer beeinflußt. Man findet dort die Weinberge der Côtes-du-Rhône, der Provence, von Korsika, dem Languedoc und vom Roussillon.
Mit den nördlichen und südlichen Rhône-Ufern verläßt man die kontinentalen Weinberge, um den Einfluß des Mittelmeerklimas und die Originalität dieser Weine zu entdecken, denen die Sonne einen mehr oder weniger kraftvollen warmen Charakter zuteil werden läßt.
In diesen Weinbergen muß der Mensch sehr achtsam sein. Er mußte im Laufe der Zeit eine Rebsorte heranzüchten, die diesen farbigen und edlen Zonen treu ist. Von der Hermitage mit einer einzigen Rebsorte, Syrah, bis zu den Kieseln des Châteauneuf-du-Pape, wo bis zu 13 Rebsorten verwendet werden, um es der Traube zu erlauben, sich harmonisch auszudrücken. So spricht man hier noch von der »Kunst« des Weines.
An der Küste gibt es die Weine der Provence, die Rosé-Weine, die nach Ferien duften, ohne die roten zu vergessen, die ruhig ihre Einzigartigkeit zeigen. Alle diese

Weine des Rhône-Tals und des östlichen Mittelmeergebietes passen zu den farbigen und würzigen Speisen aus dieser Gegend.
In Korsika scheinen die Rotweine »nördlicher«, und der Malvasierwein gibt ihnen einen wertvollen Charakter. Eine Verbindung, die der farbigen und vielfältigen Küche entspricht.
Wenn der Nord-Osten Frankreichs mit hellen Weinsorten bepflanzt ist, kann man daraus schließen, daß der Südosten fast ausschließlich der Produktion von Rotweinen vorbehalten ist, und die Weinberge des Languedoc-Roussillon, weiter westlich in den Bezirken der West-Pyrenäen gelegen, oder die des Hérault und des Gard tanzen nicht aus der Reihe. Gemessen an der bepflanzten Oberfläche ist dies eines der wichtigsten Weinanbaugebiete der Welt. Was die französischen Tafelrotweine betrifft, sichert es 75 - 80 % der Produktion. Man findet dort 13 % V.D.Q.S.-Bezeichnungen und 10 % A.O.C. mit den großen französischen Dessertweinen, wie dem Banyuls und den Muskatellern.

Bandol (weiß, rot)
Banyuls (weiß, rot - Süßwein)
Banyuls Grand Cru (rot - Süßwein)
Banyuls-Rancio (weiß, rot, rosé - Süßwein)
Bellet (weiß, rot)

Cabrières (rot, rosé)
Cassis (weiß, rot)
Châteauneuf-du-Pape (weiß, rot)
Châtillon-en-Diois (weiß, rot)
Château-Grillet (weiß)
Clairette de Bellegarde (weiß)
Clairette de Die (weiß)
Clairette du Languedoc (weiß)
Collioure (rot)
Condrieu (weiß)
Corbières (weiß, rot, rosé)
Cornas (rot)
Corse (weiß)
Costières-du-Gard (weiß, rot, rosé)
Coteaux-d`Aix-en-Provence und Coteaux-des-Baux-de-Provence (rot, rosé)
Coteaux-de-la-Méjanelle (weiß, rot, rosé)
Coteaux-de-Pierrevert (weiß, rot, rosé)
Coteaux-de-Saint-Cristol (rot, rosé)
Coteaux-de-Vérargues (rot, rosé)
Coteaux-du-Languedoc (rot, rosé)
Coteaux-du-Tricastin (rot)
Coteaux Varois (rot, rosé)
Côtes-de-la-Malepère (rot, rosé)
Côtes-du-Luberon (weiß, rot, rosé)
Côtes-du-Cabardès-et-de-l`Orbiel (Cabardès) (rot, rosé)
Côtes-du-Rhône (weiß, rot)
Côtes-du-Rhône-Villages (weiß, rot, rosé)
Côtes-du-Roussillon (rot, rosé)
Côtes-du-Roussillon-Villages (Villages Caramany-Villages Latour-de-France) (rot)
Côtes-du-Ventoux (weiß, rot)
Côtes-du-Vivarais (weiß, rot, rosé)
Côte-Rôtie (rot)
Côtes-de-Provence (weiß, rot, rosé)
Crozes-Hermitage (weiß, rot)

Faugères (rot)
Fitou (rot)
Frontignan (od. Muscat de Frontignan, Wein aus Frontignan) (weiß - Likörwein)
Frontignan (od. Muscat de Frontignan, Wein aus Frontignan) (weiß - Süßwein)

Gigondas (rosé, rot)

Hermitage (oder Ermitage) (rot, weiß)

La Clape (weiß, rot, rosé)
Lirac (weiß, rot, rosé)

Maury (rot, weiß oder rosé - Süßwein)
Minervois (weiß, rot, rosé)
Muscat de Beaumes-de-Venise (weiß)
Muscat de Lunel (weiß - Süßwein)
Muscat de Mireval (weiß - Süßwein)
Muscat de Rivesaltes (weiß - Süßwein)
Muscat de Saint-Jean-de-Minervois (weiß - Süßwein)

Palette (weiß, rot)
Pic-Saint-Loup (weiß, rot)
Picpoul de Pinet (weiß)

Quatourze (weiß, rot, rosé)

Rasteau (weiß, rot, rosé)
Rivesaltes (weiß, rot, rosé - Süßwein)

Saint-Chinian (rot)
Saint-Drézery (rot)
Saint-Joseph (weiß, rot)
Saint-Péray (weiß)
Saint-Péray Mousseux (weiß)
Saint-Saturnin (und Montpeyroux) (rot, rosé)
Saint-Georges-d`Orques (rot)

Tavel (rosé)

Weine aus Korsika (rot, rosé)

Ablöschen
Mit Flüssigkeit begießen, um den Bratensaft zu lösen und den Kochsaft zu verdünnen.

Abschäumen
Den im Moment des Aufkochens an der Oberfläche entstehenden Schaum mit einem Schaumlöffel abnehmen.

Béchamelsauce
Für 6 Personen: 40 g Butter, 40 g Mehl, 2 dl kalte Milch, 2 dl kaltes Wasser, 1/2 TL Salz, etwas gemahlener Pfeffer. Die Butter in einem Topf langsam schmelzen. Das Mehl hineingeben und glattrühren. Wenn die Mischung schaumig wird, gießt man 3/4 der Milch-Wasser-Mischung zu. Zum Kochen bringen, etwas eindicken lassen. Dann die restliche Flüssigkeit zugeben. Salzen, pfeffern, aufkochen lassen, bis die gewünschte Konsistenz erreicht ist.

Blätterteig:
Für 6 Personen: 500 g Mehl, 375 g Butter, 2 TL Salz, 200 ml kaltes Wasser. Das Mehl gibt man in eine Schüssel und drückt eine Vertiefung hinein. Das Salz und die Hälfte des Wassers hineingeben und umrühren. Das restliche Wasser hinzugeben, und den Teig durcharbeiten, der die Konsistenz von Butter haben sollte. Eine Kugel formen und 10 min. an einem kühlen Ort ruhen lassen.
Den Teig mit der Hand ca. 1,5 cm dick flachdrücken. In die Mitte des Kreises gibt man stückweise die Butter. Die Teigränder 2 cm breit anfeuchten und über die Butter legen, so daß der Teig die Butter einschließt. Mit Mehl bestreuen. Mit einem bemehlten Nudelholz vorsichtig von der Mitte ausgehend ausrollen. Es ist wichtig, daß die Butter nicht durch den Teig an die Oberfläche kommt, sondern immer vom Teig eingeschlossen bleibt. 1 cm dick ausrollen, dann den Teig zu einem Dreieck zusammenfalten, und wieder ausrollen. Dann erneut zusammenlegen, ausrollen, danach 20 min. ruhen lassen. Dies wiederholt man weitere viermal, wobei man den Teig nach je zwei Wiederholungen 20 min. ruhen läßt.
Man kann den Blätterteig aber auch fertig kaufen.

Blanchieren
Ein Nahrungsmittel einige Minuten in kochendes Wasser geben, um es weich zu machen, danach abschrecken.

Bouquet garni
Dies ist ein Strauß aus etwas Petersilie, 1 - 2 Thymianzweigen und 1 Lorbeerblatt.

Brandteig:
Für 8 Personen: 80 g Butter, 280 ml Wasser, 40 g Zucker, 1 TL Salz, 250 g Mehl, 8 Eier. Wasser, Butter, Salz und Zucker in einen Topf geben und zum Kochen bringen. Das Mehl hinzugeben und kräftig glattrühren. Wenn sich der Teig vom Boden löst, den Topf vom Feuer ziehen, und die Eier einzeln hineinschlagen, jedes schnell verrühren. Der Teig soll zugleich weich und kompakt werden. 15 min. ruhen lassen.

Croûtons
So nennt man dünne Weißbrotscheiben, am besten von altbackenem Brot, die man in einer Pfanne in etwas Butter röstet.

Fische kochfertig machen
Fische unter kaltem Wasser gründlich waschen, evtl. abschuppen. Dann die Flossen und den Kopf entfernen. Zum Ausnehmen schneidet man sie mit einem scharfen Messer an der Bauchseite auf und nimmt die Eingeweide heraus. Auf die gleiche Weise kann man auch die größten Gräten entfernen. Zum Schluß immer trockentupfen, vor allem, wenn der Fisch gebraten werden soll.

Fischsud
Für 1 l: Fischabfälle (z.B. Köpfe, Flossen, Rückgrat) von 2 kg mageren Fischen, 1 Bund Petersilie, 6 Zwiebeln, 300 g Champignons, Saft von 1 Zitrone, 1 EL grobes Salz, 20 Pfefferkörner, 1 l Weißwein, 1 l Wasser. Alle Zutaten in einem großen Topf zum Kochen bringen, und 1 h 30 min. kochen lassen. Dann gibt man alles durch ein Sieb in einen Topf und läßt diese Flüssigkeit einkochen, bis man die Menge von 1 l erhält.

Gebäckteig (Mürbeteig)
Für 6 Personen: 250 g Mehl, 125 g Butter, 80 ml Wasser, 1 TL Salz. Das Mehl in eine Schüssel sieben, die Butter in Stücken darauf verteilen. Die Mischung mit einem großen Messer oder einem Backspatel hacken. Alles zu einer Kuppel aufhäufen mit einer Vertiefung von 10 cm. Das Salz und das Wasser hineingeben. In Spiralen verrühren und leicht durcharbeiten. Eine Kugel formen und 30 min. in einem Küchentuch an einem kühlen Ort ruhen lassen.

Geflügel kochfertig machen
Das Geflügel wird man in aller Regel bereits gerupft kaufen kön-

nen, so daß dieser Arbeitsschritt wegfällt. Wichtig ist jedoch, daß die Eingeweide entfernt werden, sei es weil sie im Rezept extra verarbeitet werden, sei es weil sie sich manchmal in einer kleinen Plastiktasche in der Bauchhöhle des Geflügels befinden und verständlicherweise vor dem Kochen entfernt werden müssen.

Helle Mehlschwitze
Für 6 Personen: 40 g Butter, 40 g Mehl, 4-5 dl Wasser oder Geflügelbrühe, 1/2 TL Salz, etwas Pfeffer. Die Butter in einem Topf zerlassen und das Mehl daraufgeben. Glattrühren. Weiterrühren, bis die Mischung schaumig und schließlich goldgelb wird. Dann 3/4 der kalten Flüssigkeit dazugeben. Zum Kochen bringen und eindicken lassen. Die restliche Flüssigkeit nach und nach zugeben, falls die Mischung zu fest wird. Salzen, pfeffern und wieder zum Kochen bringen.

Mehlschwitze, braun
Die Zutaten sind die gleichen wie für die helle Mehlschwitze, ebenso die Zubereitung. Jedoch erhitzt man die schaumig gewordene Butter-Mehl-Mischung unter Rühren solange, bis sie goldbraun wird und gießt dann erst mit der Flüssigkeit auf.

Muscheln öffnen
Miesmuscheln unter kaltem Wasser gründlich waschen und bürsten, um evtl. Verunreinigungen durch Algen zu entfernen. Dann gibt man sie in einen Topf, fügt je nach Menge der Muscheln 1-2 Gläser Wasser hinzu. Zudecken und stark erhitzen. Von Zeit zu Zeit am Topf rütteln, damit sich alle Muscheln gleichzeitig öffnen.
Mit Austern verfährt man im Prinzip genauso, nur daß man das austretende Wasser aus den Austern gut verwenden kann, um z.B. eine Soße herzustellen.

Luftdicht machen
Man rührt einen Teig aus Mehl und Wasser an und bestreicht damit den Spalt zwischen Topf und Deckel. Im heißen Ofen verdampft das Wasser aus dieser Mischung und das Mehl wird hart. Daher kann aus dem Topf kein Dampf mehr entweichen.

Passieren
Um weichgekochtes Gemüse oder Brühe von festen Rückständen zu trennen, gibt man die Mischung durch ein trichterförmiges Sieb.

Pochieren
In einer Flüssigkeit garen, ohne diese kochen zu lassen.

Sandteig
Für 400 g: 1 Ei, 125 g Puderzucker, 250 g Mehl, 125 g Butter, 1 Msp. Salz. In eine Schüssel gibt man das Ei, Salz und Zucker. Mit einem Holzlöffel verrühren. Die Mischung blanchieren, dabei wird diese flüssig. Das Mehl hineinsieben und glattrühren. Etwas Teig zwischen den Händen reiben, mit dem restlichen Teig fortfahren. So erhält man Teig, der aussieht wie Sand. Auf ein bemehltes Brett geben und Butterstücke darauf verteilen. Langsam vermengen, leicht kneten. Wenn die Mischung glatt ist, 2-4 mm dick ausrollen.

Schornstein
In einen Teigdeckel macht man ein Loch, damit der Dampf entweichen kann und steckt ein Stück zusammengerollte Aluminiumfolie hinein.

Spicken
Einziehen von Speckstreifen in mageres Fleisch mittels einer Spicknadel. Man kann aber genauso auch Streifen aus Knoblauch verwenden.

Sud (Gemüsebrühe)
Für 1 l Wasser: 1 dl Essig, 2 dl Weißwein, 1/2 EL grobes Salz, 1 Petersilienstengel, 1 Thymianzweig, 1 Lorbeerblatt, 1 Karotte, 1 Zwiebel, 1 Knoblauchzehe. In einen Topf gibt man das Wasser, den Essig und die restlichen Zutaten und bringt alles zum Kochen. 1 h kochen lassen. Kalt oder warm verwenden.

Tasse
Die angegebene Maßeinheit bezieht sich auf eine Tasse mit ca. 0,2 l Inhalt.

Umrühren
Damit ist immer das kräftige Rühren mit einem Holzlöffel gemeint.

Wasserbad
Dafür stellt man zwei Töpfe ineinander, einen kleineren in einen größeren. In den größeren füllt man Wasser und erhitzt es auf dem Herd, in den kleineren gibt man die zu erhitzende Mischung.

Zunähen
Zum Zunähen bitte immer einen weißen Baumwollfaden (Heftfaden) verwenden, der nicht gebleicht sein sollte, damit keine Geschmacks- oder Farbveränderung auftreten kann.

Alphabetischer Index

INDEX

Index nach Gerichten

SUPPEN

VORSPEISEN

INDEX

FISCHE

FLEISCH

BEILAGEN

DESSERTS

Index nach Regionen

NORDEN

OSTEN

INDEX

ALPENREGION

ZENTRALMASSIV

SÜDEN

PYRENÄEN

Fotonachweis

AFE, Mailand, (Walter Leonardi): seiten 108, 109a, 109b.
Agenzia Luisa Ricciarini, Mailand: seiten 40a, 40b, 72b (V. Rossi), 217.
Agenzia Laura Ronchi, Mailand: seite 215 (Piero Orlandi).
Stelvio Andreas und Elvio Lonardi, Verona: seiten 90-91.
Centro Documentazione Mondadori: seiten 106-107 (M. De Biasi).
Christian Délu, Paris: seiten 46, 50, 53, 63, 84, 104, 144.
Marcel Duffas: Titel.
Explorer, Paris: seiten 132-133 (P. Lorne), 134 (L.Y. Loirat), 135a (P. Thomas), 135b (A. Le Toqyin), 136 (P. Roy), 137a (A. Perier), 137b (L.Y. Loirat), 158-159 (Goudouneix), 160 (Goudouneix), 161a (R. Le Bastard), 161b (R. Le Bastard), 162 (R. Le Bastard), 163b (Le Goudouneix), 180 (F. Jalain).
Maurizio Fraschetti, Rom: seiten 68-69, 70, 71a, 71b, 72a, 73a, 73b.
Katia Kissov (Fotografie) und Nathalie Chassériau Banas (Organisation), Mailand: seiten 18, 21, 23, 24, 25, 26, 30, 31, 32-33, 35, 42, 43, 49, 51, 54, 57, 59, 61, 65, 66, 75, 76, 78, 79, 82-83, 85, 90, 92-93, 94, 95, 97, 99, 101, 102-103, 113, 114-115, 118, 120, 121, 122, 127, 128, 131, 139, 142, 143, 146-147, 148, 149, 151, 152, 155, 156, 164, 166, 167, 168, 169, 170, 171, 173, 174, 175, 177, 184-185, 186, 187, 189, 199, 200, 202, 203, 206, 207, 209, 210, 219, 220, 221, 225, 227, 229, 230, 231, 233 (Die fotografierten Gegenstände wurden freundlicherweise von La Porcellana Bianca, Arezzo und Nicola Fasano, Mailand zur Verfugung gestellt).
Albano Marcarini, Mailand: seiten 110, 111, 182, 212-213.
Riccardo Marcialis, Mailand: seite 19.
Antonio Martinelli, Mailand: seiten 214a, 216a, 216b.
Francesco Mastrapasqua, Mailand: seite 181s.
Overseas / Amiard: seiten 28, 44, 45, 55, 67, 80, 86-87, 88, 105, 112, 117, 124-125, 138, 153, 170, 188, 191, 193, 195, 197, 223, 228, 296.
Overseas / Explorer: seiten 10-11 (H. Berthoule), 12-13 (B. und J. Dupont), 14 (P. Roy), 15a (B. und J. Dupont), 15b (P. Cheuva), 16a (Anderson-Fournier), 16b (Anderson-Fournier), 17a (B. und J. Dupont), 17b, 36-37 (C. Delu), 38s, 39a (Weisbecker), 39b (P. Morel), 41 (F. Jalain), 178-179 (F. Jalain), 181d (P. Lornel), 183a (L.Y. Loirat), 183b (F. Jalain), 214b (F. Jalain), 234, 241.
Overseas / Studio Adna: seiten 22, 34.
Photo Dossier / Sipa Press: seite 110b (Rasmussen).
Franco Pizzochero, Mailand: seiten 140-141.
Prima Press, Mailand: seiten 27, 29, 48, 205.
Francine Recoulez, Mailand: seite 163a.